U0824412

# 企业内控

## 劳动用工合规管理
## 全程实操指引

张友贵　游本春　陈锐　主编

法律出版社 | LAW PRESS
北京

**图书在版编目(CIP)数据**

企业内控：劳动用工合规管理全程实操指引 / 张友贵，游本春，陈锐主编. -- 北京：法律出版社，2024
ISBN 978-7-5197-8064-7

Ⅰ. ①企… Ⅱ. ①张… ②游… ③陈… Ⅲ. ①劳动法-研究-中国 Ⅳ. ①D922.504

中国国家版本馆 CIP 数据核字(2023)第 118119 号

| | | |
|---|---|---|
| **企业内控：劳动用工合规管理全程实操指引**<br>**QIYE NEIKONG: LAODONG YONGGONG HEGUI GUANLI QUANCHENG SHICAO ZHIYIN** | 张友贵 游本春 陈 锐 主编 | 策划编辑 杨大康<br>责任编辑 杨大康 刘晓萌<br>装帧设计 贾丹丹 |

**出版发行** 法律出版社
**编辑统筹** 法治与经济出版分社
**责任校对** 晁明慧
**责任印制** 吕亚莉
**经　　销** 新华书店

**开本** 710 毫米×1000 毫米 1/16
**印张** 22.25 **字数** 407 千
**版本** 2024 年 2 月第 1 版
**印次** 2024 年 2 月第 1 次印刷
**印刷** 三河市兴达印务有限公司

地址：北京市丰台区莲花池西里 7 号(100073)
网址：www.lawpress.com.cn
投稿邮箱：info@lawpress.com.cn
举报盗版邮箱：jbwq@lawpress.com.cn

销售电话：010-83938349
客服电话：010-83938350
咨询电话：010-63939796

版权所有·侵权必究

**书号**：ISBN 978-7-5197-8064-7
**定价**：89.00 元

凡购买本社图书，如有印装错误，我社负责退换。电话：010-83938349

# 编委会

## 主　编

张友贵　游本春　陈　锐

## 副主编

崔家雨　陈姝贞　余龙敬　胡占江　郑　博　张郁清

杨雷兵　覃校红　王晓静　许钦城　马玉萍　叶　攀

## 编委

贺继征　吴　建　陈茹凌　罗粲林　王　建

刘　晖　曹　妍　杨定洁　王秀红　武　军

# 前言

企业作为劳动关系中用人单位的主体，自成立以后，其自身发展轨迹一般可分为以下几个阶段：投石问路的探索阶段、跑马圈地的发展阶段、攻城略地的鼎盛阶段、日下西山的没落阶段。

产品常有更新迭代，企业也有生命周期，“百年老店”往往是大部分创业者梦寐以求的追逐目标。近几年有相关数据显示，我国的民营企业平均寿命大约是3.7年，中小型企业的平均寿命更为短暂，只有2.5年。究其原因，并非全是外因所致，反而主要是市场定位、营销策略、产品成本、财税处理、人力资源配置等内部因素造成。外部的政治、社会、技术和经济环境属企业不可控的系统性风险，而企业内部管理、内部控制因素往往是企业发展壮大的关键着力点，甚至对企业的生死存亡利害攸关。

企业内部管理的点、线、面及流程、环节等纷繁复杂，产品线、生产技术、管理手段、用工成本、合规风险等任何一个环节出错都限制、影响企业的发展。

企业在发展、壮大时，企业管理者往往容易被成绩掩盖问题，被光环迷失初心。这个阶段，他们不再关注甚至不屑于重视企业的内部管理，而沉迷于规模胜天、营销为王，以至于形势逆转时无力回天。

企业一旦业务萎缩、成本高企，就会在风声鹤唳中畏首畏尾不敢前行，开不了源只能退而求其次要节流，在减员、控费等方面粗暴强控甚至暴力截流。大举“砍刀”东一刀西一刀，甚至将眼光盯上了劳动者的“口袋”和“饭碗”，极易伤了人心动了根基。企业这样做，美其名曰置之死地而后生，我们赞赏企业变革的决心、挥刀的勇气，但往往在涅槃前就自断后路、自陷深渊。

企业内部控制是一个复杂的内循环体系。而对人的管理无疑是其他所有管理的基石，企业管理实际就是对人的管理，其他无论财务管理、生产管理、营销管理等均必须由人去完成，把人管好了，企业管理就自然水到渠成。

本书以劳动用工风险管理和劳动用工内控体系为着眼处，详细介绍企业用工全过程的风险点，并以《劳动法》《劳动合同法》等法律法规为支撑，以减少用工矛盾和降本增效为原则，为企业预防和应对劳动用工风险提供内控参考措施。本书还致力于搜集各个劳动纠纷风险点在全国具有代表性的地方性法院的审判指导意见，特别是各地高级人民法院审理劳动争议案件的会议纪要等相关规定，目的是尝试探究各地、各级人民法院在审理劳动争议案件时的思路，并希望给读者拓展解决问题的见地、方法和能力。

作者一贯认为，好的消防员一定不是冒着生命危险去灭火，而是有预见性地将起火风险消除在萌芽状态，少让火灾发生、不让火灾发生。劳动用工风险也一样，内控是一张网，可全面化、系统性地阻断劳动纠纷发生的可能，降低劳动纠纷的损失。

多年来，笔者在劳动争议仲裁诉讼和劳动风险防控中的一点心得：术业有专攻，否极非泰来，开解于庭前，功夫在诗外。

鉴于作者水平有限，书中错漏难免，见解也囿于一隅偏然一侧，望读者不吝指正。

# 目录

## 第一章　劳动用工风险内控总论



## 第二章　劳动用工关系内部控制

## 第三章 招聘录用环节内部控制



## 第四章 试用期内部控制

## 第五章　劳动合同及2倍工资内部控制



## 第六章　劳动合同变更内部控制

## 第七章　工时与加班费内部控制



## 第八章　休假内部控制

## 第九章　医疗期内部控制



## 第十章　工伤、职业病内部控制

## 第十一章　规章制度内部控制

## 第十四章　劳动关系解除与终止内部控制

## 第十五章　劳动仲裁与诉讼内部控制

## 第十六章 经济补偿与赔偿金内部控制



## 第十七章 社会保险、住房公积金内部控制

第一章

# 劳动用工风险内控总论

## 一、劳动用工风险内控概述

人是企业发展的源泉，也是企业创新的核心原动力。

如何选择、开发、有效利用人力资源为企业服务，如何高效使用劳动者，是每个企业管理者必过的能力关。

劳动者与企业间的关系其实很简单，一方提供劳动力而另一方支付劳动报酬使用劳动力顺便截留下剩余价值的雇佣与被雇佣关系。劳动者能“以厂为家”必定该当颂扬，但劳动者与企业和管理者间人格平等，管理者“家富势足，颐指气使”高人一等的家长式作态是封建遗留，是社会余毒，如何真心关注劳动者，特别是基层劳动者的疾苦与诉求，是管理者必过的道德关。

法律面前人人平等，如何在使用劳动力过程中遵守法律规定，不推卸社会责任，在达成企业经济目标的同时，也维护法律赋予劳动者的神圣劳动保障权利，这是企业管理者必过的法律关。

用人单位与劳动者之所以发生劳动争议纠纷，与用人单位管理人员的能力水平、道德观念和法律意识密切相关，本书主要在法律层面讲述如何进行劳动用工风险防控。

如何未雨绸缪建设有效的企业法律管理防火墙，预防劳动争议，降低用工风险，促进用工合规，实现和谐、健康、稳定的劳动关系，是企业管理者、人力资源管理者甚至企业全员都应参与的系统管理工程。

## 二、劳动用工风险点把控

劳动用工风险涉及方方面面，贯穿劳动者入职管理、在职管理、离职管理整个流程各个环节，下面简述各流程主要风险点：

1. 招聘入职管理阶段风险点：入职体检、确定录用条件、劳动合同签订、试用期解除等。

2. 在职管理风险点：规章制度、培训保密、调岗调薪、合同到期续签、合同到期顺延、休息休假、工资支付、工时加班、工伤与职业病、社会保险住房公积金等。

3. 解除或终止劳动关系阶段风险点：及时终止劳动关系，企业单方解除或终止劳动关系、经济补偿或赔偿金支付、解除或终止劳动关系证明等。

## 三、劳动用工风险评估

企业在进行劳动用工风险控制过程中，很重要的环节是进行风险评估，主要围绕是否对企业正常生产经营造成严重影响,是否受到行政处分、刑事处罚等对企业信誉造成负面影响。对风险防控的投入、产出、经济性比较等进行重点权衡,最终采取最优方案解决用工风险给企业带来的困扰,使企业回归正常生产经营。

### (一)法律合规性评估

随着我国法治化进程加快,劳动者法律法规意识觉醒,网络传播使劳动者获得法律知识更加便捷,企业在劳动用工方面的违规操作更为人熟知,劳资双方的仲裁与诉讼案件层出不穷。企业管理的法治化、合规化已成大势所趋。不签劳动合同,不参加社会保险、不缴存住房公积金等都成了企业的硬伤,只要劳动者采取投诉、仲裁等维权行动,企业几乎100%败诉。特别是企业要在资本市场进行投资、融资、上市等资本运作,要想IPO,劳动用工合规是必须迈过的门槛。对劳动用工进行法律合规性评估,是企业用工内部控制必须进行的重点工作。

### (二)经济性评估

对劳动用工的经济性评估,不仅看发生劳动争议时企业的经济补偿、社会保险补缴及滞纳金等损失支出,还要看企业在使用劳动者过程中未及时在试用期进行考核,从而将一个不合格劳动者转正后所产生的无效用工成本,对其投入的人工成本与没有产出或者低效产出的预期收益损失,以及低绩效劳动者在劳动合同到期未及时终止劳动合同的损失扩大化等,支出损失是用工成本,预期收益损失也是用工成本。

### (三)信誉评估

企业在用工管理过程中因认知不足而忽视法律规定,或者因自大而故意轻视法律规定,出了问题才想起“花钱”摆平已为时已晚。加上我国几乎免费的劳动争议仲裁制度,一旦出现“蝴蝶效应”,劳动者群起效仿,企业经济受损不说,声誉必将受到极大冲击,在社会上造成不良口碑。另外,互联网平台的发展导致了信息快速广泛传播,严重影响企业经营和市场拓展。

正如人们常说的,人心散了,队伍就真的不好带了。

## 四、劳动用工风险内控原则及常用应对措施

### (一)劳动用工风险控制的原则

1. 谨慎原则

劳动用工风险防范应谨慎进行,声势浩大进行防范纠错,可能会引发风险集中

爆发的群体事件。有些风险存在但并不一定爆发，随着时间流逝，风险可能自动消失。身本迷恋三界，心却要立地成佛，劳动用工风险防控也像修行，循序渐进方得正果。

2. 控制成本原则

为使劳动用工完全合规，投入的成本远大于风险损失，无异于舍本求末。对劳动用工风险，应权衡利弊，适当取舍，对重大风险即刻纠错，对较小的风险选择先行承受。善于进行成本核算才是好的管理者，能进行成本比较并提供多个方案选择的 HR 才是合格的 HR。

3. 事先防范为主事后补救为辅原则

凡事预则立，不预则废。企业是否有用工风险，不是从劳动者提出未签劳动合同双倍工资开始，不是提出补缴社会保险要求单位赔偿未缴社会保险损失开始，而是从招聘这个劳动者时开始的，甚至在未招聘该劳动者时就已经开始，因为企业规章制度内容不合法、未经公示等对劳动者不发生效力，社会保险缴费政策早年就这样执行了，用工风险不在这个劳动者身上发生就会在另一个劳动者身上发生，风险是注定的。故企业应事先将风险防控进行合理规划，以防患于未然。

### （二）劳动用工风险控制常用措施

1. 劳动争议风险控制总体思路

（1）企业合规用工但仍然发生劳动争议的，如果企业有充分的理由调岗、解除或终止劳动合同等而引发劳动者不满，企业应尽量开启沟通渠道，进行情绪安抚和谐解决，如手段用尽仍不能达成劳动者理解，无以规矩，不能成方圆，应果断引导劳动者仲裁诉讼，用仲裁裁决或判决结果达到警示教育其他劳动者的目的，树立企业权威，维护企业正常生产经营秩序。

（2）如果企业在劳动争议中确实出现理由不充分、证据稍显不足，对仲裁、诉讼结果无胜算把握，则尽量与劳动者协商解决，就算成本上吃点亏，但能避免影响扩大化，在企业声誉、市场冲击等方面补回潜在收益。

（3）如果确因劳动者事前有承诺，或依劳动者申请而双方形成约定，但该约定有违法律强制性规定，事后劳动者不顾诚信原则反手给了企业“一刀”，企业有苦说不出，有冤无法申，企业处境是被动的，但尽可能地利用法律诉讼权利，将诉讼进行到底，因为企业诚信在先，尊严应该放在第一位。

2. 劳动用工风险内部控制措施

（1）规避风险：俗称“硬伤”风险，法律有明确规定不能触碰的，如未签劳动合同

2 倍工资风险等,企业应避免与法律硬碰硬,要切实依法执行。

(2)控制风险:俗称"软肋"风险,这类风险在用工过程中极为常见,因惯例或历史原因形成,对企业经营不致形成严重伤害,完全规避尚需时日,企业应尽量将风险控制在可承受范围内,逐渐完善风险控制措施并达到完全规避的目的。

(3)转移风险:企业购买团体意外险、雇主责任险等商业保险,将风险转移或减少风险对企业的影响。

(4)承受风险:风险发生概率较小、危害较轻,而防控成本极高的,可暂时承受风险,待时机成熟再行解决。

# 第二章

# 劳动用工关系内部控制

劳动用工关系概括分类，可分为劳动关系和用工关系，因提供劳动力和接受劳动力各方主体不同、支付酬劳的方式不同、是否对劳动力形成支配与被支配关系等要素，其实质的分类可进一步分为劳动关系与非劳动关系。

劳动关系与非劳动关系的典型特点如下：

1. 劳动关系进行过程控制，非劳动关系仅对结果进行交付。

2. 劳动关系以制度进行管理，非劳动关系用协议约定进行约束。

3. 劳动关系的工资持续稳定、标准不低于法定，非劳动关系偶发且费用可协商。

4. 劳动关系中职务行为损失由单位承担，非劳动关系中损失自行承担或由第三人赔偿。

目前我国用工四类关系（不含军队序列）：

1. 公务员体系，适用《公务员法》调整规范。

2. 准劳动关系（事业单位、劳务派遣、非全日制），适用《劳动法》《劳动合同法》《事业单位人事管理条例》调整规范。

3. 劳动关系，适用《劳动法》《劳动合同法》调整规范。

4. 非劳动关系，适用《民法典》调整规范。

本章主要对劳动关系与非劳动关系的法律规定和内部控制进行阐述。

## 一、劳动关系概述

《劳动法》开宗明义，首篇就明确阐述了制定本法是“为了保护劳动者的合法权益，调整劳动关系”。

劳动关系是在劳动过程中，劳动者与用人单位之间的社会关系。劳动关系是生产关系的组成部分，属于经济基础范畴。劳动关系的形成是以劳动价值转移为前提，发生在实现社会劳动过程中的具体表现。劳动关系的核心内容是劳动，劳动者提供劳动力，用人单位使用劳动力获得劳动价值，双方形成劳动力的支配与被支配关系。

劳动关系有别于其他民商事关系，民商事关系的基础是主体具有平等地位，民商事法律保护双方合法权益，以平等主体间意思自治为基本原则，促成主体间按约定履行义务。劳动关系是指由劳动者提供专业或职业性的劳动，而用人单位向劳动者支付劳动报酬所形成的法律关系，兼具财产属性和人身属性，具有管理与被管理的关系。鉴于用人单位的强势地位，劳动法律及司法实践倾向性保护劳动者一方的合法权益。

## 二、劳动关系的法律规定

劳动法律关系是指劳动者与用人单位依据劳动法律规范，在实现社会劳动过程中形成的权利义务关系。劳动关系是劳动法律关系产生的基础，劳动法律关系则是劳动关系在法律上的表现，是劳动关系被劳动法律规范调整的结果。

我国调整劳动关系的法律主要有2018年修订并施行的《劳动法》和2012年修订、于2013年7月施行的《劳动合同法》，以及《劳动争议调解仲裁法》。

其他司法解释及条例主要有《劳动合同法实施条例》《最高人民法院关于审理劳动争议案件适用法律问题的解释（一）》等。

### （一）劳动关系认定三要素

如何认定劳动关系？司法实践中，主要按《关于确立劳动关系有关事项的通知》（劳社部发〔2005〕12号）文件执行，用人单位与劳动者之间需同时满足以下三个规定，方能认定为劳动关系。

1. 主体适格，用人单位和劳动者符合法律、法规规定的主体资格。

《劳动法》第2条第1款规定，在中华人民共和国境内的企业、个体经济组织（以下统称用人单位）和与之形成劳动关系的劳动者，适用本法。用人单位与劳动者，是劳动关系的两大主体。

《劳动合同法》第2条规定，新增民办非企业单位等组织以及国家机关、事业单位、社会团体和与其建立劳动关系的劳动者，作为劳动关系的主体。

劳动关系主体双方均需符合相关规定，其中一方不符合，双方建立的关系都不是劳动关系。比如，下列各方均不属于劳动关系主体：

家庭和保姆、个人和司机、工匠与学徒、农村承包户与邻居、精神病人、罪犯、未取得就业证件的外国人等。

《关于贯彻执行〈中华人民共和国劳动法〉若干问题的意见》（劳部发〔1995〕309号）第4条规定，公务员和比照实行公务员制度的事业组织和社会团体的工作人员，以及农村劳动者（乡镇企业职工和进城务工、经商的农民除外）、现役军人和家庭保姆等不适用《劳动法》。

2. 工资加管理，具有人身依附性和经济从属性。

用人单位依法制定的各项劳动规章制度适用于劳动者，劳动者受用人单位的劳动管理，从事用人单位安排的有报酬的劳动。

工资加管理,在社会经济活动中有很多表象符合该规定但并非劳动关系的实例,如雇佣童工、劳务用工,因其主体不符合规定,故不属于劳动关系。如劳务派遣中的用工单位与被派遣劳动者,规章制度、考勤、考核等均适用于劳动者,劳动者的劳动成果也归属用工单位,但劳动者主要收入源于与之签订劳动合同的派遣单位即用人单位,故两者间只是形式上的劳动关系。

3. 劳动者提供的劳动是用人单位业务的组成部分。

即劳动者提供劳动的成果归属用人单位。在现实经济生活中,有很多将生产线外包,回收产品,或以承揽方式将单位产品委托单位以外的人员加工、生产。在这种情况下,一般不对外包业务或承揽业务的人员进行管理,也不按出勤天数或是否加班进行工资结算,仅依产品数量、质量按约定的产品单价进行考核计量。此种情况也不属于劳动关系。

### (二)劳动关系认定凭证

劳动合同是判定用人单位与劳动者存在劳动关系最直接最直观的凭证。但实践中有些用人单位为达到逃避社会责任目的,不与劳动者签订劳动合同,或劳动者出于某种特殊原因,也不愿与用人单位签订劳动合同。判定用人单位与劳动者是否存在劳动关系,依照以下规定予以确认。

《关于确立劳动关系有关事项的通知》(劳社部发〔2005〕12 号)第 2 条规定,用人单位未与劳动者签订劳动合同,认定双方存在劳动关系时可参照下列凭证:

1. 工资支付凭证或记录(职工工资发放花名册)、缴纳各项社会保险费的记录;

2. 用人单位向劳动者发放的“工作证”“服务证”等能够证明身份的证件;

3. 劳动者填写的用人单位招工招聘“登记表”“报名表”等招用记录;

4. 考勤记录;

5. 其他劳动者的证言等。

其中,上述第 1 项、第 3 项、第 4 项的有关凭证应由用人单位负举证责任。

### (三)特殊情况下劳动关系认定

1. 年龄超过法定退休年龄劳动者的劳动关系认定

目前主流观点是,招用达到或超过退休年龄劳动者且已享受养老保险待遇的,按劳务关系处理。

《最高人民法院关于审理劳动争议案件适用法律问题的解释(一)》(法释〔2020〕26 号)第 32 条第 1 款规定,用人单位与其招用的已经依法享受养老保险待遇或者领取退休金的人员发生用工争议而提起诉讼的,人民法院应当按劳务关系处理。

因我国劳动法规适用地域性差异较大,各地方人社部门在同一问题上可能有不同规定,请参照本地人社部门政策。各地区的主要分歧点在于,针对达到或超过法定退休年龄,但仍在原单位继续留任的情形,各地区处理方式差异较大,甚至同一省区如广东省高级人民法院与广州市中级人民法院的规定也不尽一致。

(1)上海不分是否领取养老金待遇,达到退休年龄,均可终止劳动关系。《上海市高级人民法院关于适用〈劳动合同法〉若干问题的意见》(沪高法〔2009〕73 号)第 16 条规定,如何看待"退休年龄"和"依法享受基本养老保险待遇"作为终止劳动合同依据的关系,《劳动合同法》第 44 条规定,劳动者开始依法享受基本养老保险的劳动合同终止,而《劳动合同法实施条例》第 21 条规定,劳动者达到退休年龄的劳动合同终止,用人单位依据前述规定,均可以终止劳动合同。

(2)四川与上海类似,对超龄劳动者,无论是否领取养老金待遇,均按劳务关系处理。《四川省高级人民法院民一庭关于审理劳动争议案件若干疑难问题的解答》(川高法民一〔2016〕1 号)第 18 条规定,用人单位招用已达到法定退休年龄但尚未享受基本养老保险待遇或领取退休金的劳动者,双方形成的用工关系按劳务关系处理。

(3)武汉分三种情形规定是否为劳动关系。

《关于印发关于劳动人事争议案件处理若干问题的意见的通知》(武人社发〔2016〕18 号)规定:

①已享受养老保险待遇,包括城镇职工养老保险、农村和城镇居民养老保险待遇的,不界定为劳动关系;

②之前已在岗工作,尚未享受养老保险待遇,仍在原用人单位继续工作,该用人单位亦未办理终止合同(事实劳动关系)手续的,按劳动关系处理,但用人单位仍可依据《劳动合同法》第 44 条第 1 项、第 2 项和《劳动合同法实施条例》第 21 条规定终止劳动合同;

③未享受养老保险待遇,首次就业或者在终止原劳动合同后重新就业的,不界定为劳动关系,但当事人约定按劳动关系处理的,可从其约定。

(4)四川省泸州市相关规定与武汉类似

2015 年《泸州市中级人民法院关于审理劳动争议纠纷案件若干疑难问题的解答》规定:

①新招用达到或超过退休年龄劳动者,无论是否领取养老金待遇,均认定为劳

务关系。"一般情况下如用人单位新招用上述人员，按劳务关系处理，即便双方签订的是以'劳动合同'为载体的形式出现，仍认定双方间是劳务关系"。

②在原单位继续留任未领取养老金待遇的，认定为劳动关系。"劳动者在达到法定退休年龄前即在用人单位工作，虽然达到了法定退休年龄，但因社会保险缴费年限不到不能领取退休金或养老保险待遇的，或未缴养老保险的，或未建立养老保险的，如超过法定退休年龄仍在原用人单位继续工作的，对超过法定退休年龄继续工作的期间仍按劳动关系处理"。

③在原单位继续留任已领取养老金待遇的，认定为劳务关系。"劳动者在达到法定退休年龄时，自己已办理了退休手续领取养老保险待遇，用人单位虽未办理终止与劳动者的劳动合同关系，或者双方所签订的劳动合同尚未届满，对开始领取养老保险待遇后的工作期间按劳务关系处理"。

④泸州还有一个特殊的规定，在单位留任但未领取养老金待遇的，终止劳动关系时，用人单位需支付经济补偿。"劳动者超过法定退休年龄后继续工作期间，用人单位可以依据《劳动合同法实施条例》第二十一条（劳动者达到法定退休年龄的，劳动合同终止）的规定，随时书面通知终止与劳动者的劳动合同和劳动关系，并按规定给予经济补偿至实际终止之日止和为劳动者办理终止劳动合同关系的手续"。

⑤山东省无相关职工达到退休年龄是否认定为劳动关系的明确规定，但从（2021）鲁09民终3523号判决书可看出，山东地区在司法实践中采用的是"在原单位继续留任未领取养老金待遇的，认定为劳动关系"原则。

2. 建筑承包转包分包

《全国民事审判工作会议纪要》（法办〔2011〕442号）第59条规定，建设单位将工程发包给承包人，承包人又非法转包或者违法分包给实际施工人，实际施工人招用的劳动者请求确认与具有用工主体资格的发包人之间存在劳动关系的，不予支持。

3. 交份子钱的出租车司机

出租车公司购车，招用司机交其运营并按月收取份子钱，出租车司机与出租车公司之间是否属于劳动关系？分两种情况：一种为司机本就是出租车公司驾驶员，这种属内部承包，是劳动关系无争议。另一种为劳务用工，即外部承包，司机仅以份子钱为纽带与公司建立自负盈亏的经济合作方式，不属劳动关系。如果出租运输车辆是由司机个人购置，仅以出租车公司名义对外经营，则属于挂靠经营模式，也不属劳动关系。

4. 挂靠

(1)车辆挂靠

《四川省高级人民法院、四川省劳动人事争议仲裁委员会关于印发〈关于审理劳动争议案件有关问题的会议纪要〉的通知》(川高法〔2020〕39 号)第 3 条规定,个人购买车辆挂靠在运营单位的,车主聘用的驾驶员等与挂靠单位不构成劳动关系。但若发生伤亡,应当由被挂靠单位承担责任,后有权向车辆所有权人追偿。

(2)社会保险挂靠

从实质看,社会保险挂靠目的仅为缴纳社会保险,无真实用工关系,应被认定为无效,但实操中有工资支付及其他用人单位无法解释的原因,大概率会被认定存在劳动关系。

(3)证书挂靠

《注册建造师管理规定》第 26 条第 7 项规定,注册建造师不得涂改、倒卖、出租、出借或以其他形式非法转让资格证书、注册证书和执业印章。通过"空挂资质"的形式规避法律的行为系以合法形式掩盖非法目的的违法行为,双方签订的《劳动合同》应当无效。

5. 实习生

(1)业余时间勤工助学

《关于贯彻执行〈中华人民共和国劳动法〉若干问题的意见》(劳部发〔1995〕309 号)第 12 条规定,在校生利用业余时间勤工助学,不视为就业,未建立劳动关系,可以不签订劳动合同。

(2)受学校指派的教学实践

受学校指派或学业学分要求进行教学实践,一般认定为劳务关系。

(3)顶岗实习

职业院校学生顶岗实习具备劳动者条件,可认定为劳动关系。实践中一般看是否全职;是否与单位其他劳动者同工同酬;是否专业对口,非对口一般为就业;是否签订三方实习协议。具体情况具体分析,根据上述情况综合认定与单位是否存在劳动关系。

顶岗实习人数规定:《职业学校学生实习管理规定》,顶岗实习人数不超过在岗职工的 10%,顶岗实习生不超过同类岗位人数的 20%。

6. 聘用待岗、内退等人员

单位聘用待岗、放长假、内退等人员的,属劳动关系,应签劳动合同,但可不签无固定期限劳动合同,离职时无经济补偿。

《最高人民法院关于审理劳动争议案件适用法律问题的解释(一)》(法释〔2020〕26号)第32条第2款规定,企业停薪留职人员、未达到法定退休年龄的内退人员、下岗待岗人员以及企业经营性停产放长假人员,因与新的用人单位发生用工争议而提起诉讼的,人民法院应当按劳动关系处理。

《四川省高级人民法院民一庭关于审理劳动争议案件若干疑难问题的解答》(川高法民一〔2016〕1号)第19条规定,与原用人单位保留劳动关系的内退、待岗、停薪留职人员以及企业经营性停产放长假人员与新的用人单位建立用工关系的,可按劳动关系处理。其中,劳动者请求在新的用人单位享受《劳动法》《劳动合同法》规定的劳动报酬、劳动保护、劳动条件、工作时间、休息休假、福利待遇的,应予支持;但劳动者请求新的用人单位与其签订无固定期限劳动合同、办理社会保险(除工伤保险外),或劳动者以新的用人单位未为其缴纳社会保险为由提出解除劳动合同并要求经济补偿的,不予支持。

7. 混同用工

混同用工即关联单位交叉轮换使用劳动者,劳动者很多时候自己都不知道到底属于哪家公司,判定劳动关系依据依次为劳动合同单位,工资发放单位,直接管理单位。北京市高级人民法院的会议纪要也给此类混同用工劳动关系的认定给出了指导意见:

《北京市高级人民法院、北京市劳动争议仲裁委员会关于劳动争议案件法律适用问题研讨会会议纪要(二)》(京高法发〔2014〕220号)第26条规定,有关联关系的用人单位交叉轮换使用劳动者的,根据现有证据难以查明劳动者实际工作状况的,参照以下原则处理:(1)订立劳动合同的,按劳动合同确认劳动关系;(2)未订立劳动合同的,可以根据审判需要将有关联关系的用人单位列为当事人,以有关联关系的用人单位发放工资、缴纳社会保险、工作地点、工作内容,作为判断存在劳动关系的因素;(3)在有关联关系的用人单位交叉轮换使用劳动者,工作内容交叉重叠的情况下,对劳动者涉及给付内容的主张,可根据劳动者的主张,由一家用人单位承担责任,或由多家用人单位承担连带责任。

8. 保险代理人(非雇员)

《保险法》第117条第1款规定,保险代理人是根据保险人的委托,向保险人收取佣金,并在保险人授权的范围内代为办理保险业务的机构或个人。

保险代理人与保险公司之间属于民事代理关系,非劳动关系。

9. 居间代理人

居间代理人仅为双方寻找成交机会,按提供成交机会提成。这是中介合作关系,不是劳动关系。比如,劳务中介公司,特别在劳动力紧俏的某些阶段,甚至会形成某些劳务中介个人驻扎在用人单位,分别与用人单位和劳动者接触,但这些人仅为居间代理,不是用人单位劳动者。

10. 股东、公司高管劳动关系

公司股东、董事、高管依公司章程及股东会决议聘任以管理者身份参与公司管理,但并不排斥同时以劳动者的身份向公司提供劳动,可以签订劳动合同,领取工资。但独立董事不受劳动法相关法律约束。签订劳动合同的股东、高管,公司依《公司法》可经董事会或股东会决议解除高管职务,进行劳动合同变更,不需高管同意。但不能经上述会议决议解除劳动合同,解除合同须协商同意,解除必须适用《劳动法》《劳动合同法》相关规定。

11. 按月领取退役金的转业军人

按月领取退役金待遇的自主择业的转业军人,分以下两种情况:

(1)进入公务员、事业单位体系,《退役军人逐月领取退役金安置办法》第 18 条第 1 款规定,逐月领取退役金的退役军人被录用为公务员或者聘用为事业单位工作人员的,自被录用、聘用下月起停发退役金,其社会保险按照国家规定转移接续。录用为公务员等,停发退役金,按正常公务员体系进行管理。

(2)进入企业,是否停发退役金,没有明确规定。是否与用人单位构成劳动关系,实践中有两种不同观点。

一种观点认为不属于劳动关系。如(2021)京民再 3 号就判决不属于劳动关系:陶某是一名自主择业转业军官,入职某基金会从事会计工作,但双方并未签订劳动合同,在协商调岗不成的情况下,双方办理了工作交接。本案争议焦点:陶某与基金会之间是劳务关系还是劳动关系。仲裁及一审、二审均认可属于劳动关系,但再审时高级人民法院推翻了原先的结论,认为陶某每月从部队领取退役金 1 万余元并享受医疗保险,属于已经依法享受养老保险待遇的人员,如果认定陶某与基金会存在劳动关系,陶某就存在同时领取两份养老保险的可能,与现行劳动政策不符,其与基金会之间应当按劳务关系处理。即领取退役金且享受医疗保险的,应认定为劳务关系。

另一种观点认为属于劳动关系。经查询各地案例,(2010)沪二中民三(民)终字第 190 号、(2020)豫 01 民终 18119 号、(2021)京 02 民终 1854 号等判例均支持劳动关系说。

此种观点认为,退役金实际是政府给予自主择业军队转业干部的一种“补偿”,属于退役军官的法定待遇,是否领取退役金与能否建立劳动关系并不当然挂钩。

12. 童工（未满16周岁的未成年人）

《未成年人保护法》第61条第1款规定，任何组织或者个人不得招用未满16周岁的未成年人，国家另有规定的除外。

《劳动法》第15条规定，禁止用人单位招用未满16周岁的未成年人。文艺、体育和特种工艺单位招用未满16周岁的未成年人，必须遵守国家有关规定，并保障其接受义务教育的权利。

童工为未成年人，不属于劳动者，不适用《劳动合同法》的2倍工资、经济补偿等，也不适用人身损害赔偿有关规定，直接适用《非法用工单位伤亡人员一次性赔偿办法》。但与单位发生争议的，按照处理劳动争议的有关规定处理。

《工伤保险条例》第66条规定，用人单位不得使用童工，用人单位使用童工造成童工伤残、死亡的，由该单位向童工或者童工的近亲属给予一次性赔偿，赔偿标准不得低于本条例规定的工伤保险待遇，具体办法由国务院社会保险行政部门规定。前款规定的伤残职工或者死亡职工的近亲属就赔偿数额与单位发生争议的，以及前款规定的童工或者童工的近亲属就赔偿数额与单位发生争议的，按照处理劳动争议的有关规定处理。

即招用童工非劳动关系，但发生争议仍然适用劳动仲裁前置。

13. 未成年工（满16周岁未满18周岁的未成年人）

法律未禁止用人单位招用已满16周岁未满18周岁的未成年工，但须严格执行劳动强度及劳动保护规定。未成年工与用人单位发生争议适用《劳动法》《劳动合同法》等劳动法规相关规定。

《未成年人保护法》第61条规定，任何组织或者个人不得招用未满16周岁的未成年人，国家另有规定的除外。任何组织或者个人按照国家有关规定招用已满16周岁未满18周岁的未成年人的，应当执行国家在工种、劳动时间、劳动强度和保护措施等方面的规定，不得安排其从事过重、有毒、有害等危害未成年人身心健康的劳动或者危险作业。

14. 非法用工

《劳动合同法》规定，对不具备合法经营资格的用人单位向劳动者支付劳动报酬、经济补偿、赔偿金；但无2倍工资的明确规定。

《劳动合同法》第93条规定，对不具备合法经营资格的用人单位的违法犯罪行为，依法追究法律责任；劳动者已经付出劳动的，该单位或者其出资人应当依照本法有关规定向劳动者支付劳动报酬、经济补偿、赔偿金；给劳动者造成损害的，应当承担赔偿责任。

不具备合法经营资格的定义：

《非法用工单位伤亡人员一次性赔偿办法》第 2 条第 1 款规定，本办法所称非法用工单位，是指无营业执照或者未经依法登记、备案的单位以及被依法吊销营业执照或者撤销登记、备案的单位。

非法用工实质是用人单位一方不具备合法的主体资格，故与职工之间未构成劳动关系，但为保护劳动者，仍规定了非法用工单位的法律责任。

15. 用人单位合并分立

《劳动合同法》第 34 条规定，用人单位发生合并或者分立等情况，原劳动合同继续有效，劳动合同由承继其权利和义务的用人单位继续履行。

约定条件与标准不变的合并分立，不需新签合同，原合同继续有效。即工作地点甚至工位与之前没有任何变化，岗位与薪资也未曾改变。如仅是单位经营方向更改致使分立为两个独立经营体；资本运作中单位被更大的资金体收购成为其下属单位，但单位原内部结构并未破坏，在新集团中原单位人员岗位薪资几乎保持一致。

约定条件与标准改变的合并分立，实质是劳动合同的变更，应按调岗调薪进行协商变更，按变更进行相应处理。

16. 长期失联劳动者劳动关系认定

劳动者长期失联，未提供劳动，除失踪等情形外，用人单位应及时行使督促返岗的权利，按流程解除劳动合同。如未解除劳动合同，多地人社部门均出台相关政策，用人单位与劳动者“两不找”。

2009 年《北京市劳动和社会保障局、北京市高级人民法院关于劳动争议案件法律适用问题研讨会会议纪要》第 14 条规定，劳动者长期未提供劳动，用人单位又未依法与其解除劳动关系，双方“长期两不找”，可以认定双方劳动关系处于中止履行状态，中止履行期间用人单位和劳动者不存在劳动法上的权利义务关系，也不计算为本单位工作年限。此后一方当事人提出解除劳动关系，另一方因不同意解除而申请仲裁，劳动仲裁委或人民法院经审查后如认为上述解除符合法律有关规定的，应当确认解除。

《四川省高级人民法院、四川省劳动人事争议仲裁委员会关于印发〈关于审理劳动争议案件有关问题的会议纪要〉的通知》（川高法〔2020〕39 号）第 4 条规定，劳动者长期未提供劳动，单位长期未支付工资，可以认定劳动关系处于事实解除状态，在此期间双方不享有和承担劳动法上的权利义务。

17. 企业筹办未成功劳动关系认定

2015 年《深圳市中级人民法院关于审理劳动争议案件的裁判指引》第 4 条规

定，筹办单位发起人是自然人，筹办未成功的，在筹办期间发生的争议不作为劳动争议处理。

《四川省高级人民法院、四川省劳动人事争议仲裁委员会关于印发〈关于审理劳动争议案件有关问题的会议纪要〉的通知》（川高法〔2020〕39号）第5条规定，公司在筹办期间招用劳动者，应签订书面协议，明确双方的权利义务。公司依法成立后，筹办期间的工作期限计入劳动者在成立后公司的工作年限。筹办未成功，如果发起人或出资人是自然人的，在筹办期间发生的用工争议不作为劳动争议处理。

从各地区规定梳理中看出，企业开办失败，在筹办中劳动关系的认定，主要看其筹办人资质，如是企业、单位、社会团体等具有劳动关系主体资格的，其与劳动者的关系应认定为劳动关系。筹办人为自然人的，其与雇佣人员的关系属非劳动关系。

18. 网络平台用工

在新形势下，网络经济多点开花，平台用工模式层出不穷，各类网购货物分检、配送、主播带货用工多种多样，要认定是否存在劳动关系，仍然以劳动关系三要素为基本点，一事一议具体分析确定。

目前网络平台用工主要有以下几种形式：

（1）平台直接雇佣模式，这种模式相对简单，工资及社会保险由平台负责，一般认定为劳动关系。

（2）业务外包模式，网络平台将特定区域的工作整体外包给代理商，如代理商安排自己的劳动者进行业务处理，实际提供服务的劳动者与网络平台无直接的劳动关系。如代理商将业务再次以网络机会的方式供实际提供服务的劳动者自由选择，主流观点认为劳动者与代理商也不存在劳动关系。

（3）众包模式，平台将订单无差别发布在网络，服务者不与任何一方建立劳动关系，服务提供者自主决定在何时何地提供服务，更多的就业机会，更多的自由选择权，这代表了网络平台用工的发展新方向。

19. 劳动关系认定案例分析

（2018）苏0583民初6152号判决案例：劳动者陈某义入职未上一天班，认定为劳动关系。

基本案情：单位发送入职邮件，通知了劳动者的工作岗位、薪酬等，并通知劳动者于2017年11月21日上午8时到单位入职办理手续。劳动者依据通知要求完成了体检，并于11月20日到单位宿舍进行床铺分配及其他生活安置，但当晚并未入住宿舍，而是去了朋友家住宿。11月21日早上坐公交车去单位途中，下车时发生事故,后被评九级伤残,劳动者与单位就劳动关系认定发生纠纷。

本案判决书摘要:上下班途中属于工作的自然延伸,上下班的过程也应属劳动者为用人单位提供劳动准备。本案中,原告在前往被告单位处上班途中发生了非本人主要责任的交通事故,应理解为原告已经为被告提供了劳动,且原告、被告在事故发生前就订立劳动合同已经达成合意,原告为建立劳动关系也进行了充分准备,包括体检和办理宿舍入住手续,应认定原告与被告自2017年11月21日起建立了劳动关系。

案例分析:从劳动关系认定三要素看,双方主体适格,对岗位、工资、住宿等均达成一致意见,劳动者服从单位管理,虽劳动者没有为单位提供劳动,但发生交通事故前,劳动者正在上班途中,有提供劳动的主观意愿并用坐公交车去单位实际表现出提供劳动的可能,故认定为劳动关系符合相关法律规定。

### (四)非全日制用工

#### 1.非全日制用工定义

《劳动合同法》第68条规定,非全日制用工,是指以小时计酬为主,劳动者在同一用人单位一般平均每日工作时间不超过4小时,每周工作时间累计不超过24小时的用工形式。

非全日制用工属劳动关系的一种,与劳务派遣用工一起作为全日制劳动关系的补充,三种用工关系各具特点,各具适用范围,是我国劳动关系体系的主构架。

根据《劳动合同法》第68条至第72条的规定,可归纳非全日制用工的几个特点:

(1)工时:每天平均不超过4小时,每周累计不超过24小时,非全日制按小时计薪。非全日制工时的认定在全国范围内通常采用累计平均,非每天不得超过4小时。

(2)合同约定方式:可口头约定,也可书面约定,但不得约定试用期。

(3)劳动关系的多重性:非全日制用工的劳动者可以与一个或者一个以上用人单位订立劳动合同,后订立的劳动合同不影响先订立劳动合同的履行即可。

(4)用工风险显著低微:可以随时解除非全日制合同,且解除或终止合同无经济补偿或赔偿金,无未签劳动合同的2倍工资差额,无工伤保险外的社会保险、住房公积金诉求,无年休假、无加班费等用工风险。

(5)非全日制用工劳动报酬支付方式:非全日制用工小时计酬标准不得低于用人单位所在地人民政府规定的最低小时工资标准。劳动报酬结算支付周期最长不得超过15日。

2. 非全日制的工伤风险防范

为非全日制劳动者缴纳工伤保险，一方面为转移劳动者工伤风险，减轻用人单位用工成本；另一方面为法律强制性规定，必须缴纳。

2011 年《实施〈中华人民共和国社会保险法〉若干规定》（人社部令第 13 号）第 9 条规定，职工（包括非全日制从业人员）在两个或者两个以上用人单位同时就业的，各用人单位应当分别为职工缴纳工伤保险费。

3. 非全日制用工的应用及局限

非全日制用工使用灵活，招之即来挥之即去，适合技术含量低的清洁工、厨工、库管搬运等短时急需岗位，不适用于企业主业的长期稳定岗位。

非全日制劳动者的局限：一般来说，全日制劳动者对企业的认同感较强，而非全日制劳动者在企业的工作时有时无，工资也随结随走，忠诚度较低。全日制劳动者朝九晚五，出勤稳定，工作有条不紊，而非全日制劳动者临时接到工作任务，还需开工准备，其工作量很难保证。

非全日制用工的成本误区：非全日制用工小时工资不得低于当地政府规定的最低标准，虽然可以不缴社会保险住房公积金等费用，但折算为全日制用工的月工资标准相当于当地最低工资标准的 2 倍，成本并不低，在选择非全日制用工时要权衡利弊。

### （五）劳务派遣

劳务派遣是我国劳动关系中的一种，受《劳动合同法》及其实施条例调整，是全日制劳动合同用工关系的补充。

劳务派遣各关系中，劳务派遣公司与劳动者签订劳动合同，双方建立劳动关系；用工单位与派遣公司签订“劳务合作协议书”，与劳动者没有“劳动关系”；实现劳动者的服务单位和管理单位分立，形成“用人不管人、管人不用人”的新型用工机制。

劳务派遣具体实施办法参见 2014 年 3 月 1 日起施行的《劳务派遣暂行规定》（人力资源和社会保障部令第 22 号）。

1. 定义

劳务派遣单位：是《劳动合同法》所称用人单位，与被派遣劳动者订立劳动合同，向劳动者支付工资，缴纳社会保险、承担劳动者工伤责任等，履行用人单位对劳动者的正常劳动关系之权利义务。

劳务派遣用工单位：接受派遣劳动者提供劳动并对其进行管理，向劳务派遣单位支付用工费用，但与劳动者不构成劳动关系。

劳动者:接受劳务派遣单位的派遣,到用工单位提供劳动的个人,其应遵守用工单位的规章制度,享受用工单位“同工同酬”的权利保障。

2. 用人单位、用工单位及劳动者三者间的关系

业务合作关系:劳务派遣单位与用工单位订立劳务派遣协议,按约定支付或接收费用,权利义务关系受民商法调整。劳务派遣协议应当约定派遣岗位和人员数量、派遣期限、劳动报酬和社会保险费的数额与支付方式以及违反协议的责任。

劳动关系:劳务派遣单位与劳动者之间签订劳动合同,双方之间属劳动关系,受《劳动法》《劳动合同法》等相关法律规范。

管理与被管理关系:用工单位与被派遣劳动者之间属劳务关系,一方提供劳动接受日常管理,一方接受劳动按约定向第三方(劳务派遣单位)支付费用。

3. 劳务派遣用工法律规定

(1)劳务派遣单位的设立条件

行政许可条件:经营劳务派遣业务,应当向劳动行政部门依法申请行政许可;经许可的,依法办理相应的公司登记。未经许可,任何单位和个人不得经营劳务派遣业务。

经营资金条件:注册资本不得少于人民币200万元。

管理制度条件:有符合法律、行政法规规定的劳务派遣管理制度。

(2)劳务派遣用工岗位和数量限制

劳动合同用工是我国企业基本的用工形式。劳务派遣用工是补充形式,只能在临时性、辅助性或者替代性的工作岗位上实施。根据《劳动合同法》第66条规定,岗位限制和数量限制如下:

①临时性工作岗位:指存续时间不超过6个月的岗位;

②辅助性工作岗位:为主营业务岗位提供服务的非主营业务岗位;

③替代性工作岗位:指用工单位的劳动者因脱产学习、休假等原因无法工作的一定期间内,可以由其他劳动者替代工作的岗位;

④劳务派遣用工数量限制:使用的被派遣劳动者数量不得超过其用工总量的10%,目前法律层面对超过10%的行为无处罚措施,根据《劳务派遣暂行规定》第28条规定,用工单位未将本规定施行前使用的被派遣劳动者数量降至符合规定比例之前,不得新用被派遣劳动者。

(3)劳务派遣用工劳动合同内容

劳务派遣用工的劳动合同内容,比照普通劳动合同增加了三条必备条款:

①被派遣劳动者的用工单位;

②被派遣劳动者的期限，不能长于劳动合同期限；

③被派遣劳动者在用工单位的工作岗位。

劳务派遣用工中，派遣单位与劳动者的劳动合同期限每次不得低于 2 年。但没有无固定期限类型，签订次数超过两次及累计年限超过 10 年均可再次签订固定期限劳动合同。

《劳动合同法》第 60 条规定了劳务派遣单位的告知义务：劳务派遣单位应当将劳务派遣协议的内容告知被派遣劳动者。劳务派遣单位不得克扣用工单位按照劳务派遣协议支付给被派遣劳动者的劳动报酬。

派遣劳动者的工龄连续计算问题，如果被派遣劳动者从上家用工单位到下一家用工单位，中间未有中断情形，则工龄连续计算，年休假等均按连续工龄为标准计算。

(4)劳务派遣劳动者工资保障

劳务派遣劳动者的工资由劳务派遣单位支付，应切实维护被派遣劳动者享有与用工单位的劳动者同工同酬的权利。用工单位向用人单位支付的派遣费中包含劳动者工资，但劳动者加班费、绩效奖等非固定费用应由用工单位直接向劳动者支付，实行与用工单位劳动者同工同酬。

被派遣劳动者在无工作期间，劳务派遣单位应当按照所在地人民政府规定的最低工资标准，向其按月支付报酬及参保相应社会保险。

(5)用工单位的法定责任

用工单位应将使用派遣劳动者情况和派遣协议向劳动行政保障部门备案，同时按《劳动合同法》第 62 条规定履行下列义务：①执行国家劳动标准，提供相应的劳动条件和劳动保护；②告知被派遣劳动者的工作要求和劳动报酬；③支付加班费、绩效奖金，提供与工作岗位相关的福利待遇；④对在岗被派遣劳动者进行工作岗位所必需的培训；⑤连续用工的，实行正常的工资调整机制。用工单位不得将被派遣劳动者再派遣到其他用人单位。

用工单位对被派遣劳动者的赔偿责任：

《劳动合同法》第 92 条第 2 款规定，用工单位给被派遣劳动者造成损害的，劳务派遣单位与用工单位承担连带赔偿责任。

另外，用人单位的违法行为给被派遣劳动者造成损害的，用工单位不承担责任。这就是我们通常所称的“单向连带责任”。

(6)被派遣劳动者的退回及处理

用工单位在使用被派遣劳动者过程中，在有法律规定的情况下，可将被派遣劳动者退回用人单位，不可直接解除劳动合同。退回后的处理，是否涉及解除劳动合同，由用人单位决定。劳动者的退回条件是法定的，一般情况下，用工单位或劳务派遣单位不得约定退回或任意退回。以下是法定可退回情形：

①用工单位因《劳动合同法》第39条和第40条第1项、第2项规定的情形将被派遣劳动者退回劳务派遣单位的，劳务派遣单位可以依照《劳动合同法》的规定与被派遣劳动者解除劳动合同。

②用工单位因《劳动合同法》第40条第3项、第41条规定的情形将被派遣劳动者退回劳务派遣单位的，劳务派遣单位不得解除劳动合同，另行派遣。

③用工单位被依法宣告破产、吊销营业执照、责令关闭、撤销、决定提前解散或者经营期限届满不再继续经营的，将被派遣劳动者退回劳务派遣单位的，劳务派遣单位不得解除劳动合同，另行派遣。

④劳务派遣协议期满终止，用工单位退回后由劳务派遣单位重新派遣。

⑤《劳务派遣暂行规定》第15条第1款规定，被派遣劳动者因本规定第12条规定被用工单位退回，劳务派遣单位重新派遣时维持或者提高劳动合同约定条件，被派遣劳动者不同意的，劳务派遣单位可以解除劳动合同。

⑥退回的禁止。

《劳务派遣暂行规定》第13条规定，被派遣劳动者有《劳动合同法》第42条规定情形的（医疗期未满、孕期产期哺乳期等），在派遣期限届满前，用工单位不得依据本规定第12条第1款第1项规定（《劳动合同法》第40条第3项、第41条规定情形——客观情况发生重大变化、经济性裁员）将被派遣劳动者退回劳务派遣单位；派遣期限届满的，应当延续至相应情形消失时方可退回。

被派遣劳动者退回及处理总结：

过错性退回，可直接解除劳动合同；非过错性不胜任工作或医疗期满不能从事另行安排工作的退回，按法定程序支付补偿金可解除劳动合同。

用工单位出现客观情况发生重大变化、裁员、注销、派遣协议期满等退回，不能解除，应当重新派遣。在重新派遣或续订过程中，劳务派遣单位按《劳动合同法》续订不降低条件而劳动者不同意的，劳务派遣单位可解除劳动合同。如重新派遣或续订过程中降低劳动条件，劳动者不同意的，劳务派遣单位不得解除劳动合同，如解除的，按违法解除承担经济补偿双倍的赔偿责任。

4. 劳务派遣常见纠纷问答

（1）被派遣劳动者在工作中发生工伤事故，应当由谁承担工伤待遇责任？

A. 派遣单位　　　　B. 派遣单位与用工单位按份承担责任

C. 用工单位　　　　　　　　D. 派遣单位与用工单位承担连带责任

答:A,被派遣劳动者的社会保险由派遣单位缴纳,其工伤责任由社会保险缴纳方承担。

(2)劳动者A被派遣公司B派到C公司上班,后因加班问题发生纠纷,A告谁?

答:告C,《劳动合同法》第62条有明确规定,被派遣劳动者加班工资支付的义务在用工单位,如B、C有协议约定,告约定支付单位。

(3)接上问,如后来发现B公司没有劳务派遣资质,加班费由谁承担?

答:C公司,推定A与实际用工的C公司存在劳动关系。

(4)再接上问,如B有劳务派遣资质,但未与劳动者签订劳动合同,加班费由谁承担?

答:C公司,如劳务派遣单位未与被派遣劳动者签订劳动合同,其派遣关系将不被承认,劳动关系转而由用工单位与被派遣劳动者建立。辽宁省高级人民法院就持这种观点:2013年《辽宁省高级人民法院民一庭劳动人事争议及劳务纠纷案件审判问题解答》中规定,如果被诉单位(实际用工单位)主张劳动者系劳务派遣性质的劳动者并提供了与派遣公司签订的派遣协议,但其所主张的派遣单位未与劳动者签订劳动合同,劳动者否认派遣事实的,一般对劳务派遣关系不予认定,仍应将该被诉单位(实际用工单位)作为用人单位。

(5)跨地区劳务派遣的社会保险在劳务派遣单位住所地缴纳吗?

答:否。《劳务派遣暂行规定》第18条规定,劳务派遣单位跨地区派遣劳动者的,应当在用工单位所在地为被派遣劳动者参加社会保险。第19条第2款规定,劳务派遣单位未在用工单位所在地设立分支机构的,由用工单位代劳务派遣单位为被派遣劳动者办理参保手续,缴纳社会保险费。

### (六)涉外用工

涉外用工,即境内企业等用人单位与来华就业的外国人之间形成的用工关系。

1. 涉外劳动者就业资质

《外国人在中国就业管理规定》第8条规定,在中国就业的外国人应持Z字签证入境(有互免签证协议的,按协议办理),入境后取得《外国人就业证》和外国人居留证件,方可在中国境内就业。

未取得居留证件的外国人(持F、L、C、G字签证者),在中国留学、实习的外国人及持Z字签证外国人的随行家属不得在中国就业。特殊情况,应由用人单位按本规定的审批程序申领许可证书,被聘用的外国人凭许可证书到公安机关改变身份,办理就业证、居留证后方可就业。

2. 外国人就业申请与审批

《外国人在中国就业管理规定》第 11 条第 1 款规定,用人单位聘用外国人,须填写《聘用外国人就业申请表》,向与其劳动行政主管部门同级的行业主管部门提出申请,并提供下列有效文件:

(1)拟聘用外国人履历证明;

(2)聘用意向书;

(3)拟聘用外国人原因的报告;

(4)拟聘用的外国人从事该项工作的资格证明;

(5)拟聘用的外国人健康状况证明;

(6)法律、法规规定的其他文件。

3. 涉外非法用工的认定

企业聘用外国人应申请取得《外国人就业许可证书》,并为外籍劳动者办理就业证,否则构成非法用工。

《出境入境管理法》第 41 条第 1 款规定,任何单位和个人不得聘用未取得工作许可和工作类居留证件的外国人。

《最高人民法院关于审理劳动争议案件适用法律问题的解释(一)》(法释〔2020〕26 号)第 33 条规定,外国人、无国籍人未依法取得就业证件即与中华人民共和国境内的用人单位签订劳动合同,当事人请求确认与用人单位存在劳动关系的,人民法院不予支持。但持有《外国专家证》并取得《外国人来华工作许可证》的除外。

4. 视为涉外非法就业的认定

外籍劳动者持有就业证被视为非法就业的:(1)就业证存在作废、无效、过期。(2)就业证注明的单位与实际提供劳动的单位不一致。

《外国人在中国就业管理规定》第 26 条第 1 款规定,劳动行政部门对就业证进行年检。用人单位聘用外国人就业每满 1 年,应在期满前 30 日内到劳动行政部门为被聘用的外籍劳动者办理就业证年检手续。逾期未办的,就业证自行失效。

5. 涉及我国港澳台地区人员的使用问题

2018 年前,我国港澳台地区人员要在内地就业,也需获得内地就业许可证。2018 年 7 月,国务院印发《关于取消一批行政许可等事项的决定》(国发〔2018〕28 号),正式取消我国港澳台地区人员在内地就业许可。2018 年 8 月 23 日,人力资源和社会保障部颁布了《关于废止〈台湾香港澳门居民在内地就业管理规定〉的决定》，决定自发布之日起对《台湾香港澳门居民在内地就业管理规定》予以废止。同时印发《关于香港澳门台湾居民在内地（大陆）就业有关事项的通知》，明确港澳台人员在内地（大陆）就业不再需要办理《台港澳人员就业证》，与内地劳动者一视同仁。

6. 涉外用工的其他规定

（1）兼职、派遣问题

《外国人在中国就业管理规定》第23条第1款规定，外国人在中国就业的用人单位必须与其就业证所注明的单位相一致。即不得兼职，也无法派遣。

（2）涉外劳动合同期限

《外国人在中国就业管理规定》第17条规定，用人单位与被聘用的外国人应依法订立劳动合同，劳动合同的期限最长不得超过5年。

（3）外国人的社会保险问题

《在中国境内就业的外国人参加社会保险暂行办法》规定，从2011年10月15日起，来华就业的外国人被纳入社会保障体系，统一比照国内劳动者的社会保险标准办理。已经和我国签订了社会保险双边协议的国家，通常可免缴养老保险和失业保险。

截至2021年1月底，中国与韩国、德国、芬兰、加拿大、丹麦、瑞士等12个国家签订了社会保险双边互免协议。

（4）涉外就业生育待遇

外籍劳动者因不受中国《人口与计划生育法》的调整，其在境内或境外生育子女，不属于违法行为，其可参照《女职工劳动保护特别规定》享受产假，且不受生育次数限制。但北京、广州等地限享受当地当时的二孩（三孩）待遇。即外国人可生四孩、五孩及N孩，但不再享受产假等生育政策待遇。

（5）劳动争议处理

取得“外国人永久居留证”的外国人，除政治权利和法律规定不能享有的权利外，与中国人一致。

《外国人在中国就业管理规定》第25条规定，用人单位与被聘用的外国人发生劳动争议，应按照《劳动合同法》和《劳动争议调解仲裁法》处理。

外国人未取得就业证，发生争议不属劳动争议，如某学校聘请英国人小美担任英语老师，但小美无就业证，不属劳动争议，不适用《劳动合同法》和《劳动争议调解仲裁法》，属劳务争议。

7. 违反涉外用工规定的法律责任

《外国人在中国就业管理规定》第29条规定，对伪造、涂改、冒用、转让、买卖就业证和许可证书的外国人和用人单位,由劳动行政部门收缴就业证和许可证书,没收其非法所得,并处以1万元以上10万元以下的罚款;情节严重构成犯罪的,移送司法机关依法追究刑事责任。

## 三、非劳动关系

本书主要内容为劳动关系法律规定及内控合规,非劳动关系不是本书关注的重点,所以本节非劳动关系内容我们仅作一个概括性阐述。

### (一)劳务用工

劳务用工关系即劳动者根据用工者的口头或书面约定,向用工者提供的一次性或特定的劳动服务,由用工者依事前约定向劳动者支付劳动报酬的一种有偿服务,这是由接受劳务一方按照约定支付提供劳务一方报酬而建立的一种民事权利义务关系。

劳务关系有以下特征:劳务双方可以是自然人、法人或其他组织,主体不限。用工者的规章制度不适用劳务提供者,不存在隶属关系,按成果取得报酬。劳务报酬无法律规定的最低工资限制,依双方意思自治约定。

### (二)借调用工

借调用工是借出单位与借用单位签订借用协议,将劳动者调入借用单位工作,由借用单位实施用工管理,但劳动者劳动关系仍保留在借出单位的一种用工形式。借出单位保留劳动者的劳动关系,但不使用劳动者的劳动力,也不对劳动者进行管理,实质为一种外派行为。

劳动者与借用单位形成的一方使用劳动力,另一方提供劳动力的用工关系,实质为一种特殊劳务关系。在日常劳动用工关系中,经常遇到劳动者借调,借调与派遣看起来都是一个单位安排劳动者到另一个单位工作,工资仍由原单位支付,很相似。但借调与劳务派遣有以下不同:

1. 关联关系不同:借调关系单位间有资本或行政隶属关联,派遣用人单位与用工单位之间无关联关系,仅为双方业务需要。

2. 利益关系不同:借调为纯用人关系,无经济诉求,派遣以提成或人数赚取服务费为目的。

3. 人数限制不同:借调无人数限制,根据用工单位需要和借出单位的供给可多可少,而派遣比例不能超过用工单位总人数的10%,属法定限额,不得突破。

4. 退回限制条件不同：借调经借出单位与借用单位协议可随时退回，派遣中用工单位对被派遣劳动者的退回严格受劳务派遣相关法规限制，不得约定退回或任意退回。

### （三）新型共享用工

在新形势下，特别是在整个社会面临疫情或其他严峻经济下行压力下，企业成本控制愿望越来越强烈，企业减员时常发生，社会闲散劳动力越来越多，但企业并非不需要人力，而是需要更经济、更灵活的用工方式的人力。企业用工关系中全日制劳动用工仍占社会用工大部分需求，但已经逐渐出现松动。

2020 年，国家出台了《人力资源和社会保障部办公厅关于做好共享用工指导和服务的通知》（人社厅发〔2020〕98 号）文件，提出“新型灵活用工”概念，致力推广。

新型灵活用工的基本方式：一部分企业有多余的劳动力，通过平台以新型灵活用工方式向其他有需求的用工单位提供劳动力，劳动者仍保留与原单位的劳动关系。

灵活用工的实质为借用调用劳动者关系，缺工企业与用人单位签订协议，约定相关人员数量、费用、工伤补偿等，劳动关系仍在用人单位，缺工企业支付相关费用。

这样企业之间开展共享用工，进行用工余缺调剂合作，对解决用工余缺矛盾、提升人力资源配置效率和稳定就业发挥了积极作用。

### （四）劳务外包

劳务外包，是用工单位与外包公司签订委托用工合同，向外包公司支付外包费用，外包公司与劳动者签订劳动合同并支付劳动报酬，向用工单位提供劳动力，并对劳动者进行用工管理所形成的权利义务关系。劳务外包与劳务派遣有相似之处，主要异同如下：

1. 主体不同：劳务外包可以个人，劳务派遣是两个单位之间。

2. 工作成果归属：劳务外包的工作成果属用工单位，劳务派遣的工作成果属用工单位，这一点两种用工模式相同。

3. 规章制度与管理：劳务外包单位对劳动者进行管理，劳务外包单位规章制度适用于劳动者，而劳务派遣单位则不行使管理权，劳动者遵守的是用工单位的规章制度，这一点两种用工模式正好相反。

4. 劳动报酬：劳动者工资在劳务外包模式下，由劳务外包单位支付，在劳务派遣模式下，由派遣单位支付，两种模式相同，均与用工人、用工单位无关。

5. 劳动关系、社会保险维系:两种模式下,劳动关系均由劳务外包单位或劳务派遣单位与劳动者建立,社会保险关系也与劳动关系同步,与用工人、用工单位无关。

《劳务派遣暂行规定》第 27 条规定,用人单位以承揽、外包等名义,按劳务派遣用工形式使用劳动者的,按照本规定处理。(关键看外包方是否对劳动者实施管理,实施用工管理的,认定为劳务外包)

## (五)非劳动关系(劳务、兼职)合同模板

以下为劳务关系通用合同模板:

甲方:××

乙方:××

甲乙双方经平等协商,共同决定建立临时劳务(兼职)关系。根据《民法典》等有关法律法规,经过友好协商同意签订本合同,共同遵守以下条款:

一、合作方式

甲方雇佣乙方完成本合同期限内相应工作安排,乙方向甲方提供劳务税票,领取劳务费。

二、劳务合同期限

甲乙双方约定本合同期限自××年××月××日至××年××月××日。

三、工作地点内容

乙方的工作地点:××,乙方承担的工作内容为:××。

四、工作时间、劳务报酬和社会保险福利等

1. 乙方根据方便高效原则自行安排工作时间,月工资标准××元(大写人民币:××),直接汇入乙方提供的银行卡中。

2. 乙方当月在甲方领取到的劳务报酬等收入达到个税起征点,甲方将按照"工资薪金所得"项目代扣代缴个人所得税,若乙方有其他工资薪金收入,在多地取得的工资薪金合并所得,由乙方选择到其中一处任职、受雇单位所在地的主管税务机关自行办理申报个人所得税的汇算清缴及补退税款。

3. 鉴于本合同用工性质,乙方养老保险、医疗保险及其他社会保险和住房公积金等均由乙方自行负担,甲方不承担相关社会保险费用,乙方社会保险等费用缴纳与甲方无关。

4. 乙方在工作中因伤病等其他因素导致乙方身体受损或乙方造成他人伤害的,由乙方自行承担一切责任。

5. 甲乙双方属非劳动关系，乙方不享受年休假、法定节假日、公休日、加班工资等。

五、劳务合同的解除、终止

1. 经甲乙双方协商一致，本合同可以解除。如甲方工作任务不饱和或其他政策调整等原因，以及乙方患病或非因工负伤导致本协议无法继续履行的，可提前解除与乙方合同。如合同到期双方未续签，但双方确实存在继续聘用情形，可按本合同约定继续执行。

2. 因乙方提供劳务，甲乙双方解除合同或合同终止，不涉及离职经济补偿。

3. 本合同一式两份，具有同等法律效力，甲乙双方各执一份，自双方签署生效。

六、合同争议解决

甲乙双方因履行本合同发生争议，可以协商解决。不愿协商或者协商不成的，可向甲方所在地人民法院提起诉讼解决。

## 四、劳动用工关系内部控制

### （一）劳动用工核心风险点

1. 年龄，年龄是劳动关系认定中非常重要的一个风险因素，在实践中反映为两个年龄极端：一个是超过退休年龄，一般适用劳务关系，特殊情况可认定为劳动关系；另一个是不到16周岁，为劳动用工禁止招用范围，16周岁至18周岁为限制招用范围，在劳动强度及劳动保护规定上适用特殊规定。

2. 非全日制，非全日制也是劳动关系的一种，但与正常的全日制劳动关系反差太多。常有单位利用非全日制之名掩盖实施全日制用工之实，应清晰明确两者差别。

### （二）劳动用工关系风险评估

1. 招用超龄劳动者风险评估：超龄劳动者的风险源于两个方面：一是误认为是劳务关系，即超过退休年龄，但累计缴费不足15年等未达到领取退休养老保险待遇资格，新进单位或继续在原用人单位工作，如此时按劳务关系处理，则可能引发未交社会保险、未签书面劳动合同2倍工资、未休年假、工伤引发大额赔偿等一系列问题；二是本属劳务关系，但以劳动关系处理，在某些地区规定，新招用超龄劳动者无论是否领取养老保险待遇，均可按劳务关系处理，但用人单位按正常劳动关系处理，为其缴纳社会保险，安排年休假等，这样操作不是不可，但从经济性看不可取。

2. 招用童工、未成年工风险评估:一般行业和企业禁止招用童工,在条件许可的情况下招用16～18周岁的未成年人,必须做好相关健康监测和劳动强度保护。

招用童工将承担以下行政法律风险:《禁止使用童工规定》第6～9条规定,招用童工的,按5000元/月/人处以罚款。介绍童工的,按5000元/人处以罚款。未按照本规定第4条的规定保存录用登记材料,或者伪造录用登记材料的,处1万元的罚款。无营业执照、被依法吊销营业执照的单位以及未依法登记、备案的单位使用童工或者介绍童工就业的,依照本规定第6条、第7条、第8条规定的标准加一倍罚款。

3. 虚假非全日制用工风险评估:如无法提供书面真实的非全日制劳动合同、考勤表、每15天发放一次的工资条等证据证明双方建立了非全日制劳动关系,仅有双方签订的《非全日制劳动合同》,无法单凭一个合同名称认定为非全日制,反而很容易被认定为全日制劳动关系而承担双倍工资、补交社会保险、经济补偿等法律风险。

4. 非全日制用工工伤风险评估:非全日制用工关系为劳动法调整的劳动关系中的一种,属特殊劳动关系,用人单位可以不为劳动者缴纳养老、医疗、生育、失业社会保险费,但需缴纳工伤保险费,如未为非全日制劳动者依法参保工伤保险,劳动者发生工伤事故的,由单位承担工伤医疗待遇、停工留薪期待遇及伤残赔偿等责任。

### (三)劳动用工关系内部控制措施

1. 招用超龄劳动者的内控措施

招用超龄劳动者,应要求超龄人员提供身份证、户口本、退休证等证件逐一审查,确认超龄人员是否已经达到退休年龄(目前一般退休年龄:男60岁,女工人50岁,女干部55岁),是否领取养老保险待遇,并根据当地政策,对劳务关系和劳动关系分别处理:

超龄属劳务关系的,及时签订《退休返聘协议》或《劳务协议》,明确双方权利和义务。用人单位应了解当地政策,能否单独为超龄返聘人员缴纳工伤保险,如能够单独缴纳工伤保险,在确认聘用后第一时间为超龄人员缴纳工伤保险。如无法缴纳,可购买雇主责任险、团体意外险等商业保险转移或降低超龄人员工伤责任的法律风险。

超龄政策规定属劳动关系的,签订劳动合同或续用原劳动合同,依法参加社会保险,进行正常劳动用工管理。特别注意,如当地无特殊地方性规定的,此时用人单位一般可随时终止劳动关系，法律没有明确规定超龄劳动者的合同期限受法律保护。

2. 招用童工及未成年工内控措施

禁止招用童工。招用未成年工，必须要求提供身份证、户口本、学生证等证件逐一审查，严格确认身份。对招用的未成年工，安置合适的非重体力岗位，不得安排未成年工从事矿山井下、有毒有害、国家规定的第四级体力劳动强度的劳动和其他禁忌从事的劳动。对未成年工定期进行健康检查，并将检查结果收录存档保管。

3. 非全日制内控措施

签订书面的非全日制劳动合同，避免口头协议方式订立合同。制作考勤表，记载每天工作时间未超过 4 小时，每周未超过 24 小时。工资发放周期不超过 15 天，折算的小时工资不低于当地最低小时工资标准。

正式建立非全日制用工关系以前，单位应确保为非全日制劳动者缴纳了工伤保险方可安排上班，如果因为各地政策原因无法缴纳，可购买雇主责任险或其他商业险以达到降低工伤赔偿责任或分散法律风险。

针对已经在职的非全日制劳动者，及时为其缴纳工伤保险，如因各地政策不同，不能够单独缴纳工伤保险，可购买雇主责任险或其他商业险以达到降低工伤赔偿责任或分散法律风险。

4. 劳务派遣单位工资支付内控措施

劳务派遣劳动者的工资源于用工单位，用工单位以劳务派遣协议约定支付给劳务派遣单位，再由劳务派遣单位按劳动合同约定向被派遣劳动者支付。故被派遣劳动者的工资与用工单位有关，与劳务派遣单位也有关。

《劳动合同法》第 60 条规定，劳务派遣单位的告知义务，劳务派遣单位应当将劳务派遣协议的内容告知被派遣劳动者。劳务派遣单位不得克扣用工单位按照劳务派遣协议支付给被派遣劳动者的劳动报酬。

《劳动合同法》第 62 条第 1 款规定，用工单位的义务……告知被派遣劳动者的工作要求和劳动报酬。

将工资如实告知被派遣劳动者是用工单位的法定义务，也是劳务派遣单位的法定义务。即按法律规定，被派遣劳动者的工资是“透明的”。但在实际派遣过程中，能做到如此双透明的并不多见。就此形成一个问题：劳务派遣单位到底是否将用工单位支付的劳动报酬全额支付给了劳动者？

劳务派遣单位要特别留意，未将劳动者工资全额支付的，属《劳动合同法》第 60 条明确规定的克扣劳动者工资行为，不管劳务派遣单位是无意而为还是有意操作，如此截留工资的方式在实际用工中并非个例,由此引发的后果极其严重,甚至可以这么说,如果劳动者群体被迫离职"爆雷",很多劳务派遣公司将承担巨额经济补偿,甚至直接关门歇业。劳务派遣单位应自查自纠,避免因小失大。

第三章

# 招聘录用环节内部控制

## 一、招聘录用概述

招聘录用是用工风险管控的第一关。入职环节未做好风险管控，后续隐患无穷，特别是双重劳动用工的赔偿责任，未经入职体检的病患纠纷等，从用工之日开始就已经埋下祸根，什么时候爆发，爆发到什么程度，很多时候不以用人单位意志为转移。用人单位应从用工之初就加强防控，杜绝此类纠纷事件，避免造成损失。

为实现合法用工、合理用工之目的，用人单位一般按以下流程对招聘劳动者入职工作进行安排：

1. 发布招聘广告。线下一般为现场招聘会，线上为各大招聘网站，发布招聘文本并提供简历模板。

2. 简历筛选及应聘登记表的填写。

3. 组织面试和背景调查。

4. 入职体检。需通知体检医院级别及具体体检项目。

5. 录用通知。报到日期及其他要求。

6. 入职手续办理。填写劳动者档案表、录用审批表等，提交资料原件查验后复印存档。

7. 签署协议文本：

(1)用工合同(实习协议、劳务协议、退休返聘协议等)；

(2)录用条件确认函；

(3)规章制度学习签收表；

(4)特殊人员的保密协议、竞业限制协议；

(5)办公用品资料领用清单等。

## 二、招聘录用法律规定

### (一)避免就业歧视

《就业促进法》第3条规定，劳动者依法享有平等就业和自主择业的权利。劳动者就业，不因民族、种族、性别、宗教信仰等不同而受歧视。

性别、年龄、身高、民族、残疾等先天性要素，无法选择、怎么努力都达不到的情形，不能作为招用的限制条件；而通过努力可以改变的如学历、工作经验等个人后天性要素，可以作为招用限制条件。

《就业促进法》第30条规定，用人单位招用人员，不得以是传染病病原携带者为由拒绝录用。但是，经医学鉴定传染病病原携带者在治愈前或者排除传染嫌疑前，不得从事法律、行政法规和国务院卫生行政部门规定禁止从事的易使传染病扩散的工作。

如药品生产、食品生产、饮食服务行业等，对皮肤病、结核病、乙肝传染病等患者可实施限制性的招用。其他行业如限制或扩大性限制招用，将可能构成就业歧视。

《最高人民法院关于增加民事案件案由的通知》（法〔2018〕344 号）规定，经研究，现就在《民事案件案由规定》中增加两类案由问题通知如下：在第一部分“人格权纠纷”的第三级案由“9. 一般人格权纠纷”项下增加一类第四级案由“1. 平等就业权纠纷”……

从此正式增加平等就业权纠纷案由，将遏制就业歧视纳入司法规制的范畴。

**就业歧视案例：**

（2016）粤 0183 民初 901 号判决书摘要：

广州某运输公司拟招聘大客车司机，岗位职责：驾驶营运客车或公交车；学历：不限；专业：不限；性别：男；年龄：18～45 岁……原告陈某某前往广州市人力资源市场增城区分市场求职。当日，广州某运输公司以陈某某超出招聘年龄为由不予录用，并填写《反馈信息》，上载明：“陈某某（先生/小姐）于 2015 年 11 月 30 日前来我单位面试，我单位决定不录用。不录用原因：陈某某已经超出我司招聘年龄内。”

本院认为，用人单位的用人自主权应当依法行使，不得侵犯劳动者的平等就业权。公安部已从驾驶人的年龄条件、身体条件、驾驶技能等各方面对各类准驾车型驾驶证的申领以及各类车型驾驶证的审验管理，进行了综合考量并作出了规定，而被告运输公司自行设定的高于部门规章规定的且与个人能力无关的年龄标准显然超出了依法行使用人自主权的界限，侵犯了原告的平等就业权。原告据此要求被告运输公司赔礼道歉和支付精神损害抚慰金的诉讼请求，合理合法，本院予以支持。根据被告的过错程度、侵权行为方式、所造成的后果等因素，酌定被告运输公司向原告口头赔礼道歉并赔偿原告精神损害抚慰金 3000 元。

劳动者有平等就业的权利，同理，用人单位也有权按自身要求和本单位特殊需要招用劳动者，用人单位可采取适当的方法避免就业歧视，同时达到自身的目的，如招聘简章回避歧视内容，要求应聘者按模板提供简历，做到劳资双方的择业自由，用工自主。

下述几例，供读者独立思考判断是否涉及就业歧视：

A. 招销售经理，3 年相关工作经验，不招应届毕业生。

B. 食堂厨师岗位，要求提供健康证，不得患有传染性疾病。

C. 丹东某外贸公司招聘销售员，要求朝鲜族并会说朝鲜语。

D. 旅游公司招司机岗位，要求年龄为25周岁至40周岁。

E. 会所招大厅保安，帅气型男，身高1.85m以上。

### （二）双重雇佣

《劳动合同法》第91条规定，用人单位招用与其他用人单位尚未解除或者终止劳动合同的劳动者，给其他用人单位造成损失的，应当承担连带赔偿责任。

如用人单位招用与原单位未解除劳动关系的技术岗位、涉密岗位、经过大额培训的劳动者有可能承担连带赔偿责任。

劳动关系认定中另一个风险点为双重劳动关系，如内退、休长假人员，与原单位并未脱离劳动关系，按规定，也可以与新单位建立劳动关系，这种情况，双重劳动关系在一个劳动者身上重合交织，可能会滋生竞业限制等用工风险。

### （三）入职体检

入职体检作为用人单位招聘录用的重要环节，为单位高效使用人力提供了可能，对阻断病患劳动者进入单位扫清了障碍。

《关于贯彻执行〈中华人民共和国劳动法〉若干问题的意见的通知》（劳部发〔1995〕309号）第59条规定，职工患病或非因工负伤治疗期间，在规定的医疗期间内由企业按有关规定支付其病假工资或疾病救济费，病假工资或疾病救济费可以低于当地最低工资标准支付，但不能低于最低工资标准的80%。

《关于实行劳动合同制度若干问题的通知》（劳部发〔1996〕354号）第22条规定，劳动者患病或者非因工负伤，合同期满终止劳动合同的，用人单位应当支付不低于6个月工资的医疗补助费；对患重病或绝症的，还应适当增加医疗补助费。

入职未经体检的，用人单位可能会因劳动者患病导致的病假工资及其他待遇增加极高成本。

### （四）扣押证件、提供担保

早些年，用人单位要求新入职劳动者交出证件、签订担保书或交抵押金现象非常普遍，随着法律意识的加强，现已很少有类似事件发生，但仍有部分企业在进行此类操作。

《劳动合同法》第84条第1款、第2款规定，用人单位违反本法规定，扣押劳动者居民身份证等证件的，由劳动行政部门责令限期退还劳动者本人，并依照有关法律规定给予处罚。用人单位违反本法规定，以担保或者其他名义向劳动者收取财物的，由劳动行政部门责令限期退还劳动者本人，并以每人500元以上2000元以下的标准处以罚款；给劳动者造成损害的，应当承担赔偿责任。劳动者依法解除或者终止劳动合同，用人单位扣押劳动者档案或者其他物品的，依照前款规定处罚。

《居民身份证法》第16条规定，有下列行为之一的，由公安机关给予警告，并处200元以下罚款，有违法所得的，没收违法所得：（1）使用虚假证明材料骗领居民身份证的；（2）出租、出借、转让居民身份证的；（3）非法扣押他人居民身份证的。

## 三、招聘录用环节关键点位管控

招聘录用环节点多面广，要特别注意一些关键点位的风险防范管控。

1. OFFER的效力。已送达对方的，构成要约与承诺，有效，如撤销，构成缔约过失责任，按已造成的损失进行赔偿。但未正式入职，不属劳动纠纷，只能通过民事诉讼解决。

2. 对重要岗位进行入职背景调查。主要查证履历真实性及劳动争议纠纷仲裁诉讼既往史。在获得劳动者授权的情况下，可通过"学信网""中国执行信息网"等渠道对劳动者既往史进行核实。

3. 单位规章制度的培训、学习、签收，记录存档。如不对新劳动者进行单位规章制度的学习培训签收，单位规章制度对新劳动者将不发生效力。

4. 招用劳动者的档案收录管理。招聘录用环节劳动者的档案收录工作颇具技术性，真实有效的档案资料收集齐全，对后续降低劳动争议纠纷的发生概率很有帮助，必要时档案资料可能成为劳动仲裁或诉讼的关键证据。对新招录的劳动者年龄、身体健康状况等可以按表3－1中的项目，对相应的核查内容、核查目的、法律风险应对措施分别进行甄别。

**表3－1　劳动者入职档案收录审查明细**

| 核查内容 | 核查目的 | 法律风险应对措施 |
| --- | --- | --- |
| 年龄 | 严查童工与未成年工、超龄退休人员 | 身份证核查、录用条件约定及劳动关系、劳务关系处理 |
| 学历、经历、资格证 | 认定欺诈合同无效 | 录用条件约定、诚信承诺、背景调查 |
| 健康状况 | 患病解约受限、隐性成本增加 | 体检、试用期解除约定 |
| 个人身份信息 | 虚假身份入职工伤社会保险隐患 | 身份核查、诚信承诺 |

续表

| 核查内容 | 核查目的 | 法律风险应对措施 |
| --- | --- | --- |
| 劳动关系存续 | 招用未离职劳动者承担连带赔偿责任 | 提交前一单位离职证明或手写承诺函 |
| 竞业限制 | 存在连带赔偿责任 | 背景调查、诚信承诺 |
| 外国人就业手续 | 非法用工违法处罚、合同无效 | 提供外国人就业许可证 |

以上劳动者档案资料应提供原件查验，收录复印件存档，由劳动者在复印件写明："与原件一致，由本人×××提供，××年××月××日"，以确保资料真实，减少用工隐患。

## 四、招聘录用内控措施

### （一）招聘录用环节风险分析

1. 就业歧视的风险评估

劳动者就业不因民族、种族、性别、宗教信仰、户口等差异而受歧视，用人单位在招聘过程中不得歧视残疾人，除法律、行政法规规定外，不得以求职者是传染病病原携带者为由拒绝录用。单位在发布招聘广告、招聘简章中包含以民族、种族、性别、宗教信仰、户口以及身体残疾、年龄、身高、经济能力等内容进行限制招聘，涉嫌就业歧视，存在行政处罚、赔礼道歉、支付精神损害抚慰金的法律风险。

2. 未入职体检的风险评估

招用患病劳动者法律风险主要包括：（1）患病劳动者不能满足用工需求，需要重新招聘劳动者。（2）劳动者患病请休病假期间，单位应按照不低于当地最低工资标准的 80% 的标准支付病假工资（个别地方如上海等地有其他地方性工资标准规定，按照当地规定执行）。（3）患病劳动者如果在工作时间、工作岗位突发疾病死亡或者在 48 小时之内经抢救无效死亡的，视同工伤处理，单位将按照《工伤保险条例》的规定承担以下工伤保险待遇责任：工伤治疗期间的工资福利；五级、六级伤残职工按月领取的伤残津贴；终止或者解除劳动合同时，应当支付的一次性伤残就业补助金；工伤职工的生活护理费等。另外，对五级、六级伤残职工不得解除或终止劳动合同，对七级至十级伤残职工不得解除劳动合同。（4）劳动者患病或非因工负伤被劳动鉴定委员会鉴定为一级至四级的，应当退出劳动岗位，解除劳动关系，办理因病或非因工负伤退休退职手续，享受相应的退休退职待遇；被劳动鉴定委员会鉴定为五级至十级的，用人单位解除劳动合同时应当支付经济补偿。

3. 双重劳动关系的风险评估

身份核查不严,致使双重劳动关系的处理按劳务关系办理。未签劳动合同,未保存劳动者原单位社会保险缴费证明存档,将导致支付未签劳动合同双倍工资、被追诉年休假工资等一系列法律风险。

## (二)招聘录用环节内控措施

1. 避免刻意夸大招聘广告内容、虚假宣传和就业歧视。招聘广告不得出现“民族、性别、宗教、残疾人、传染病(包括乙肝)、户籍”等歧视内容。建议提供《简历模板》《招聘广告范文》,通过简历过滤部分应聘者;建议保留招聘广告,有条件的,入职时要求劳动者在招聘广告上签字,作为录用条件或欺诈的证据备查。

2. 防范学历、经历、资格证和无犯罪经历等造假。入职前填写《应聘信息登记表》,相关证书进行网站查询,签署录用条件协议书,确立特殊岗位胜任标准条件。

3. 入职前体检。检查劳动者健康状况,作为是否入职的条件之一,未通过入职健康体检的,不得办理入职手续。

4. 对于录用通知书是否发放问题,建议一般岗位不发;特殊岗位也必须先体检合格再发放录用通知书。

5. 审核劳动者年龄(严禁童工)、外国人特殊人员身份信息核对、《外国人就业许可证》查验。

6. 虚假身份入职引起工伤和社会保险风险。严格核实人员身份,身份证复印件应由劳动者本人签字存档。

7. 劳动者前单位劳动关系存续会引发连带责任赔偿。审查上家单位《离职证明》等已解除劳动关系的证明。无相关证明的,应由劳动者阐述无证明的原因,并手写承诺,杜绝与劳动者前单位连带责任风险。

8. 五险一金状态审查。限期提交五险一金停缴相关证明,如无法提交,约定为不符合录用条件。

9. 竞业限制连带赔偿。进行背景调查,应聘信息登记表承诺或单独手写承诺,避免竞业限制连带赔偿责任。

10. 签订书面劳动合同。入职时劳动者先签《劳动合同》,再由单位走盖章流程,每签一人即在备查簿登记,防止未签书面劳动合同事件发生。

11. 职业危害告知。有毒有害岗位应在上岗前签订相关协议或签收告知书,规范危害告知,先进行职业体检再上岗。

12. 规章制度告知。做好培训记录,签收《规章制度学习签收表》,资料收存保留。

13. 明确岗位职责、岗位胜任标准、试用期考核标准、绩效考核标准、工资结构，签署《岗位说明书》作为日后考核依据。

14. 预留通信地址，接收公司通知的电子邮箱、手机号、微信号、QQ 号，文件寄送签收地址，为可能的处罚、劳动纠纷文书送达提供便利。

15. 根据岗位保密和竞业限制义务要求，特殊人群签署《保密协议》《竞业限制协议》，约定相应权利义务。

16. 如向特殊岗位劳动者收取押金、扣押劳动者证件、要求劳动者提供担保，先评估可行性及操作风险，一般情况应合法操作，特殊情况特殊处理。

17. 签字的风险。签字时先核对身份证，并用单位自备签字工具在目视下让劳动者签字，防止“消字笔”等带来后续隐患。

第四章

# 试用期内部控制

## 一、试用期概述

试用期是用人单位和劳动者双方可自由作出留用或离职选择的期限，该期限为法律强制性规定，不得任意延长，延长即违法。试用期对于用人单位来说，是为数不多拥有主动选择权的有利时机。很多人认为，试用期就是试着用，单位一言不合就可解雇。其实这是认识误区，试用期解除劳动合同有很多的限制条件，试用期也并非试着行就用，不行解除合同就完事这么简单。

新招用劳动者也并非一定要设置试用期，岗位熟练工及离职又返岗入职的可不设置试用期。另外，部分地方规定特殊情况可不约定试用期，如《四川省贯彻执行〈中华人民共和国劳动法〉若干问题的实施意见》（川劳办〔1996〕19号）第11条规定，作为政策性安置而接收的军队转业干部和复退军人可不再约定试用期。

## 二、试用期法律规定

### （一）试用期限规定

《劳动合同法》第19条对试用期进行了规定，劳动合同期限3个月以上不满1年的，试用期不得超过1个月；劳动合同期限1年以上不满3年的，试用期不得超过2个月；3年以上固定期限和无固定期限的劳动合同，试用期不得超过6个月。同一用人单位与同一劳动者只能约定一次试用期。以完成一定工作任务为期限的劳动合同或者劳动合同期限不满3个月的，不得约定试用期。试用期包含在劳动合同期限内。劳动合同仅约定试用期的，试用期不成立，该期限为劳动合同期限。

劳动合同试用期对同一劳动者在同一单位同一岗位只能约定一次，但在不违反最长试用期的情况下，双方可协商约定延长试用期。

《劳动合同法》第70条规定，非全日制用工双方当事人不得约定试用期。

### （二）试用期工资标准规定

《劳动合同法》第20条规定，劳动者在试用期的工资不得低于本单位相同岗位最低档工资或者劳动合同约定工资的80%，并不得低于用人单位所在地的最低工资标准。

《劳动合同法实施条例》第15条规定，劳动者在试用期的工资不得低于本单位相同岗位最低档工资的80%或者不得低于劳动合同约定工资的80%，并不得低于用人单位所在地的最低工资标准。

以上出现两个不同版本的试用期最低工资标准规定,我们试对该最低工资规定进行探讨:

初看《劳动合同法》第20条规定,我们会产生四个概念和三个标准相互纠缠,一是"本单位相同岗位最低档工资",二是"本单位相同岗位最低档工资的80%",三是"劳动合同约定工资的80%"即"转正工资的80%"。

直到《劳动合同法实施条例》第15条规定出来,这一模糊不清的概念才水落石出。按照该法条规定,试用期工资的最低限为劳动者转正工资的80%,或者本单位相同岗位最低工资标准的80%,两者均不违法。当然两者标准均不得低于当地最低工资标准。

但现实用工中,试用期工资规定最深入人心的观点仍然是不低于转正工资的80%,相同岗位最低工资标准的80%这一说法知之甚少。

现举例说明:一劳动者劳动合同约定转正月工资为5000元,同岗位最低月工资为3000元,当地最低月工资标准为2200元,问:在不违反法律规定的情况下,可以约定该劳动者的试用期最低月工资为多少?

解析:转正工资的80%,即5000×80%=4000元;

相同岗位最低工资的80%,即3000×80%=2400元;

当地最低工资标准为2200元。

根据《劳动合同法实施条例》的规定,该劳动者试用期工资最低可约定为2400元。

### (三)试用期专项培训的规定

原《劳动部办公厅关于试用期内解除劳动合同处理依据问题的复函》(劳办发〔1995〕264号)第3条规定,用人单位出资(指有支付货币凭证的情况)对职工进行各类技术培训,职工提出与单位解除劳动关系的,如果在试用期内,则用人单位不得要求劳动者支付该项培训费用。(该复函已被人社部发〔2016〕34号文件废止,但很多地区司法实务中仍按此规定精神处理)

### (四)试用期内进行录用考核的规定

1995年《劳动部办公厅对〈关于如何确定试用期内不符合录用条件可以解除劳动合同的请示〉的复函》规定,对试用期内不符合录用条件的劳动者,企业可以解除劳动合同;若超过试用期,则企业不能以试用期内不符合录用条件为由解除劳动合同。

### （五）不能胜任工作与试用期不符合录用条件的差异

实践中，常有单位将试用期不符合录用条件和不能胜任工作混同使用，其实两种情况有很多的不同，对不符合录用条件与不能胜任工作的区分应用分述如下：

1. 适用范围不同：不符合录用条件仅适用在试用期；不能胜任工作适用整个合同期。

2. 解除程序不同：不符合录用条件在试用期内可随时解除；不能胜任工作必须经过相关程序，培训或调岗后仍不胜任的，可提前 30 日通知或支付代通知金解除。

3. 适用对象不同：不符合录用条件解除适用于任何人；不能胜任工作在劳动者工伤、医疗期及女职工怀孕、生育、哺乳等期间，用人单位不得单方解除。

4. 法律后果不同：不符合录用条件解除的，不需支付补偿金；不能胜任工作解除劳动合同需支付补偿金，在试用期适用不能胜任工作解除的，也需支付经济补偿。

### （六）试用期解除劳动合同须通知工会

用人单位以试用期不符合录用条件为由解除劳动合同的，是用人单位单方解除劳动合同。《劳动合同法》第 43 条规定，用人单位单方解除劳动合同，应当事先将理由通知工会。用人单位违反法律、行政法规规定或者劳动合同约定的，工会有权要求用人单位纠正。用人单位应当研究工会的意见，并将处理结果书面通知工会。

如未通知工会解除试用期劳动者劳动合同，属程序违法，可能承担违法解除劳动合同的赔偿责任。

### （七）试用期解除劳动合同的限制

《劳动合同法》第 21 条规定，在试用期中，除劳动者有本法第 39 条和第 40 条第 1 项、第 2 项规定的情形外，用人单位不得解除劳动合同。用人单位在试用期解除劳动合同的，应当向劳动者说明理由。

## 三、违反试用期法律规定的情形

1. 试用期期限超过法律规定且已履行。

2. 与同一劳动者在同岗位上约定两次及以上试用期且已履行（包括连续用工过程中或间断用工重新入职过程）。

3. 签订的劳动合同期限在 3 个月以内并约定试用期且已履行。

4. 以完成一定任务为期限的劳动合同约定了试用期且已履行。

5. 劳动合同仅有试用期的，该试用期不成立；该期限为单独的一个劳动合同期限。

6. 非全日制劳动合同约定了试用期且已履行。

7. 与劳务派遣劳动者约定了试用期违反相关规定且已履行。

## 四、试用期内控措施

### （一）试用期风险评估

1. 单独签订试用期合同的风险评估

单独签订试用期合同，该试用期不成立，视为签订一次劳动合同，当第三次签订合同时，单位误认为是第二次签订，事实是第三次签订，如没签无固定期限劳动合同，将支付双倍工资。如第二次劳动合同履行完毕，单位终止劳动合同，实质是已签订两次固定期限劳动合同，此时的终止属违法终止，将承担支付赔偿金的法律责任。

2. 违反试用期期限规定的风险评估

劳动合同期限决定试用期期限，劳动合同期限 3 个月以上不满 1 年的，试用期不得超过 1 个月，劳动合同期限 1 年以上不满 3 年的，试用期不得超过 2 个月，3 年以上固定期限和无固定期限的劳动合同，试用期不得超过 6 个月。同一用人单位与同一劳动者只能约定一次试用期。以完成一定工作任务为期限的劳动合同或者劳动合同期限不满 3 个月的，不得约定试用期。单位与劳动者签订的劳动合同约定试用期超过法定期限的，存在行政处罚，并按已经履行的超过法定试用期的期间向劳动者支付赔偿金的法律风险。

3. 违反试用期工资规定的风险评估

违反试用期工资的规定主要表现：试用期工资低于法定工资标准，试用期工资低于转正工资的 80% 或低于相同岗位最低工资的 80%。《劳动合同法》第 83 条规定，用人单位违反本法规定与劳动者约定试用期的，由劳动行政部门责令改正；违法约定的试用期已经履行的，由用人单位以劳动者试用期满月工资为标准，按已经履行的超过法定试用期的期间向劳动者支付赔偿金。

### （二）试用期期限的内控措施

1. 试用期期限设定的内控措施

（1）禁止用人单位单独与劳动者签订试用期合同，试用期包括在劳动合同期限以内。

（2）新劳动者被录用后，一律实行试用期，不得口头约定试用期。按以下标准设置试用期：劳动合同期限3个月以上（包括3个月）不满1年的，试用期不得超过1个月；劳动合同期限1年以上（包括1年）不满3年的，试用期不得超过2个月；3年以上（包括3年）固定期限和无固定期限的劳动合同，试用期不得超过6个月。

（3）以完成一定工作任务为期限的劳动合同或者劳动合同期限不满3个月的，不得约定试用期。

（4）劳动者已过试用期后调岗或者续签劳动合同者，不得重新约定试用期。

（5）试用期中止条款，设置试用期的目的是考察劳动者工作能力、职业道德等是否与单位契合，如劳动者刚上班就长期病假等无法实现这一目标。故设立试用期中止条款，一旦劳动者因病长期休假、被行政拘留、工伤停工留薪期等情况出现，即触发试用期中止条款，考核期暂停，待相应情况消失后再继续计算试用期，给予用人单位和劳动者双方都比较合理的缓冲期。

2. 试用期工资标准设定的内控措施

试用期工资标准，按以下三个维度进行把控，不得突破：不低于本单位相同岗位最低档工资的80%（该岗位工资需明示劳动者，在劳动合同文本中有具体数额体现）、不低于转正工资的80%、不低于当地最低工资标准。

3. 试用期录用条件设立的内控措施

录用条件，是考核劳动者是否符合单位用人需求的标准，是用人单位合法辞退试用期劳动者的法定权利。第一，用人单位得有这个录用条件，如果没有，单位辞退劳动者不符合法定理由，属违法辞退。第二，录用条件必须具体，不能全是主观臆断。录用条件一般分为通用条件和岗位专用条件，岗位专用条件根据部门具体情况和要求罗列。通用条件一般按以下标准设立：

（1）诚信。劳动者的虚假陈述、提交虚假材料（包括学历学位证书、工作经历、教育经历、体检证明等）属不符合录用条件，公司认为必要可进行调查。

（2）劳动者与原单位尚未解除或终止劳动关系，不能办理用工手续及社会保险手续的属于不符合录用条件。

（3）若试用期内客户口头投诉达到N次或书面投诉达到N次属不符合录用条件。

（4）具有较强的岗位工作能力。销售类岗位的劳动者每月应达指定的销售目标N元，若未达销售目标的，视为不符合录用条件；非销售类岗位的劳动者，试用期内出现工作过错或失职行为达到N次，视为不符合录用条件。

(5)性骚扰女职工、被依法处以治安管理处罚以及被依法追究刑事责任的属于不符合录用条件。

(6)试用期内请休病假、事假等达到N天,或出勤率小于n%,视为不符合录用条件。

## 第五章

# 劳动合同及2倍工资内部控制

## 一、劳动合同概述

《劳动合同法》第10条规定，建立劳动关系，应当订立书面劳动合同。已建立劳动关系，未同时订立书面劳动合同的，应当自用工之日起1个月内订立书面劳动合同。用人单位与劳动者在用工前订立劳动合同的，劳动关系自用工之日起建立。

签订劳动合同是法律规定，也是用人单位与劳动者部分意思自治的书面载体，是双方权利义务的集中体现，是双方各自实现自己权利和履行各自义务的依据，也是发生劳动纠纷时仲裁机构、人民法院裁决、判决是否存在劳动关系最直接的证据，更是庭审中双方诉请或抗辩所倚重的重要证据。

## 二、劳动合同法律规定

### （一）劳动合同期限类型

劳动合同的类型分为三类：固定期限劳动合同、无固定期限劳动合同、以完成一定工作任务为期限的劳动合同。

1. 固定期限劳动合同

顾名思义，固定期限劳动合同的期限是固定的，有起始日期和截止日期。法律层面并未规定固定期限劳动合同能签多短，也未规定必须签多长。《劳动合同法》仅规定了劳动合同期限不满3个月的，不得约定试用期，一切以双方协商为准，或以用人单位达到用工目的为标准。

2. 无固定期限劳动合同

签订无固定期限劳动合同的情形如下：

（1）协议签订：用人单位与劳动者协商一致订立无固定期限劳动合同的。

（2）视为签订：《劳动合同法》第14条第3款规定，用人单位自用工之日起满1年不与劳动者订立书面劳动合同的，视为用人单位与劳动者已订立无固定期限劳动合同。（是否补签及2倍工资问题各地规定不一样，人社部发〔2022〕9号第20条规定：仅支持1年期内2倍工资，超过1年以后部分不予支持）

（3）必须签订：《劳动合同法》第14条第2款规定，有下列情形之一，劳动者提出或者同意续订、订立劳动合同的，除劳动者提出订立固定期限劳动合同外，应当订立无固定期限劳动合同：①劳动者在该用人单位连续工作满10年的；②用人单位初次实行劳动合同制度或者国有企业改制重新订立劳动合同时，劳动者在该用人单位连续工作满10年且距法定退休年龄不足10年的；③连续订立2次固定期限劳动合同,且劳动者没有本法第 39 条和第 40 条第 1 项、第 2 项规定的情形,续订劳动合同的。

(4)在履行固定期限合同期间,劳动者工龄达到 10 年,是否马上变更为无固定期限,否则支付 2 倍工资,目前主流观点认为应等待固定期限届满再签订无固定期限。以下是部分地区中级人民法院、高级人民法院意见汇总:

2017 年《北京市高级人民法院、北京市劳动人事争议仲裁委员会关于审理劳动争议案件法律适用问题的解答》规定,劳动者与用人单位签订了固定期限劳动合同后,劳动者要求变更为无固定期限劳动合同的,不予支持。

2009 年《深圳市中级人民法院关于审理劳动争议案件若干问题的指导意见(试行)》第 72 条规定,在履行固定期限劳动合同期间,一方当事人未经另一方当事人同意,单方要求将原劳动合同变更为无固定期限劳动合同的,不予支持。

(5)连续两次签订固定期限劳动合同,第三次双方又签订了固定期限劳动合同的法律后果探讨:

按法律相关规定,这种情况属必须签订无固定期限劳动合同,否则支付 2 倍工资差额。但目前也有观点认为是双方意思自治,不属于支付 2 倍工资差额情形。

第三次签订劳动合同时,双方协商一致可仍然签订固定期限劳动合同:《劳动合同法》第 13 条第 2 款规定,固定期限劳动合同,用人单位与劳动者协商一致,可以订立固定期限劳动合同。双方协商一致并不违背法律规定,但单位必须有劳动者提出或协商一致订立固定期限劳动合同的证据。

(6)连续签订两次固定期限劳动合同后必须签订无固定期限劳动合同的例外:

①在集团内部各单位轮转用工,非同一单位连续两次签订,主流观点认为可以不签无固定期限劳动合同。但工龄须累计计算,满 10 年须签订无固定期限劳动合同。

②符合《劳动合同法》第 39 条用人单位可解除劳动合同,以及第 40 条医疗期满不能从事原工作或不能胜任工作的,可再签固定期限劳动合同或直接终止劳动合同,但终止时必须支付经济补偿。

③如果劳动者提出订立固定期限劳动合同,可以不订立无固定期限劳动合同。(两次固定期限合同后再次签订固定期限合同的,必须有劳动者提出签固定期限劳动合同的相关证据才是除外情形,没有证据不视为除外,不能理解为已达成合意)

④第二次劳动合同期满,用人单位与劳动者协商终止劳动合同,协商符合意思自治原则,不违反相关法律规定。

⑤连续签订两次以完成一定任务为期限的劳动合同,可作为签订无固定期限

劳动合同的例外。

《四川省高级人民法院、四川省劳动人事争议仲裁委员会关于印发〈关于审理劳动争议案件有关问题的会议纪要〉的通知》(川高法〔2020〕39号)第7条规定,连续订立两次以完成一定任务的劳动合同的,可以不订立无固定期限劳动合同。

(7)劳务派遣合同是否可签订无固定期限:《劳动合同法》第58条第2款规定,劳务派遣单位应当与被派遣劳动者订立2年以上的固定期限劳动合同,按月支付劳动报酬。

劳务派遣固有观念和规定中,都仅为签订2年及以上的固定期限劳动合同。但2019年人力资源和社会保障部下发劳务派遣合同范本,新增无固定期限劳动合同种类,是劳务派遣劳动者可以签订无固定期限劳动合同的倾向性意见。

3. 以完成一定工作任务为期限的劳动合同

《劳动合同法》第15条第1款规定,以完成一定工作任务为期限的劳动合同,是指用人单位与劳动者约定以某项工作的完成为合同期限的劳动合同。

以完成一定任务为期限的劳动合同,一般以工程项目、网络设计、培训辅导等能区分任务完成结束时间点为显著特征,结束不以预设的时间点为凭据,而以某事件的出现或某事件的结束为凭据。

## (二)劳动合同的续订与顺延

劳动合同续订是到期再次签订,与前一劳动合同属两个合同,工作内容、工作岗位、工资报酬等均可进行变更或重新协商;而顺延是因约定或法定情形将合同期限延长,属一个合同,工作内容、工作岗位、工资报酬等不得变更均按原合同继续执行。

1. 劳动合同的续订

(1)合同续订的基本规定

劳动合同期限届满或其他的法定、约定终止条件出现,任何一方要求续订而另一方同意,或双方一致同意,可续订劳动合同。

在劳动合同的条款变动不大的情况下,双方可以签订简易的《延续劳动合同协议书》续订劳动合同,如原劳动合同的主要条款改变较大,可重新协商签订新的劳动合同。

续签劳动合同的,需在劳动合同届满前完成续订手续,因为对劳动合同到期后未签订书面劳动合同的法律后果,各地规定不一,如北京规定,不再给予1个月的宽限期,原劳动合同期满次日起,用人单位即开始承担未订立劳动合同的法律后果,按规定支付2倍工资差额。

(2)法定续订劳动合同的情形

①职工患职业病或工伤伤残等级五级到六级的,除非劳动者本人提出解除或者终止劳动关系,否则劳动合同期满须续订劳动合同,不得终止。

《工伤保险条例》第36条规定,职工因工致残被鉴定为五级、六级伤残的,享受以下待遇:……保留与用人单位的劳动关系,由用人单位安排适当工作。

经工伤职工本人提出,该职工可以与用人单位解除或者终止劳动关系。

②满足《劳动合同法》第14条相关规定的,即在企业连续工作满10年以上,两次签订固定期限劳动合同后须签订无固定期限劳动合同等,在续签劳动合同时,职工要求续签的,企业应与其续签无固定期限劳动合同,属法定续签。

2. 劳动合同的顺延

劳动合同的顺延主要指在特定情况下,用人单位对解除劳动合同的限制,或者劳动合同到期本应终止的情况下,因一些特殊原因,用人单位必须等待该特殊情形消失,才能终止劳动合同的法律规定,劳动合同的顺延主要有以下法律规定:

《劳动合同法》第42条规定,用人单位不得依照本法第40条、第41条的规定解除劳动合同。

《劳动合同法》第45条中劳动合同的逾期终止:劳动合同期满,有本法第42条规定情形之一的,劳动合同应当续延至相应的情形消失时终止。

劳动合同顺延主要有以下情形:

(1)从事接触职业病危害作业的劳动者未进行离岗前职业健康检查,或者疑似职业病病人在诊断或者医学观察期间的;

(2)在本单位患职业病或者因工负伤并被确认丧失或者部分丧失劳动能力的;

(3)患病或者非因工负伤,在规定的医疗期内的;

(4)女职工在孕期、产期、哺乳期的;

(5)在本单位连续工作满15年,且距法定退休年龄不足5年的;

(6)劳动合同已到期但专项培训服务期未满的:

《劳动合同法实施条例》第17条规定,劳动合同期满,但是用人单位与劳动者依照《劳动合同法》第22条的规定约定的服务期尚未到期的,劳动合同应当续延至服务期满。

(7)工会相关人员劳动合同期限的延续:

工会专职主席、副主席或者委员,自任职起劳动期限计算中止,任职届满继续计算,非专职主席、副主席或者委员顺延至任期届满。职工代表续延至任期届满。

2021年修订2022年施行的《工会法》第19条规定，基层工会专职主席、副主席或者委员自任职之日起，其劳动合同期限自动延长，延长期限相当于其任职期间；非专职主席、副主席或者委员自任职之日起，其尚未履行的劳动合同期限短于任期的，劳动合同期限自动延长至任期期满。但是，任职期间个人严重过失或者达到法定退休年龄的除外。

（8）劳动合同顺延期间达到工作年限满10年的处理

劳动合同在顺延期间，达到劳动者工作年限满10年，是顺延情形消失自然终止还是必须签订无固定期限劳动合同，各地规定不一。

①按满10年工作年限签无固定期限劳动合同处理。

2017年《天津法院劳动争议案件审理指南》第17条对特殊情况下劳动者要求订立无固定期限劳动合同的处理时规定，根据《劳动合同法》第42条、第45条的规定，劳动合同期满，有下列情形（医疗期内、女工“三期”等）劳动合同应当延续至相应情形消失时终止而使劳动者连续工作满10年的，除劳动者提出订立固定期限劳动合同外，用人单位拒绝与劳动者订立无固定期限劳动合同的，不予支持。

②不按满10年工作年限签无固定期限劳动合同处理，到期自然终止。

《上海市高级人民法院关于适用〈劳动合同法〉若干问题的意见》（沪高法〔2009〕73号）第4条规定，涉及无固定期限劳动合同的几个问题……合同期限的顺延只是为了照顾劳动者的特殊情况，对劳动合同终止的时间进行了相应的延长，而非不得终止。在法律没有对终止的情况作出特别规定的情况下，不能违反法律关于合同终止的有关规定随意扩大解释，将订立无固定期限合同的后果纳入其中。因此，法定的顺延事由消失时，合同自然终止。

### （三）未签劳动合同的补签、倒签问题

我们先看一下各地高级人民法院关于劳动合同补签、倒签的会议纪要规定：

《四川省高级人民法院民一庭关于审理劳动争议案件若干疑难问题的解答》（川高法民一〔2016〕1号）第31条第3款规定，用人单位与劳动者虽然补签劳动合同，但未补签到实际用工之日的，对于补签固定期限劳动合同的，劳动者主张实际用工之日至补签前一日扣除1个月订立书面劳动合同宽限期的2倍工资差额，应予支持。对于补签无固定期限劳动合同的，劳动者主张自应当签订无固定期限劳动合同之日至补签无固定期限劳动合同的前一日的2倍工资差额，应予支持。

2014年《北京市高级人民法院、北京市劳动争议仲裁委员会关于劳动争议案件法律适用问题研讨会会议纪要（二）》第29条规定，用人单位与劳动者建立劳动关

系后,未依法自用工之日起1个月内订立书面劳动合同,在劳动关系存续一定时间后,用人单位与劳动者在签订劳动合同时将日期补签到实际用工之日,视为用人单位与劳动者达成合意,劳动者主张2倍工资可不予支持,但劳动者有证据证明补签劳动合同并非其真实意思表示的除外。

用人单位与劳动者虽然补签劳动合同,但未补签到实际用工之日的,对实际用工之日与补签之日间相差的时间,依法扣除1个月订立书面劳动合同的宽限期,劳动者主张未订立劳动合同2倍工资的可以支持。

2015年《深圳市中级人民法院关于审理劳动争议案件的裁判指引》第66条规定,用人单位未按照法定期限与劳动者签订书面劳动合同,即使后来双方签订了劳动合同,劳动者要求用人单位支付2倍工资至签订之日的,应予支持。但双方将劳动合同的签字日期倒签在法定期限之内或者双方约定的劳动合同期间包含了已经履行的事实劳动关系期间的,应视为双方自始签订了劳动合同,劳动者要求用人单位支付2倍工资的,不予支持。

下面举例说明劳动合同补签、倒签:

李五2019年2月1日入职,公司于2019年8月1日签订劳动合同,合同时间为2019年2月1日~2021年1月31日,后劳动者仲裁,要求2019年2月1日~7月31日2倍工资。

根据签合同时的具体情况,有三种可能结果:

1. 倒签,签订日期及入职日期均落款为2019年2月1日,看证据,如劳动者手机中有8月1日HR通知签合同的通知等,有证据证明实际于2019年8月1日签订,支付2倍工资;否则劳动者败诉。

2. 补签,签订日期为2019年8月1日,入职日期为2019年2月1日,两种观点:双倍,正好是入职未签合同的证据;非双倍,双方对未签合同已经补正,与劳动者合意签订,目前主流观点认为非双倍。

3. 补签,签订日期为2019年8月1日,入职日期也是2019年8月1日,这种未涵盖的部分(2019年2月1日~7月31日)双倍的可能性为100%。

### (四)法定代表人、总经理、股东、董事、人事负责人等未签劳动合同处理

用人单位中的一些特殊人员、特殊岗位,如未签订劳动合同,后请求2倍工资差额的,根据具体情况具体分析。

《四川省高级人民法院民一庭关于审理劳动争议案件若干疑难问题的解答》(川高法民一〔2016〕1号)第30条规定,用人单位高管人员、人事管理部门负责人或

主管人员依据《劳动合同法》第82条规定向用人单位主张未签劳动合同2倍工资的,可予支持,但用人单位能够证明该高管人员职责范围包括管理订立劳动合同内容的除外。

2015年《内蒙古自治区高级人民法院、内蒙古自治区劳动人事争议仲裁委员会关于劳动人事争议案件适用法律若干问题的指导意见》第15条规定,用人单位未依法与劳动者订立书面劳动合同的,应当依法向劳动者支付2倍工资,但有下列情形之一的除外:……用人单位法定代表人(或主要负责人)向用人单位主张2倍工资的;用人单位高管人员向用人单位主张2倍工资,用人单位能够证明该高管人员职责范围包括管理订立劳动合同内容的,但有证据证明高管人员向用人单位提出订立书面劳动合同而被拒绝的除外;用人单位的人事管理部门负责人或者主管人员向用人单位主张2倍工资,用人单位能够证明订立劳动合同属于该人事管理部门负责人或主管人劳动者作职责的,但有证据证明人事管理部门负责人或主管人员向用人单位提出订立书面劳动合同而被拒绝的除外。

举例:公司人事部培训专员刘某到岗后5个月未签劳动合同,离职后申请仲裁,要求4个月未签书面劳动合同2倍工资差额,问仲裁是否支持?这种情况一般应予支持,因为其职责是培训,工作内容非签订劳动合同范围。

一般情况,法定代表人、总经理、人事总监等申请未签劳动合同2倍工资差额不能得到支持。

### (五)劳动合同三类条款

1.必备条款

《劳动合同法》第17条第1款规定,劳动合同的内容,劳动合同应当具备以下条款:

(1)用人单位的名称、住所和法定代表人或者主要负责人;

(2)劳动者的姓名、住址和居民身份证或者其他有效身份证件号码;

(3)劳动合同期限;

(4)工作内容和工作地点;

(5)工作时间和休息休假;

(6)劳动报酬;

(7)社会保险;

(8)劳动保护、劳动条件和职业危害防护;

(9)法律、法规规定应当纳入劳动合同的其他事项。

该类必备条款每一个劳动合同都必须具有,用人单位可根据具体情况进行细化或调整:

岗位的约定与调整:扩大化约定,定为岗位大类,不写明具体某岗位。

工作地点的约定与调整:扩大化约定为工作地城市。

项目类岗位工作地点可特别约定岗位性质,随项目改变,或事先约定可能的多个项目地点。

劳动报酬的约定:基本工资(加班费计算基数)、岗位工资、交通补贴、全勤补贴等。

工作时间的约定:标准工时;每周休息1天,每周工作时间不超过40小时等可灵活设置。

2.约定条款

《劳动合同法》第17条第2款规定,劳动合同除前款规定的必备条款外,用人单位与劳动者可以约定试用期、培训、保守秘密、补充保险和福利待遇等其他事项。具体有:

试用期病假中止或扣除期间的约定:特殊情况下,尽管入职前进行体检,但试用期劳动者仍有可能原有疾病隐性发作或罹患新病,可约定此种情况下原劳动试用考核期中止,等病患消除再继续考核,患病期间不包含在总试用期内。

重要福利物资担保约定:如劳动者占用单位价值昂贵的设备办公用品可设定一定额度的担保,约定有效。

高管劳动合同的约定:合同期与任期分离,确保任期结束顺利调整工作岗位。

专业技术人员合同约定:专项培训协议约定服务期;细化不能胜任工作的条款,定期考核;离职交接细化。

涉密人员:签订专项协议,约定脱密期:可约定最长6个月的脱密期,调离原岗位。

诉讼管辖的约定:劳动仲裁无法约定仲裁管辖地,但对劳动争议诉讼管辖地的约定,某些地区法院认可约定有效。

送达条款:对合同文本、规章制度、通知通告、仲裁诉讼文书等约定送达地址,有利于固化证据,缩短劳动纠纷解决期限。

离职交接条款:离职交接细化明了,有利于用人单位与劳动者划分责任,按既定流程和谐结束用工关系。

安保、保洁人员合同约定:特别注明作息时间,对值班、提前上班、中途休息、延后下班等作出明确约定,便于双方按约履行合同,减少加班费诉争。

释义及特别提醒:对格式劳动合同中有关劳动者切身利益的条款进行特别提醒,因单位特殊用工性质进行事前申明,便于劳动者充分了解用工性质,减少误解,阻断用工隐患。

3. 无效条款

排权免责:约定工伤由劳动者自己负责;病假不发工资;不买社会保险发社会保险补贴等都属无效条款,虽有事前约定,但在仲裁诉讼中不予支持。

合同中"根据实际生产经营需要,单位有权调整乙方的工作岗位、工作地点及工资报酬等,乙方应予服从"等均为排权免责规定,约定无效。

欺诈、胁迫、乘人之危:用人单位与劳动者任一方以欺诈、胁迫、乘人之危的方法或手段签订的劳动合同,均无效。

违反法律、行政法规强制性规定:出纳、库管等岗位缴纳押金,无专项培训却约定劳动合同履约保证金、离职 N 个月后支付离职最后一期工资等均违反法律规定,属无效约定。

举例:劳动者持清华大学毕业证求职,招用后每月工资 20,000 元,但能力一般,经查,属持假证求职。合同无效,自始无效。但需注意的是,无效合同并非不支付劳动者劳动报酬,劳动报酬按真实学历标准支付,多支付的报酬差额,用人单位有权要求劳动者返还。

《劳动合同法》第 28 条规定,劳动合同无效后劳动报酬的支付:劳动合同被确认无效,劳动者已付出劳动的,用人单位应当向劳动者支付劳动报酬。劳动报酬的数额,参照本单位相同或者相近岗位劳动者的劳动报酬确定。

## 三、未签劳动合同 2 倍工资法律规定

### (一)2 倍工资的法律规定

用人单位与劳动者未签订劳动合同的,由用人单位按照未签订劳动合同月份以月工资标准向劳动者支付 2 倍工资差额。2 倍工资与工作内容和劳动付出没有关系,2 倍工资责任是对用人单位未签订书面劳动合同的一种惩罚性赔偿责任。

《劳动合同法》第 82 条规定,用人单位自用工之日起超过 1 个月不满 1 年未与劳动者订立书面劳动合同的,应当向劳动者每月支付 2 倍的工资。用人单位违反本法规定不与劳动者订立无固定期限劳动合同的,自应当订立无固定期限劳动合同之日起向劳动者每月支付 2 倍的工资。

《四川省高级人民法院民一庭关于审理劳动争议案件若干疑难问题的解答》(川高法民一〔2016〕1 号)第 31 条第 2 款规定,用人单位未与劳动者订立书面劳动

合同的,用人单位实际给付的2倍工资差额不超过11个月。用人单位未与劳动者签订无固定期限劳动合同的,用人单位实际给付劳动者的2倍工资差额不超过12个月。

《北京市高级人民法院、北京市劳动争议仲裁委员会关于劳动争议案件法律适用问题研讨会会议纪要(二)》(京高法发〔2014〕220号)第27条规定,劳动合同期满后未订立劳动合同,劳动者仍在原用人单位继续工作,应适用《劳动合同法》第10条、第14条第3款、第82条的规定,《劳动合同法实施条例》第6条、第7条的规定进行处理。在此情况下,因为用人单位对原劳动合同期满和继续用工的法律后果均有预期,因此不需要再给予1个月的宽限期,原劳动合同期满次日,即用人单位应当订立劳动合同之日和承担未订立劳动合同的法律后果之日。

京高法发〔2014〕220号第28条还规定,如果劳动合同期满后,劳动者仍在用人单位工作,用人单位未与劳动者订立书面劳动合同的,计算2倍工资的起算点为自劳动合同期满的次日,截止点为双方补订书面劳动合同的前一日,最长不超过12个月。

综上,未签劳动合同2倍工资分为三种情形:初次未签劳动合同,最长2倍工资差额为11个月;劳动合同到期继续用工未续订固定期限合同,根据各地区规定不同最长为11个月或12个月2倍工资差额;未签无固定期限劳动合同根据各地区规定不同最长为11个月或12个月2倍工资差额。

### (二)未签订劳动合同2倍工资不同情形认定

1. 大学实习生未签订劳动合同2倍工资问题。

大学生身份与退休返聘劳动者的区别:退休返聘有《劳动法》及《劳动合同法》的规定,超出年龄双方一般不存在劳动关系,但大学生无相关规定。相反,只要符合《劳动和社会保障部关于确立劳动关系有关事项的通知》(劳社部发〔2005〕12号)中关于劳动关系认定三条基本原则:劳动者(年龄16周岁以上)和用工单位主体适格;单位管理制度适用于劳动者,劳动者提供有报酬的劳动并接受单位管理;劳动者提供的劳动是用人单位业务的组成部分。技校类大学生、顶岗类大学生也可与单位建立劳动关系,未签订书面劳动合同的,也应支付2倍工资差额。但实践中大部分大学生身份仍然以实习为主,不具备建立劳动合同的条件。

2. 高管未签订劳动合同一般支持2倍工资,但能证明是其工作职责范围的除外。

一般情况下,管理人劳动者作职责范围包括签订劳动合同管理的,要求2倍工资额不予支持。

2014年《北京市高级人民法院、北京市劳动争议仲裁委员会关于劳动争议案件法律适用问题研讨会会议纪要(二)》第31条规定,用人单位法定代表人依据《劳动合同法》第82条规定向用人单位主张2倍工资的,一般不予支持。用人单位高管人员依据《劳动合同法》第82条规定向用人单位主张2倍工资的,可予支持,但用人单位能够证明该高管人员职责范围包括管理订立劳动合同内容的除外。对有证据证明高管人员向用人单位提出签订劳动合同而被拒绝的,仍可支持高管人员的2倍工资请求。用人单位的人事管理部门负责人或主管人员依据《劳动合同法》第82条规定向用人单位主张2倍工资的,如用人单位能够证明订立劳动合同属于该人事管理部门负责人的工作职责,可不予支持。有证据证明人事管理部门负责人或主管人员向用人单位提出签订劳动合同,而用人单位予以拒绝的除外。

3. 法定续延实质为原合同继续履行,是原合同的法定延期,履行期间的权利义务按原合同规定执行,不支持2倍工资。

4. 达到法定退休年龄,未签劳动合同,各地规定不一,需看该情况在当地是否认定为劳动关系,认定为劳动关系的,未签订书面劳动合同,需支付2倍工资差额。劳务关系不需支付2倍工资。

5. 招用内退、放长假劳动者,建立双重劳动关系,未签劳动合同的,根据《最高人民法院关于审理劳动争议案件适用法律问题的解释(一)》(法释〔2020〕26号)第32条的规定,属劳动合同关系,未签订书面劳动合同的,支付2倍工资差额。

6. 未签订书面劳动合同,但单位举证有聘用证书、调岗调薪表等资料,可能被认定视同签订书面劳动合同。

《四川省高级人民法院民一庭关于审理劳动争议案件若干疑难问题的解答》(川高法民一〔2016〕1号)第20条规定,用人单位与劳动者签署的能够证明劳动关系内容的书面材料(如应聘登记表、聘用通知书、劳动者登记表等)包括了劳动期限、劳动报酬等内容,并按该内容实际履行的,应视为双方签订了书面劳动合同,用人单位不需要支付劳动者未签订书面劳动合同的2倍工资。

7. 应签订无固定期限劳动合同而签订固定期限合同,如单位与劳动者每年一签合同,第三次仍然签订固定期限劳动合同。按规定应支付2倍工资差额,但实践中很多观点认为,视为劳动者放弃签订无固定期限合同的权利,与用人单位协商一致签订固定期限劳动合同。《劳动合同法》第82条第2款规定,用人单位违反本法规定不与劳动者订立无固定期限劳动合同的,自应当订立无固定期限劳动合同之日起向劳动者每月支付2倍的工资。该表述为"不与",非"未与",强调劳动者意愿,如劳动者申请或要求而单位不签,则适用2倍工资规定。

8. 劳动合同到期后未续签劳动合同继续用工。根据《最高人民法院关于审理劳动争议案件适用法律问题的解释(一)》(法释〔2020〕26号)第34条的规定,劳动合同期满后,劳动者仍在原用人单位工作,原用人单位未表示异议的,视为双方同意以原条件继续履行劳动合同;应签无固定期限劳动合同未签的,视为双方之间存在无固定期限劳动合同关系。

此种情况下,继续用工的权利义务依据为原劳动合同,但毕竟新的劳动合同未订立,违反《劳动合同法》关于签订书面劳动合同的法律规定,用人单位应支付2倍工资差额。北京地区甚至无1个月宽限期,原劳动合同期满第二日即作为2倍工资差额的起算时间。其他大部分地区仍给1个月宽限期,与签订第一次劳动合同作相同处理。

但辽宁地区对劳动合同到期后未续签劳动合同继续用工的规定比较特别,不支持2倍工资差额。2013年《辽宁省高级人民法院民一庭劳动人事争议及劳务纠纷案件审判问题解答》问题3规定……如果先期签订的劳动合同到期后,双方未再签订劳动合同,但劳动者继续在该用人单位工作,后双方发生纠纷,劳动者要求用人单位支付未签订书面劳动合同的双倍工资,法院应否支持?

参考意见:《最高人民法院关于审理劳动争议案件适用法律问题的解释(一)》第34条第1款规定,劳动合同期满后,劳动者仍在原用人单位工作,原用人单位未表异议的,视为双方同意以原条件继续履行劳动合同。根据该项规定,劳动者在此条件下请求支付未签订劳动合同的双倍工资的,不应予以支持。

9. 劳动者拒签书面劳动合同,单位在用工1个月内不终止劳动合同的,承担2倍工资差额责任。

《劳动合同法实施条例》第5条规定,自用工之日起1个月内,经用人单位书面通知后,劳动者不与用人单位订立书面劳动合同的,用人单位应当书面通知劳动者终止劳动关系。

第6条第1款规定,用人单位自用工之日起超过1个月不满1年未与劳动者订立书面劳动合同的,应当依照《劳动合同法》第82条的规定向劳动者每月支付2倍的工资,并与劳动者补订书面劳动合同;劳动者不与用人单位订立书面劳动合同的,用人单位应当书面通知劳动者终止劳动关系,并依照《劳动合同法》第47条的规定支付经济补偿。

试举例:劳动者入职后不签劳动合同,半年后离职,要求未签书面劳动合同2倍工资差额。单位有短信、微信等通知证明劳动者拒签。问仲裁会支持劳动者吗?此种情况一般应予支持，因为单位有权利也有机会终止劳动合同，但用人单位没有终止，应承担相应责任。

但四川地区只要单位能证明已经履行通知义务，不存在故意不签或恶意不签情形，可不支付2倍工资差额。《四川省高级人民法院民一庭关于审理劳动争议案件若干疑难问题的解答》（川高法民一〔2016〕1号）第28条规定，因劳动者的原因未与用人单位签订书面劳动合同，用人单位能够证明其不存在过错的，无须向劳动者支付未签订劳动合同的2倍工资。

10. 他人代签劳动合同的2倍工资问题。他人代签的举证责任在用人单位，如单位无证据证明为该劳动者委托他人代签，则承担2倍工资责任。在实操中少数企业仍有劳动者不识字，如劳动者不识字，又无其他劳动者为其代签，可让劳动者摁手印签订劳动合同。根据《民法典》第490条第1款的规定，当事人采用合同书形式订立合同的，自当事人均签名、盖章或者按指印时合同成立。

11. 用人单位未办理营业执照、被吊销营业执照、营业执照到期继续经营、被责令关闭、被撤销以及用人单位解散、歇业与劳动者未签合同2倍工资问题。

此种情况存在两种不同观点：

一种观点认为，根据《劳动人事争议仲裁办案规则》第6条的相关规定，发生争议的用人单位不能承担相关责任的，应当将用人单位和其他出资人、开办单位或者主管部门作为共同当事人。此种观点认为，未签劳动合同非劳动者责任，对单位是否有相关资质劳动者无辨识能力，应视作劳动合同关系成立，用人单位应当支付未签劳动合同的2倍工资差额。

另一种观点认为，根据《关于确立劳动关系有关事项的通知》（劳社部发〔2005〕12号）第1条相关规定，劳动关系用工主体不合要求，故不存在劳动关系，不属于未签订书面劳动合同2倍工资范围。且根据《劳动合同法》第93条的规定，对不具备合法经营资格的用人单位仅规定向劳动者支付劳动报酬、经济补偿、赔偿金；无2倍工资表述，故用人单位无须支付2倍工资差额。

笔者倾向第二种观点，虽然劳动者与用人单位发生纠纷后按劳动争议纠纷进行仲裁前置，但本质上不符合劳动关系认定条件，可不支付2倍工资差额。

### （三）2倍工资计算基数

目前对2倍工资计算基数法无定论，各地规定不一，比较繁杂，具体按照当地规定执行。经过对全国部分地区2倍工资计算基数的归类统计，有以下几种常见方式：

1. 全额收入法:此种方式执行地区有江苏、江西、北京等,季度奖、年终奖等非常规性奖金经换算分摊入月作为计算2倍工资基数。

2. 全额剔除法:2倍工资基数按总收入剔除加班、非常规奖金、津贴、福利等后的正常工作状态工资收入。执行地区有广东、四川、上海、吉林、天津等。

例如,《四川省高级人民法院民一庭关于审理劳动争议案件若干疑难问题的解答》(川高法民一〔2016〕1号)第29条规定,经济补偿及2倍工资计算基数按照劳动者正常工作状态下12个月的应得工资计算,但不应包括:(1)加班工资;(2)非常规性奖金、津补贴、福利。

在四川一些判例中,将常规性津贴均排除在2倍工资基数之外,将基本收入作为2倍工资基数。如2015成民终字第418号判例:劳动者收入组成,基本工资1500元、岗位工资400元、交通补贴200元、通信补贴400元,合计2500元,最终支持前两项(1500+400=1900元)作为2倍工资基数。

3. 部分剔除法:总收入剔除非常规性奖金,但将加班费包含进入2倍工资基数,执行地区有深圳等。

4. 标准工资法:2倍工资的计算以职工所在的岗位(职位)相对应的标准工资为基数,执行地区有浙江等。

## 四、劳动合同及2倍工资内控措施

### (一)劳动合同风险评估

1. 未签订书面劳动合同的风险评估

《劳动合同法》第82条规定,用人单位自用工之日起超过1个月不满1年未与劳动者订立书面劳动合同的,应当向劳动者每月支付2倍的工资。用人单位违反本法规定不与劳动者订立无固定期限劳动合同的,自应当订立无固定期限劳动合同之日起向劳动者每月支付2倍的工资。

2. 劳动者拒签劳动合同未及时处理的风险评估

劳动者拒签书面劳动合同,单位未及时终止劳动合同,继续用工,存在支付双倍工资、经济补偿的法律风险,比未签劳动合同风险更大。

《劳动合同法实施条例》第5条规定,自用工之日起1个月内,经用人单位书面通知后,劳动者不与用人单位订立书面劳动合同的,用人单位应当书面通知劳动者终止劳动关系,无须向劳动者支付经济补偿,但是应当依法向劳动者支付其实际工作时间的劳动报酬。第6条第1款规定:用人单位自用工之日起超过1个月不满1年未与劳动者订立书面劳动合同的,应当依照《劳动合同法》第82条的规定向劳动者每月支付2倍的工资，并与劳动者补订书面劳动合同；劳动者不与用人单位订立书面劳动合同的，用人单位应当书面通知劳动者终止劳动关系，并依照《劳动合同法》第47条的规定支付经济补偿。

3. 劳动合同到期，继续用工而未续签书面劳动合同的风险评估

劳动合同到期，单位未与劳动者续签书面劳动合同，在司法实务中，可能存在双倍工资法律风险。即便补签，仍然支付补签之日前未签期间的双倍工资差额。

4. 应签无固定期限劳动合同未签的风险评估

《劳动合同法》第82条第2款规定，用人单位违反本法规定不与劳动者订立无固定期限劳动合同的，自应当订立无固定期限劳动合同之日起向劳动者每月支付2倍的工资。

对劳动者在该用人单位连续工作满10年、连续工作满10年且距退休年龄不足10年、第三次续订等，均应签订无固定期限劳动合同，否则从应订立无固定期限劳动合同开始，向劳动者支付未签无固定期限劳动合同的双倍工资差额。招用劳动者满1年未签订书面劳动合同，视为已签订无固定期限劳动合同并支付最长12个月的双倍工资差额。

### （二）劳动合同内控措施

1. 劳动合同签订

新劳动者入职1个月内，全部签订书面劳动合同，即便是劳务协议、返聘协议等均在1个月内签订完毕。签订时，劳动者先签，再走盖章流程；用人单位自备签字笔、当面签订，签订完毕后盖骑缝章，交劳动者一份，用人单位保存一份。

关于劳动合同文本是否交劳动者一份保存，很多用人单位的做法是“至死不交”，劳动合同文本交由劳动者保存一份是法律规定的义务，用人单位执意不交，其后应有深意。但如果劳动者直接提请仲裁要求未签书面劳动合同2倍工资差额，这时用人单位交还是不交？这是个问题。建议用人单位履行法定义务，签订劳动合同时主动交劳动者一份保管。

2. 建立劳动合同台账

单位应建立劳动合同签订台账，分别录入劳动者姓名、劳动合同类型、劳动合同期限、劳动合同签订次数、劳动合同起始截止日期，专人负责每月底对下月应续签劳动合同的劳动者进行续签意愿征询，随时准备续签劳动合同。如遇顺延情形顺延期间，暂不要签订劳动合同，等顺延到期再签，但需在台账中做好醒目备注。

3. 劳动合同保管

劳动合同文本的保管非常重要,如劳动纠纷中无法出示劳动合同,将视为未签劳动合同,承担2倍工资差额的法律后果。如有条件,应由人力部或行政部专人负责劳动合同文本的保管,该保管专项工作作为岗位职责考核内容,以保障用人单位劳动合同的安全性。

4. 劳动合同补签

如超过1个月未签订,应及时补签,补签劳动合同期限起始日期为劳动者实际入职之日,终止日期为补签书面劳动合同之后的某日,劳动合同期限一般为整年,落款日期和劳动合同期限起始时间一致。

绝对禁止无书面劳动合同的情况下超过1个月用工,否则在规章制度中确定由相关负责人承担给单位造成的损失。

5. 劳动合同拒签的处理

新入职的劳动者在1个月内,拒绝签订书面劳动合同,单位应向其发出《劳动合同签订通知书》,督促签订劳动合同。如该劳动者仍拒绝签订,则应与其办理劳动关系终止手续,向拒签书面劳动合同的劳动者送达《终止劳动合同通知书》,终止劳动关系。

6. 第三次仍然签订固定期限劳动合同的内控措施

单位与劳动者第三次签订劳动合同时,一般应签订无固定期限。但有时劳动者实在无法满足用人单位的用工需求,第二次劳动合同履行到期终止属违法终止,又无法与劳动者协商解除劳动合同达成一致意见。单位可考虑第三次签订时以降低工资标准为条件签订无固定期限劳动合同,结果1:劳动者接受,单位以较小的工资支付达到劳动者低工作能力的平衡;结果2:劳动者不接受,此时单位以同意签订无固定期限而劳动者不同意作为抗辩,以达到支付经济补偿而非赔偿金解除劳动合同的目的。

此种方法在实践中部分地区认可和支持,但因地区差异,第三次以降薪方式签订无固定期限劳动合同而劳动者不同意,单位终止劳动合同的,有被认定为违法终止劳动合同的风险。

7. 被诉2倍工资的内控措施

单位在被诉2倍工资初期,应尽量与劳动者积极沟通,协商解决问题。并第一时间排查单位内部未签劳动合同是否存在普遍现象,因为该劳动者的仲裁结果在单位内部可能引发示范效应。对个案仲裁结果应理性推演,并将可能的最坏结果上报管理层。在征得上层指示后进行仲裁及可能的诉讼应对,如实在无法避免劳动仲裁，应从以下方面进行应对：

（1）否认劳动关系，非劳动关系不需支付未签劳动合同2倍工资。

（2）过错在劳动者，举证证明单位已履行通知义务，是劳动者拒签。

（3）已签合同的直接证据，单位可能已签劳动合同，只是资料保管不善，如找到劳动合同，一切迎刃而解。

（4）已签类似合同的间接证据，如有聘用证书、入职审批表等能反映真实用工关系的间接证据，不少地区法院是认可其劳动合同效力的。

（5）非全日制用工，如能认定为非全日制用工，不需支付未签劳动合同2倍工资差额。

（6）非法用工，如单位被吊销营业执照，责令关闭、撤销等情形，为非法用工，很多地区不支持2倍工资，如劳动者为外国人，没有就业证，不符合劳动关系认定条件，为非法用工，不存在2倍工资赔偿责任。

（7）从次月起计算，劳动合同签订从用工起有1个月的宽限期，该期限不计入2倍工资计算月份中。

（8）减少工资基数，无论当地法院对2倍工资基数如何认定，用人单位应力争劳动者的2倍工资基数为基本工资或档案工资，将季度奖、年终奖、非常规性津补贴、福利等均予以扣除，减少2倍工资基数。

（9）仲裁后选择有利的诉讼地，劳动争议仲裁管辖地一般无法约定，但诉讼程序中，根据地方规定不同，部分法院认可在劳动合同中约定诉讼管辖。

（10）建立或重新梳理人力资源部门岗位职责：以被诉2倍工资为契机，建立健全人力资源部门流程，明确人资部门负责劳动关系的人员岗位职责，其负责的劳动合同签订率直接与绩效奖励挂钩，实行被诉2倍工资一票否决制，加强劳动者责任心，规避2倍工资被诉风险。

## 第六章

# 劳动合同变更内部控制

## 一、劳动合同变更概述

《劳动合同法》第 29 条规定，用人单位与劳动者应当按照劳动合同的约定，全面履行各自的义务。

但在实际用工过程中，一方面因单位经营活动原因、计划变更、部门调整等原因，需要调整劳动合同内容；另一方面也因劳动者身体疾病、业务能力水平等原因需要变更工作岗位，故《劳动合同法》允许双方对劳动合同进行协商变更。

《劳动合同法》第 35 条规定，用人单位与劳动者协商一致，可以变更劳动合同约定的内容。变更劳动合同，应当采用书面形式。变更后的劳动合同文本由用人单位和劳动者各执一份。

## 二、劳动合同变更的分类

### （一）劳动合同主体变更

《劳动合同法》第 33 条规定，用人单位变更名称、法定代表人、主要负责人或者投资人等事项，不影响劳动合同的履行。

2015 年《深圳市中级人民法院关于审理劳动争议案件的裁判指引》第 86 条规定，用人单位变更名称、法定代表人、主要负责人或者投资人，不影响劳动合同的履行。劳动者因上述事由要求解除劳动合同并要求用人单位（投资人）支付经济补偿的，不予支持。

2008 年《武汉市中级人民法院关于审理劳动争议案件若干问题纪要》第 20 条第 1 项规定，符合《劳动合同法》第 34 条的规定，若劳动合同中除用工主体之外的其他条款没有变化的，劳动者应当继续履行原劳动合同，劳动者提出解除劳动合同的，用人单位可不支付经济补偿。

单位主体变更不涉及劳动合同内容实质变更，原劳动合同继续履行。但新主体降低劳动合同条件，劳动者不同意的，为调岗未达成一致意见，如解除劳动合同应支付经济补偿。如换新单位主体，劳动者不同意，未采用书面形式告知但实际履行超 1 个月，劳动者再以旷工等方式对抗，过错方在劳动者，单位不需承担责任。

举例：A 公司为酒店，B 公司为饭店，B 为 A 的全资子公司，现 B 停业，将全体劳动者转至 A 工作，C 劳动者不同意，B 以旷工为由将 C 开除，如劳动者仲裁诉讼。试分析可能的结果？

1. 是否仅涉及主体变更？本例主体变更、工作岗位变更、工作内容变更，几乎劳动合同主要履行条件都变更了,属于双方劳动合同变更未达成一致意见。

2. 调岗一般指在同一主体内进行岗位等变更,主体及其他履行条件都已变更为全新的工作,不属简单意义上的调岗。

3. 该例涉嫌违法开除,用人单位大概率需要支付赔偿金。

假定原公司被收购、转让,即便更名,但劳动者岗位工作内容工资等均没有变动,符合单位主体变更,原劳动合同继续有效,工龄累计计算。如新单位重新签订劳动合同,重新办理入职手续,实践中很可能被认定原合同结束,工龄只从新公司开始计算,此时劳动者对原单位工龄、原单位经济补偿等与后单位的延续状况应得到肯定的答复再履行新的劳动合同,否则一旦过了仲裁时效,将很难对之前应有权利进行追诉。

### (二)劳动合同期限的变更

1. 因工伤、病假、长期事假等,劳动者出勤率低,未达到用人单位对劳动者考核的目的,双方在订立劳动合同之初如设立试用期病假等中止条款的,约定有效,用人单位可总体延长试用考核期。

2. 在符合法定期限的试用期内,双方可协商延长原约定试用期。

2019 年浙江省高级人民法院民事审判第一庭、浙江省劳动人事争议仲裁院《关于审理劳动争议案件若干问题的解答(五)》第 6 条规定,用人单位与劳动者约定了试用期,试用期内双方协商一致以书面形式约定延长试用期,延长后累计的试用期仍在法定期限内的,不属于同一用人单位与同一劳动者多次约定试用期的情形,该约定合法有效。

3. 协商延长劳动合同期限或期满延续的效力:目前主流观点认为是再次签订,非变更。

北京市高级人民法院、北京市劳动争议仲裁委员会《关于劳动争议案件法律适用问题研讨会会议纪要(二)》(京高法发〔2014〕220 号)第 42 条规定,用人单位与劳动者协商一致变更固定期限合同终止时间的,如变更后的终止时间晚于原合同终止时间,使整个合同履行期限增加,视为用人单位与劳动者连续订立两次劳动合同。对初次订立固定期限合同时间变更的,按连续订立两次固定期限劳动合同的相关规定处理,对两次及多次订立固定期限合同时间变更的,按订立无固定期限劳动合同的相关规定处理。

2013 年修订的《山东省劳动合同条例》第 16 条规定,劳动合同期满,用人单位与劳动者协商一致延长劳动合同期限的,视为用人单位与劳动者续订劳动合同。

2013 年修订的《江苏省劳动合同条例》第 17 条第 2 款规定，用人单位与劳动者协商延长劳动合同期限，累计超过 6 个月的，视为双方连续订立劳动合同。（附期限的再次签订）

其他很多地区如郑州市、合肥市等均认同为附期限的再次签订。

广东与其他地区规定稍有不同，认为仅为劳动合同的延续。

### （三）劳动合同岗位的变更（调岗分类）

1. 协商一致调岗

协商一致是意思自治的典型表现，《劳动合同法》多处提到协商一致，"平等自愿、协商一致"是《劳动合同法》调整用人单位与劳动者双方权利义务的基本原则。经过协商一致，双方可对劳动合同内容进行变更。

双方协商一致变更劳动合同内容后，应及时制作调岗协议书或调岗通知单，由劳动者签字确认。

在实践中，很多单位采用格式合同，其中不乏"根据实际生产经营需要，单位有权调整乙方的工作岗位、工作地点及工资报酬等，乙方应予服从"等表述。此类合同预设性剥夺劳动者选择权利，属排权免责，约定无效。实操中劳动者最有效的应对方法，是不直接拒绝上班，毕竟事先有约定，可从影响正常生活，要求额外支付交通补助等与公司谈判，避免直接不上班可能被判定为旷工的法律后果。

《民法典》第 497 条规定：格式条款的无效……提供格式条款一方不合理地免除或者减轻其责任、加重对方责任、限制对方主要权利；提供格式条款一方排除对方主要权利。

《四川省高级人民法院民一庭关于审理劳动争议案件若干疑难问题的解答》（川高法民一〔2016〕1 号）第 22 条第 2 款规定，用人单位对劳动者工作岗位、地点的调整不具有合理事由，因劳动者拒不履行而解除劳动合同，劳动者主张违法解除劳动合同赔偿金的，应予支持。

司法实践中，用人单位调岗后，劳动者认为不具合理性，双方发生劳动纠纷，上海市高级人民法院的观点对处理该类纠纷有一定指导意义：

2014 年《上海市高级人民法院关于劳动争议案件最新观点汇总》第 4 条规定，劳动关系的解除和终止……关于劳动者拒绝去新岗位工作是否构成旷工的问题：实践中，一些用人单位根据生产经营需要对劳动者的工作岗位进行调整，劳动者对此未明确拒绝仅表示需要考虑。之后劳动者既未到新的工作岗位报到，也未到原岗位出勤，用人单位遂以旷工为由解除劳动合同。一般倾向认为，虽《劳动合同法》

规定用人单位与劳动者协商一致可以变更劳动合同,但也不可否认用人单位因生产结构、经营范围进行调整或外部市场发生变化的情况下行使经营管理自主权,在合法、合理的前提下对劳动者岗位进行适当调整,对此劳动者应当予以配合,这也是劳动关系人身从属性的具体体现。如劳动者对调整工作岗位有异议,应当采用协商的方式解决,而不应当以消极怠工的方式进行抵制或对抗。故若劳动者既未到新的工作岗位报到也未到原岗位出勤的,按照用人单位规章制度规定确属严重违纪的,用人单位可以与劳动者解除劳动合同。

协商一致调岗的消极确认方式——默认调岗。《最高人民法院关于审理劳动争议案件适用法律问题的解释(一)》(法释〔2020〕26 号)第 43 条规定,用人单位与劳动者协商一致变更劳动合同,虽未采用书面形式,但已经实际履行了口头变更的劳动合同超过 1 个月,变更后的劳动合同内容不违反法律、行政法规且不违背公序良俗,当事人以未采用书面形式为由主张劳动合同变更无效的,人民法院不予支持。

在理解适用该规定时,要特别注意:是否调岗超过 1 个月劳动者未提出异议,默认的情形都有效?该规定是附条件的:变更后的劳动合同内容不违反法律、行政法规且不违背公序良俗。否则,将被认定为违法调岗。

2. 法定调岗

单位调整劳动者岗位具有严格规定,劳动法规仅对伤病、不胜任工作、客观情况发生重大变化、经济性裁员等法定调岗作了限定,随意调岗可能面临调岗不合法的法律风险。

《劳动合同法》第 40 条对可予调岗的情形作了如下规定:(1)劳动者患病或者非因工负伤,在规定的医疗期满后不能从事原工作,也不能从事由用人单位另行安排的工作的;(2)劳动者不能胜任工作,经过培训或者调整工作岗位,仍不能胜任工作的;(3)劳动合同订立时所依据的客观情况发生重大变化,致使劳动合同无法履行,经用人单位与劳动者协商,未能就变更劳动合同内容达成协议的。

《劳动合同法》第 41 条第 1 款在经济性裁员的第 3 项也作了可予调岗的规定:企业转产、重大技术革新或者经营方式调整,经变更劳动合同后,仍需裁减人员的。

在实践中,很多用人单位找不到调岗的合理理由时,都归责于客观情况发生重大变化而进行调岗,其实,客观情况发生重大变化是有明确规定的,未达到重大变化而调岗,很可能被认定为违法调岗。

劳动部办公厅关于印发《关于〈劳动法〉若干条文的说明》的通知(劳办发〔1994〕289 号)第 26 条规定,有下列情形之一的,用人单位可以解除劳动合同,但是应当提前30日以书面形式通知……劳动合同订立时所依据的客观情况发生重大变化，致使原劳动合同无法履行，经当事人协商不能就变更劳动合同达成协议的。……本条中的“客观情况”指：发生不可抗力或出现致使劳动合同全部或部分条款无法履行的其他情况，如企业迁移、被兼并、企业资产转移等，并且排除本法第27条所列的客观情况（编者注：经济性裁员）。

利用以上规定，我们尝试对下列情况进行是否属于“客观情况发生重大变化情形”进行判断：

用人单位发生迁移。（　　）

用人单位发生合并/分立。（　　）

用人单位为优化组织结构，经董事会决议撤销某一部门。（　　）

张三任公司司机一职，某日因酒驾，被吊销驾驶执照。（　　）

医疗期满，原岗位被顶替。（　　）

用人单位变更法定代表人。（　　）

用人单位某部门实施内部——外部承包。（　　）

在某些特定情形下，即便客观情况发生了重大变化，但用人单位采取了相应降低影响的措施，劳动者仍有义务继续履行劳动合同。详见以下最高人民法院指导性案例：

《最高人民法院公报案例2020年第9期》，案号：（2019）苏019民初1054号案例。判例主旨：公司搬迁降低不利影响的，职工不得拒绝上班。

判决书摘要：因用人单位整体搬迁导致劳动者工作地点变更、通勤时间延长的，是否属于《劳动合同法》第40条第3项规定的“劳动合同订立时所依据的客观情况发生重大变化，致使劳动合同无法履行”的情形，需要考量搬迁距离远近、通勤便利程度，结合用人单位是否提供交通工具、是否调整出勤时间、是否增加交通补贴等因素，综合评判工作地点的变更是否给劳动者的工作和生活带来严重不便并足以影响劳动合同的履行。如果用人单位已经采取适当措施降低了搬迁对劳动者的不利影响，搬迁行为不足以导致劳动合同无法履行的，劳动者不得以此为由拒绝提供劳动。

3. 按需调岗

在劳动合同履行过程中，如出现女工“三期”、劳动者工伤等特殊情形，为保护劳动者身心健康，用人单位可根据需要进行调岗，当然，该调岗是减轻劳动者劳动强度，出于保护弱势群体出发进行调岗，如该调岗加重劳动者负担，该调岗不具合法性，应承担相应法律责任。此种调岗应有利于女工（经期、孕期、哺乳期）、工伤劳动者、涉密劳动者。

(1)女工“三期”调岗情形

孕期、哺乳期女劳动者保护性调岗;“三期”女劳动者劳动禁忌调岗。

(2)工伤劳动者调岗

对于工伤评级劳动者,可合理调岗并调薪。一般情况 5 ~ 6 级单位可单方调岗,适当安排工作,7 ~ 10 级应协商一致调岗。

(3)涉密劳动者调岗

《劳动部关于企业职工流动若干问题的通知》(劳部发〔1996〕355 号)第 2 条规定,用人单位与掌握商业秘密的职工在劳动合同中约定保守商业秘密有关事项时,可以约定在劳动合同终止前或该职工提出解除劳动合同后的一定时间内(不超过 6 个月),调整其工作岗位,变更劳动合同中相关内容。

(4)岗位制约调岗

劳动者发展为夫妻、直系亲属在同一单位相互制约岗位任职,可调岗,但不能让其中一人“自动离职”。

### (四)调整工作岗位的原则

用人单位调整劳动者工作岗位,应秉持客观公正性、可预期性、合理性。

用人单位具有经营自主权,可对劳动者进行单方面合理调岗。调岗时主要参照以下原则:专业匹配、经历匹配、自身能力匹配、薪资合理(调减不超过 20%)、未对生活造成严重影响、不具惩罚性和侮辱性。

根据《人力资源和社会保障部　最高人民法院关于联合发布第一批劳动人事争议典型案例的通知》(人社部函〔2020〕62 号)的规定,仲裁和司法实务中,岗位或工作地点调整的合理性一般考虑以下因素:(1)是否基于用人单位生产经营需要;(2)是否属于对劳动合同约定的较大变更;(3)是否对劳动者有歧视性、侮辱性;(4)是否对劳动报酬及其他劳动条件产生较大影响;(5)劳动者是否能够胜任调整的岗位;(6)工作地点作出不便调整后,用人单位是否提供必要协助或补偿措施等。

在实践中,我们经常遇到这样的情景:企业调岗但劳动者无论如何不服从,拒绝调岗。其实企业可行使用工自主权,合理调岗。

《劳动法》第 47 条规定,用人单位根据本单位的生产经营特点和经济效益,依法自主确定本单位的工资分配方式和工资水平。

《就业促进法》第 8 条第 1 款规定,用人单位依法享有自主用人的权利。

上述拒不服从调岗,从两种情况四种结果进行分析:

1. 单位调岗不合理，劳动者拒不履行而解除，属违法解除，支付赔偿金；

2. 单位调岗不合理，劳动者直接以被迫解除劳动合同为由可要求支付经济补偿；

3. 单位调岗合理，劳动者拒不履行而以旷工等制度解除，属合法解除；

4. 单位调岗合理，劳动者直接以被迫解除劳动合同为由要求经济补偿，但一般不予支持，按主动离职处理。

## 三、劳动合同变更内控措施

### （一）劳动合同变更风险评估

1. 用人单位以劳动者患病或非因工负伤调岗的风险评估。

此类调岗需要满足劳动者不能够从事患病或非因工负伤之前的工作，如单位在调整劳动者岗位前，未通知劳动者复岗，无法证明劳动者不能够从事原来的工作，属于违法调岗，如劳动者拒绝调岗，辞退劳动者，将面临支付赔偿金或继续履行劳动合同的法律风险。是否不能从事原工作，首先看劳动者意愿，不由用人单位单方判定，应由劳动能力鉴定委员会判定。

2. 对不胜任工作劳动者进行调岗风险评估。

此类调岗本是用人单位用工自主权的体现，无须与劳动者协商一致。但用人单位以劳动者不胜任工作调岗，需要明确不胜任工作的标准，对劳动者进行考核，考核结果为不胜任工作，方可调岗。如单位没有明确的不胜任工作的考核标准，未对劳动者进行考核，随意调岗，属于未按照劳动合同的约定提供劳动条件，劳动者可以此为由提出离职，要求单位承担经济补偿。

3. 用人单位以客观情况发生重大变化为由调岗风险评估。

此类调岗需要提供证据证明客观情况发生变化，主要包括企业迁移、被兼并、企业资产转移等情形，而单方面随意做出的部门撤销、岗位取消等情形在司法实务中通常是不能够被认定为客观情况发生重大变化的，另外，还需要举证证明劳动合同无法履行，如因为企业被兼并、重组等，导致当初签订劳动合同对应的部门、岗位被取消，方可调岗，否则，因劳动者不同意而辞退，将面临支付赔偿金或继续履行劳动合同的法律风险。

### （二）劳动合同变更内控措施

1. 调岗总体策略

（1）事前预期调岗协议（轮岗工作制、岗位聘任协议）劳动合同条款中约定：单位有权根据经营情况单方面调整劳动者工作岗位、地点、薪随岗变。

(2)事中协商协议(转岗协议、调岗协议,调岗审批表)。

(3)事后默认调岗。

(4)待岗制度,对拒不调岗的劳动者,尽量以待岗方式缓冲,避免激化矛盾,待时机成熟再作进一步跟进措施。

2. 劳动者患病或非因工负伤调岗内控措施

(1)确定医疗期。

(2)向劳动者送达医疗期满限期复岗通知书,劳动者根据自己的情况作出判断:①选择复岗(程序结束);②不能够复岗,单位可根据生产经营情况,单方制作调岗调薪通知书,进行合理调岗;③继续请病假,此种情况下,单位可视为劳动者不能从事原岗位工作。

(3)针对已经调岗的患病或非因工负伤劳动者,如单位未提前将医疗期满复工通知书送达劳动者签字确认,无法证明医疗期满劳动者不能够从事原工作,属于违法调岗,可予以补救,签订变更劳动合同协议书,转化为协商调岗,或补发医疗期满复工通知书让劳动者补签,在劳动者不同意补签医疗期满复工通知书或不同意调岗的情形下,禁止辞退劳动者,可选择继续履行劳动合同或协商解除或以其他合法理由解除劳动合同。

3. 劳动者不胜任工作调岗内控措施

用人单位应制定合法有效的绩效考核管理制度、岗位责任书等考核文件,按照考核文件对劳动者进行考核,考核结果为不胜任工作的,及时制作调岗调薪通知书,对不胜任工作的劳动者进行培训或调岗。

如单位以劳动者不胜任工作为由调岗,但无不胜任工作的考核标准,也未对劳动者进行考核,则尽量将单方调岗转化为双方协商调岗,及时补签变更劳动合同协议书,如劳动者拒绝签订,禁止以劳动者不胜任工作为由辞退,可按原劳动合同继续履行或通过协商或其他合法方式解除劳动合同。

4. 客观情况发生重大变化调岗的内控措施

(1)需要证明客观情况发生重大变化的事实。

根据原劳动部相关规定,客观情况主要是指不可抗力、企业迁移、被兼并、企业资产转移等(但不包括破产进行法定重整,以及生产经营发生严重困难的情形)。除此之外,实操中对于客观情况的认定还包括业务重组、组织架构调整、经企业董事会、股东会等决议撤销劳动者所在部门或者岗位、劳动者岗位所属业务项目终止的情形,但是否会被认定为客观情况发生重大变化,在司法实务中存在一定的风险。

(2)单位除证明客观情况发生重大变化外,还需证明该变化足以导致合同无法履行,即两者之间的因果关系,如不能证明两者同时发生,即便有客观情况的重大变化存在,也不能作为单方调岗的理由,如劳动者不同意调岗,单位解除劳动合同可能违法。

(3)符合以上两个条件:单位可制作调岗调薪通知书,如劳动者同意调岗,按照调岗后的工作岗位和其他条件继续履行。

如单位对劳动者以客观情况发生重大变化为由已经调岗,但无法证明客观情况发生了重大变化且劳动合同无法履行,需将单方通知劳动者调岗转化为双方协商调岗,及时补签变更劳动合同协议书,如劳动者拒绝签订,禁止以客观情况发生重大变化为由辞退,可按原劳动合同继续履行或通过协商或其他合法方式解除劳动合同。

第七章

# 工时与加班费内部控制

## 一、工时与加班费概述

工时制度即工作时间制度，工作时间是劳动者在用人单位工作和生产的时间。工时制度分为标准工时制和特殊工时制。我国普遍实行劳动者每日工作 8 小时、每周工作 40 小时的标准工时制。

加班费，是指劳动者按照用人单位生产和工作的需要在规定工作时间之外继续生产劳动或者工作所获得的额外劳动报酬。劳动者加班，延长了工作时间，增加了额外的劳动量，应当得到额外的合理报酬。

对于用人单位而言，支付加班费能够有效地抑制用人单位随意地延长工作时间，保护劳动者的合法权益。对劳动者而言，加班费是一种补偿，因为其付出了过量的劳动，以牺牲其休息时间换取超过正常工作时间所获得的超额劳动报酬。

## 二、工时与加班费法律规定

### （一）工作时间的规定

1.《劳动法》第 36 条规定，国家实行劳动者每日工作时间不超过 8 小时、平均每周工作时间不超过 44 小时的工时制度。

2.《国务院关于职工工作时间的规定》（国务院令 174 号）第 3 条规定，职工每日工作 8 小时、每周工作 40 小时。

3. 延时（泛指每周超过 40 小时以上部分，包括工作日延时、休息日加班、法定节假日加班）。

《劳动法》第 41 条规定，延长工作时间一般每日不得超过 1 小时；因特殊原因延长工作时间每日不得超过 3 小时，但是每月不得超过 36 小时。

《劳动部关于职工工作时间有关问题的复函》（劳部发〔1997〕271 号）第 3 条规定，《劳动法》第 41 条、第 44 条中的“延长工作时间”是否仅指加点，而不包括休息日或节日等法定休假日的加班（是否加班不受《劳动法》第 41 条限制）？《劳动法》第 41 条有关延长工作时间的限制包括正常工作日的加点、休息日和法定休假日的加班。即每月工作日的加点、休息日和法定休假日的加班的总时数不得超过 36 小时。在国家立法部门没有作出立法解释前，应按此精神执行。

4.《劳动法》第 38 条规定，用人单位应当保证劳动者每周至少休息 1 日（连续 24 小时）。

5. 缩短工时，可由用工单位自主决定。

劳动部关于印发《〈国务院关于职工工作时间的规定〉问题解答》的通知(劳部发〔1995〕187号)第7条规定,在特殊条件下从事劳动和有特殊情况,需要在每周工作40小时的基础上再适当缩短工作时间的,应在保证完成生产和工作任务的前提下,根据《劳动法》第36条的规定,由企业根据实际情况决定。

工时总结:劳动者每日工作8小时,每日延时加班不超过3小时,每月累计延时加班不超过36小时,超过为违法。另每周可工作6天,支付加班费或补休即可。每周工作6天,但累计工时并不超过40小时的,不认定为加班,为正常出勤。每周工作7天,但累计工时并不超过40小时的,为违法用工。

6. 特殊工时:非全日制用工。

非全日制用工每天平均不超过4小时,每周累计不超过24小时(累计平均,非每天不得超过4小时)。

### (二)违反工时规定的法律责任

1. 行政责任

《劳动法》第43条规定,用人单位不得违反本法规定延长劳动者的工作时间。

《劳动法》第90条规定,用人单位违反本法规定,延长劳动者工作时间的,由劳动行政部门给予警告,责令改正,并可以处以罚款。

2004年《劳动保障监察条例》第25条规定,用人单位违反劳动保障法律、法规或者规章延长劳动者工作时间的,由劳动保障行政部门给予警告,责令限期改正,并可以按照受侵害的劳动者每人100元以上500元以下的标准计算,处以罚款。

2. 劳动者被迫离职

用人单位违反法律法规强制性规定加班,涉嫌强迫劳动,劳动者可依据《劳动合同法》第38条被迫解除与用人单位的劳动关系,并可要求支付经济补偿。

3. 虚假非全日制用工后果

签订虚假非全日制用工合同,实际标准工时用工,将承担补缴社会保险、2倍工资差额、离职补偿金等法律后果。

### (三)工时制度

1. 标准工时制——每周5天,每天8小时

劳动部关于印发《〈国务院关于职工工作时间的规定〉问题解答》的通知(劳部发〔1995〕187号)第1条规定,有条件的企业应尽可能实行职工每日工作8小时、每周工作40小时这一标准工时制度。

每周 6 天,每天 6 小时 40 分,也属标准工时。

2009 年《深圳市中级人民法院关于审理劳动争议案件若干问题的指导意见(试行)》第 101 条规定,用人单位实行每周工作 6 天,每周工作时间不超过 40 小时的,应予准许。该工作制度属于标准工时制。

2. 综合计算工时工作制

综合计算工时工作制采用的是以周、月、季、年等为周期综合计算工作时间,周末视为正常上班。劳动合同岗位必须与审批机关所列名称一致。劳动部《关于企业实行不定时工作制和综合计算工时工作制的审批办法》第 5 条规定,综合计算工时工作制采用的是以周、月、季、年等为周期综合计算工作时间,但其平均日工作时间和平均周工作时间应与法定标准工作时间基本相同。综合计算工时工作制需经人社部门审批。

3. 不定时工作制

高级管理人员,外勤等,无考勤,时间自由掌握。不定时工作制需经人社部门审批。

### (四)加班加点

1. 标准工时制加班

正常工作日延长工作时间的(不可补休);休息日工作又未安排补休的;法定假日工作的(不可补休),均属加班。

2. 综合工时制加班

不按某一日工作时间超过 8 小时为加班标准,计算周期内超过每周 40 小时标准部分视为延长工作时间。且总延长时间不得超过每月 36 小时。法定假日工作为加班。

《劳动部关于职工工作时间有关问题的复函》(劳部发〔1997〕271 号)第 7 条规定,劳部发〔1994〕489 号文第 13 条中“其综合工作时间超过法定标准工作时间部分”是指日(或周)平均工作时间超过,还是指某一具体日(或周)实际工作时间超过?实行综合计算工时工作制的企业,在综合计算周期内,如果劳动者的实际工作时间总数超过该周期的法定标准工作时间总数,超过部分应视为延长工作时间。如果在整个综合计算周期内的实际工作时间总数不超过该周期的法定标准工作时间总数,只是该综合计算周期内的某一具体日(或周、或月、或季)超过法定标准工作时间,其超过部分不应视为延长工作时间。

3. 不定时工作制加班

平日无加班费，法定假日工作为加班（个别地区实行）。《劳动部关于印发〈工资支付暂行规定〉的通知》（劳部发〔1994〕489 号）第 13 条第 4 款规定，实行不定时工时制度的劳动者，不执行上述规定（加班费支付）。

### （五）加班工资的计算方法

《劳动法》第 44 条规定，有下列情形之一的，用人单位应当按照下列标准支付高于劳动者正常工作时间工资的工资报酬：(1) 安排劳动者延长工作时间的，支付不低于工资的 150% 的工资报酬；(2) 休息日安排劳动者工作又不能安排补休的，支付不低于工资的 200% 的工资报酬；(3) 法定休假日安排劳动者工作的，支付不低于工资的 300% 的工资报酬。

关于延时加班到底能不能先安排补休处理的不同解读：

第一，不可补休。

根据《劳动法》第 44 条第 1 款的规定，安排劳动者延长工作时间的，支付不低于工资的 150% 的工资报酬。此处没有补休的表述，应作不可补休理解。

根据《工资支付暂行规定》（劳部发〔1994〕489 号）第 13 条的规定，用人单位在劳动者完成劳动定额或规定的工作任务后，根据实际需要安排劳动者在法定标准工作时间以外工作的，应按以下标准支付工资：用人单位依法安排劳动者在日法定标准工作时间以外延长工作时间的，按照不低于劳动合同规定的劳动者本人小时工资标准的 150% 支付劳动者工资；此处也没有补休的表述，应作不可补休理解。

第二，可以补休。

劳动部关于印发《对〈工资支付暂行规定有关问题〉的补充规定》的通知（劳部发〔1995〕226 号）第 2 条规定，关于加班加点的工资支付问题……凡是安排劳动者在法定工作日延长工作时间或安排在休息日工作而又不能补休的，均应支付给劳动者不低于劳动合同规定的劳动者本人小时或日工资标准 150%、200% 的工资。虽然此处表述模糊，但可理解为延时加班与休息日加班相同按补休处理，理由是，休息日 200% 支付工资都可以补休，延时按 150% 支付工资的更可以补休。

下面分述各工时制度下加班费计算方法及“延时”加班的处理：

1. 工作日延时加班：按 150% 支付加班工资。

2. 休息日加班又不能补休的：按 200% 支付加班工资（未满 8 小时按实际，超过 8 小时部分按正常工作日延时 150% 支付加班工资）。

3. 法定节假日：按 300% 支付加班工资，任何工时法定假日上班，均按 300% 支付工资，综合制、不定时制均一样（未满8小时按实际，超过8小时部分按正常工作日延时150%支付加班工资）。

4.综合工时加班：按劳部发〔1994〕489号文件第13条规定，周末周日均为正常出勤，超出全部按150%（法定节假日按300%支付加班工资）。

四川特别规定，综合工时每超过8小时的，支付200%工资，零头部分或累计未满8小时的，支付150%。《四川省贯彻执行〈中华人民共和国劳动法〉若干问题的实施意见》（川劳办〔1996〕19号）第32条规定，经劳动部门批准实行综合计算工时工作制的，其综合计算工作时间超过法定标准工作时间的部分，应视为延长工资时间，并应按《工资支付暂行规定》支付延长工作时间的工资。其工资支付标准按以下办法确定：用人单位以月或季为单位综合计算工作时间的，其综合计算工作时间超过法定标准工作时间的部分，按每超过8小时作为一个工作日计算，支付不低于劳动者本人日工资标准200%的加班工资；超过法定标准工作时间不足8小时的部分，按实际超时工作小时数，支付不低于劳动者本人小时工资标准150%的加班工资。

5.计件工资加班费：劳部发〔1994〕489号文件第13条规定，延时、休息日、法定假日分别按150%、200%、300%计算。

计件工资加班费有明确法律规定，但在司法实践中劳动者诉请特别难以得到支持，现以（2015）川民申字第691号判例进行分析：

该案一审、二审及再审均确定“考勤表、工资汇总表、向市长公开信箱反映奥兴公司涉嫌劳动用工违法的信访件等证据，能充分证明再审申请人在法定节假日和周末都在加班，但奥兴公司未向再审申请人支付加班费”。且“根据已查明的事实，再审申请人与奥兴公司双方均认可实际实行的是计件工资制”。但最终的判决未支持再审申请人的计件加班费申请，理由：(1)双方未约定计件工资定额，无法评估劳动者是否完成计件定额任务，仅以劳动者提供的考勤记录无法体现计件定额完成情况；(2)再审申请人也无证据证明加班系因奥兴公司的要求或安排所致，因此无法直接将考勤记录转化为实际上班时间按照《工资支付暂行规定》计算加班工资；(3)再审申请人在用人单位工作多年，其间并未对工资的计算方式及给付提出异议，应视为对其工资计发的认可。

此案判决后，引发不少反对观点：(1)未约定定额，单位实行计件，理应确定定额，未约定，属单位责任，不应由劳动者承担单位过错造成的损失，定额是普遍能在额定时间完成的工作任务，如整个车间加班，说明所有劳动者均未完成工作任务，定额不合理；再则，法院审理时根据计件单价是可以推导出劳动定额的，但法院并未认定；(2)加班审批，非个人单独加班，整个班组、车间都加班，具有单位组织性，单位组织管理上的问题，不能由劳动者个人担责；(3)劳动者多年未提出计件工资计发的异议，不能推导出不对计件工资提出异议，就不存在加班不发加班费的合理性，比如单位一直未缴社会保险，不能因违法时间长就否认其违法性，单位长期克扣、不按时支付劳动者工资，不能因该单位违法时间已经够长就变为合法。

6. 不定时法定假日加班，未超过 8 小时的，按实际小时数计算，超过 8 小时的，超过部分按正常工作日延时加班处理。

特别注意：无论工作日、休息日或法定节假日当天工作时间超过 8 小时的，其性质为延时加班，超过部分均按 150% 支付延时工资。

《工资支付暂行规定》(劳部发〔1994〕489 号)第 13 条规定，用人单位在劳动者完成劳动定额或规定的工作任务后，根据实际需要安排劳动者在法定标准工作时间以外工作的，应按以下标准支付工资：

用人单位依法安排劳动者在日法定标准工作时间以外延长工作时间的，按照不低于劳动合同规定的劳动者本人小时工资标准的 150% 支付劳动者工资(此处表述为“日法定标准工作时间”，未具体到哪一日，即未明确是工作日还是休息日，也未明确法定节假日，是泛指所有“日”)。

例如，王五为标准工时制，在某月加班汇总：工作日累计加班 12 小时，周末两天加班 22 小时，法定假日加班 12 小时，问本月加班费如何计算？

150% 部分时间累计：(12 +6 +4)小时；

200% 部分时间累计：(16)小时；

300% 部分时间累计：(8)小时。

### (六)加班费计算基数

1. 以正常工作时间的工资标准为基数

劳动部关于印发《对〈工资支付暂行规定有关问题〉的补充规定》的通知(劳部发〔1995〕226 号)第 2 条规定，关于加班加点的工资支付问题：此文件第 13 条第 1 款、第 2 款、第 3 款规定的在符合法定标准工作时间的制度工时以外延长工作时间及安排休息日和法定休假节日工作应支付的工资，是根据加班加点的多少，以劳动合同确定的正常工作时间工资标准的一定倍数所支付的劳动报酬，即凡是安排劳动者在法定工作日延长工作时间或安排在休息日工作而又不能补休的，均应支付给劳动者不低于劳动合同规定的劳动者本人小时或日工资标准 150%、200% 的工资；安排在法定休假节日工作的，应另外支付给劳动者不低于劳动合同规定的劳动者本人小时或日工资标准300%的工资。

2. 加班工资计算基数可约定

《全国民事审判工作会议纪要》(法办〔2011〕442号)第57条第1款规定,劳动者加班工资计算基数应为劳动者应得的工资,包括计时工资或者计件工资以及奖金、津贴、补贴等货币性收入。用人单位与劳动者明确约定奖金、津贴、补贴等项目不作为加班工资计算基数的,从其约定,但约定的正常工作时间工资低于当地最低工资标准的除外。

3. 打包支付可含加班费

法律层面未禁止包干工资含加班费的支付方式,但约定需有限制:加班时数应事前约定,且不能超过法定标准无限制加班,折算扣除加班工资后的基本工资额不能低于当地最低工资标准,如当月超过约定加班时数,应额外支付加班费。《全国民事审判工作会议纪要》(法办〔2011〕442号)第57条第2款规定,用人单位与劳动者未书面约定实际支付的工资是否包含加班工资,但用人单位有证据证明已支付的工资包含正常工作时间工资和加班工资的,可以认定用人单位已支付的工资包含加班工资,但折算后正常工作时间工资低于当地最低工资标准或者计件工资的劳动定额明显不合理的除外。

4. 打包支付约定含加班费不合理的,可按总收入的70%作为计算加班费基数

《全国民事审判工作会议纪要》(法办〔2011〕442号)第57条第3款规定,另一种意见:用人单位与劳动者对月工资有约定的,加班工资基数应按双方约定的正常工作时间的月工资确定;如双方对月工资没有约定或约定不明的,应按《劳动合同法》第18条规定确定正常工作时间的月工资,并以确定的工资数额作为加班工资的计算基数。如按《劳动合同法》第18条规定仍无法确定正常工作时间工资数额的,对加班工资的基数,可按照劳动者实际获得的月收入扣除非常规性奖金、福利性、风险性收入等项目后的正常工作时间的月工资确定。如工资系打包支付,或双方形式上约定的“正常工作时间工资”标准明显不合理,或有证据证明用人单位恶意将本应计入正常工作时间工资的项目归入非常规性奖金、福利性、风险性收入等项目中,以达到减少正常工作时间工资数额计算目的的,可参考实际收入的70%的标准进行适当调整。按上述原则确定的加班工资基数均不得低于当地月最低工资标准。

5. 工作日折算、小时工资折算

《劳动和社会保障部关于职工全年月平均工作时间和工资折算问题的通知》(劳社部发〔2008〕3号)规定,根据《全国年节及纪念日放假办法》(国务院令第513

号)的规定,全体公民的节日假期由原来的10天增设为11天。据此,职工全年月平均制度工作天数和工资折算办法分别调整如下:

(1)制度工作时间的计算

年工作日:365天-104天(休息日)-11天(法定节假日)=250天;

季工作日:250天÷4季度=62.5天/季度;

月工作日:250天÷12月=20.83天/月;

工作小时数的计算:以月、季度、年的工作日乘以每日的8小时。

(2)日工资、小时工资的折算

按照《劳动法》第51条的规定,法定节假日用人单位应当依法支付工资,即折算日工资、小时工资时不剔除国家规定的11天法定节假日。据此,日工资、小时工资的折算:

日工资:月工资收入÷月计薪天数;

小时工资:月工资收入÷(月计薪天数×8小时);

月计薪天数=(365天-104天)÷12月=21.75天。

根据该规定,法定假日属带薪休假,法定假日未上班已经获得当日工资。如法定假日加班,另获得日工资标准300%的加班工资,即法定假日加班,实际获日工资标准的400%报酬。

但宁波市中级人民法院的相关规定有所不同:

2014年《宁波市中级人民法院关于审理劳动争议案件若干疑难问题解答(一)》第13条规定,《劳动法》第44条第3款规定:“法定节假日安排劳动者工作的,用人单位应当支付不低于劳动者正常工作时间工资的300%的工资报酬。”该法第51条又明确规定,即使劳动者在法定节假日内没有提供劳动,用人单位仍然应当按照正常出勤的标准向其支付工资。由于21.75天/月的月计薪天数已经扣除了法定节假日(11天),因此,若劳动者在法定节假日加班的,用人单位只需要在正常工资之外另行支付两倍(200%)即可,共为300%的工资报酬。

从《劳动法》及劳社部发〔2008〕3号文件理解,宁波市中级人民法院的相关规定有悖立法本意,值得商榷。

6.加班工资基数的约定,目前无定论,参照当地部门规定为准

加班费基数的约定:目前没有统一的规定,云南等地约定无效,但深圳等地约定有效。根据企业实际情况评估违约成本,可以约定,劳动者提出可补足,但不是离职给付补偿金的事由。

如双方有约定,约定优先:约定地区有江苏、湖北、四川、上海等。

无约定或不能约定的按以下处理：

根据劳动者主张权利或劳动关系结束前12个月工资计算（江苏）；

根据正常工作时间工资计算（深圳、安徽、新疆、青岛）；

参照当地同行业工资收入水平和双方当事人劳动惯例确定（惠州）；

以当地最低工资标准计算（佛山）；

以实际收入的70%计算（上海、温州）；

以实际发放的工资作为计算基数（北京）；

以应得工资作为基数（天津）；

以加班加点发生前或休假前12个月的平均工资确定或以相同岗位人员同期平均工资确定（重庆）；

根据劳动者前12个月正常工作时间的平均工资计算（湖北、郑州）；

按照当地上年度城镇单位在岗职工平均工资计算（郑州）；

参照统筹地区上一年度相近行业职工平均工资计算（泸州）；

按照劳动者上一月份提供正常劳动所得实际工资扣除该月加班工资后的数额确定（山东）。

四川加班费基数约定的相关规定：

（1）单位与劳动者约定加班计算基数有效：《四川省高级人民法院民一庭关于审理劳动争议案件若干疑难问题的解答》（川高法民一〔2016〕1号）第35条规定，用人单位与劳动者在劳动合同中约定了加班费计算基数的，从其约定。

（2）按最低标准约定无效：《成都市中级人民法院2017年第22次审判委员会会议纪要》第23条规定，劳动者与用人单位于劳动合同中约定的如经济补偿及加班工资按当地最低工资标准计算的，约定无效。

### （七）工时、加班的其他相关规定

1.不定时等特殊工作制审批情况

《关于企业实行不定时工作制和综合计算工时工作制的审批办法》（劳部发〔1994〕503号）第7条规定，中央直属企业实行不定时工作制和综合计算工时工作制等其他工作和休息办法的，经国务院行业主管部门审核，报国务院劳动行政部门批准。

地方企业实行不定时工作制和综合计算工时工作制等其他工作和休息办法的审批办法，由各省、自治区、直辖市人民政府劳动行政部门制定，报国务院劳动行政部门备案。

北京市：企业高级管理人员不需申报。

南京市：国有企业中的高级管理人员（企业领导班子成员），非国有企业中事先约定实行年薪制的高级管理、高级技术人员（年薪超过当地社会平均工资3倍），上述人员的专职司乘服务人员。

深圳市：实行年薪制或劳动合同约定工资高于深圳市职工上年度月平均工资3倍以上，且可以自主安排工作、休息时间的人员。

安徽省：对企业中的高级管理人员、外勤人员、推销人员实行不定时工作制，可以不办理审批手续。

四川省：《四川省高级人民法院民一庭关于审理劳动争议案件若干疑难问题的解答》（川高法民一〔2016〕1号）第23条规定，如果劳动者的工作岗位具有不定时工作制或综合计算工时工作制的特点、工作时间无法根据标准工时进行计算，并且其上级单位、行业主管部门已办理了相应岗位、工种的不定时工作制或综合计算工时工作制审批手续的，可以认定审批手续的效力及于该工作岗位。用人单位主张由于劳动者工作性质、工作岗位的特点无法对其实行标准工时制度而实行不定时工作制或综合计算工时工作制，但未依法履行审批手续的，在计算加班费时，应当结合劳动合同约定、劳动者的岗位性质以及工作要求等因素综合认定。即四川省的不定时工作制一般应审批，未审批看约定及岗位性质确定。

陕西省未申报但按惯例实行不定时制的，认定为不定时工作制：2020年《陕西省高级人民法院关于审理劳动争议案件若干问题的解答》第12条规定，未经劳动行政部门审批，但用人单位已按照行业惯例对收发人员、清洁工、水电维修工、锅炉工、保安、门卫、宿管员、运输员、外勤人员等特殊岗位人员实行不定时工作制，劳动者主张按照标准工时计算加班报酬的，人民法院不予支持。

2. 不定时工作制的加班费支付

法定假日加班主流观点认为需支付，但安徽、北京、江苏、温州、贵州等不支付。

3. 标准工时每日8小时的理解

并非每天连续工作8小时，可以中间间隔分开，总计8小时即可。例如，单位公交车司机可早晚接车、中间为休息时间，餐厅服务员可上午10～14时，晚上17～21时。

4. 不得强制加班

加班是双方协商的结果，单位硬性强制加班，劳动者未加班被辞退，属违法辞退。《劳动法》第41条规定，用人单位由于生产经营需要，经与工会和劳动者协商后可以延长工作时间。

5. 加班不得拒绝的情形

《劳动部贯彻〈国务院关于职工工作时间的规定〉的实施办法》第 7 条规定，有下列特殊情形和紧急任务之一的，延长工作时间不受本办法第 6 条规定的限制：

（1）发生自然灾害、事故或者因其他原因，使人民的安全健康和国家资财遭到严重威胁，需要紧急处理的；

（2）生产设备、交通运输线路、公共设施发生故障，影响生产和公众利益，必须及时抢修的；

（3）必须利用法定节日或公休假日的停产期间进行设备检修、保养的；

（4）为完成国防紧急任务，或者完成上级在国家计划外安排的其他紧急生产任务，以及商业、供销企业在旺季完成收购、运输、加工农副产品紧急任务的。

6. 加班的限制

（1）实习生不得加班和夜班

《教育部等八部门关于印发职业学校学生实习管理规定的通知》第 17 条规定，除相关专业和实习岗位有特殊要求，并事先报上级主管部门备案的实习安排外，实习单位应遵守国家关于工作时间和休息休假的规定，并不得有以下情形：①安排学生从事高空、井下、放射性、有毒、易燃易爆，以及其他具有较高安全风险的实习；②安排学生在休息日、法定节假日实习；③安排学生加班和上夜班。

（2）“三期”女工加班限制

女工孕期 1～7 个月可加班和夜班，7 个月以上不得加班和夜班，哺乳期不得加班和夜班。

《女职工劳动保护特别规定》（国务院令第 619 号）第 6 条规定，女职工在孕期不能适应原劳动的，用人单位应当根据医疗机构的证明，予以减轻劳动量或者安排其他能够适应的劳动。

对怀孕 7 个月以上的女职工，用人单位不得延长劳动时间或者安排夜班劳动，并应当在劳动时间内安排一定的休息时间。

怀孕女职工在劳动时间内进行产前检查，所需时间计入劳动时间。

违反“三期”女工规定的法律责任：《劳动保障监察条例》第 23 条规定，用人单位有下列行为之一的，由劳动保障行政部门责令改正，按照受侵害的劳动者每人 1000 元以上 5000 元以下的标准计算，处以罚款：……安排女职工在怀孕期间从事国家规定的第三级体力劳动强度的劳动或者孕期禁忌从事的劳动的；安排怀孕 7 个月以上的女职工夜班劳动或者延长其工作时间的；女职工生育享受产假少于 90 天的；安排女职工在哺乳未满 1 周岁的婴儿期间从事国家规定的第三级体力劳动强度的劳动或者哺乳期禁忌从事的其他劳动,以及延长其工作时间或者安排其夜班劳动的。

(3)气温35℃以上室外作业不得加班

《防暑降温措施管理办法》(安监总安健〔2012〕89号)第8条规定,在高温天气期间,用人单位应当按照下列规定,根据生产特点和具体条件,采取合理安排工作时间、轮换作业、适当增加高温工作环境下劳动者的休息时间和减轻劳动强度、减少高温时段室外作业等措施:……日最高气温达到35℃以上、37℃以下时,用人单位应当采取换班轮休等方式,缩短劳动者连续作业时间,并且不得安排室外露天作业劳动者加班。

(4)强体力劳动加班的限制

《劳动部关于职工工作时间有关问题的复函》(劳部发〔1997〕271号)规定,对于第三级以上(含第三级)体力劳动强度的工作岗位,劳动者每日连续工作时间不得超过11小时,而且每周至少休息1天。

7. 加班与值班的区别

(1)法律依据不同(加班——法律,值班——制度)。

(2)提供工作的内容不同(加班——工作的延续,值班——职务的附随义务)。

(3)法律后果不同(加班——限时法定支付,值班——双方约定)。

(4)值班注意事项:保安、医院夜班医生、物业夜班水暖工等必须合同约定为值班制;节日值班非加班,排班表必须明示为值班表;值班不需支付加班费,但应按企业制度支付相应补贴,如能区别确实在值班中有加班情况的,可单独予以加班工资支付。

8. 加班费举证责任

《最高人民法院关于审理劳动争议案件适用法律问题的解释(一)》(法释〔2020〕26号)第42条规定,劳动者主张加班费的,应当就加班事实的存在承担举证责任。但劳动者有证据证明用人单位掌握加班事实存在的证据,用人单位不提供的,由用人单位承担不利后果。

一般情况下,加班事实由劳动者举证,加班多少由用人单位举证,如劳动者离职后,单位应保留考勤数据至少2年,如果立即删除考勤系统中劳动者信息,一旦发生劳动争议,单位无证可举,将承担举证不能的不利后果。

9. 加班费追诉时效

按调解仲裁法,主张加班费时限为1年,但得到支持的时限目前主流观点认为仅1年或最多2年,因超过2年的证据如单位不提供,劳动者的加班费主张无法得到支持。

(1)加班补休年度内清零政策问题，单位应建立加班进行补休的规章制度，强制劳动者对加班工时数进行补休，如确因工作原因无法补休，可在年度内进行清理结算，但经单位提示补休或安排补休后，劳动者拒绝补休的，可按正常工作日标准支付工资，但不可规定年度内清零，年度内清零政策剥夺了劳动者已提供劳动的基本收入，属克扣劳动者工资，应承担相应法律责任。

(2)加班补休的无限累计问题，有些单位为避免支付加班费，制度中规定加班可实行累积，跨年补休，如长期未对加班进行清理，超过单位保留工资支付、考勤、考核的2年最长时限，劳动者的利益将得不到保障。

(3)加班费是否属于劳动报酬？根据《国家统计局关于工资总额组成的规定》相关规定，加班费应属于工资总额组成部分，司法实践中也有判例认定为劳动报酬，但加班费在用工实务中，相当多的观点认为与正常的劳动报酬有比较大的区别，具体处理仍要看当地相关规定。

《人力资源和社会保障部　最高人民法院关于联合发布第二批劳动人事争议典型案例的通知》(人社部函〔2021〕90号)“案例10.加班费的仲裁时效应当如何认定”认为加班费属于劳动报酬，相关争议处理中应当适用特别仲裁时效，即劳动关系存续期间的拖欠劳动报酬仲裁时效不受“知道或者应当知道权利被侵害之日起一年”的限制，但是劳动关系终止的，应当自劳动关系终止之日起1年内提出。

以下为时效1年和2年的各地加班费追诉案例：

追诉时效1年：(2016)渝0107民初19394号；(2015)马民初字第1514号；(2012)栖民初字第956号。

追诉时效2年：(2016)浙0203民初4068号；2009年《浙江省高级人民法院民一庭关于审理劳动争议案件若干问题的意见(试行)》第13条规定，劳动者与用人单位之间因加班工资发生争议的，其申请仲裁的时效期间为2年，从当事人知道或者应当知道其权利被侵害之日起计算；但劳动关系终止的，其申请仲裁的时效期间为1年，从劳动关系终止之日起计算。

10.以未支付加班工资离职经济补偿问题

(1)未支付加班工资的，劳动者有权要求支付加班工资，但不能以此为由离职并要求用人单位支付经济补偿。

《劳动合同法》第85条在规定未依法支付劳动报酬、经济补偿等的法律责任时，表述如下：用人单位有下列情形之一的，由劳动行政部门责令限期支付劳动报酬、加班费或者经济补偿……未按照劳动合同的约定或者国家规定及时足额支付劳动者劳动报酬的;安排加班不支付加班费的。第 1 款“劳动报酬”和第 3 款“加班费”分列,说明劳动报酬与加班工资分属不同概念。并且《劳动合同法》第 38 条中单位应支付经济补偿范围中仅包括未付劳动报酬,不含加班工资。

(2)《最高人民法院关于审理劳动争议案件适用法律问题的解释(一)》(法释〔2020〕26 号)第 45 条规定,迫使劳动者提出解除劳动合同的,用人单位应当支付劳动者的劳动报酬和经济补偿,并可支付赔偿金:未按照劳动合同约定支付劳动报酬或者提供劳动条件的;……拒不支付劳动者延长工作时间工资报酬的。

该规定将劳动报酬与延长工作时间工资报酬分列,明显区别了劳动报酬与延长工作时间工资报酬即加班费的不同。并且,在“劳动报酬”与“延长工作时间工资报酬”前面分别使用“支付”和“拒不支付”,立法本意对两种违法行为的后果和劳动者维权力度明显进行了不同规定。故笔者认为,加班工资属于“劳动报酬”概念的收入,但与正常状态下的正常劳动报酬有所区别,单位未支付加班工资的,劳动者不能以此为由解除劳动合同并要求经济补偿。

11. 加班费的加付赔偿问题

《劳动合同法》第 85 条规定,用人单位有下列情形之一的,由劳动行政部门责令限期支付劳动报酬、加班费或者经济补偿:劳动报酬低于当地最低工资标准的,应当支付其差额部分;逾期不支付的,责令用人单位按应付金额 50% 以上 100% 以下的标准向劳动者加付赔偿金;安排加班不支付加班费的。

加班费的加付赔偿,必须满足两个条件:一是劳动者要求加班费而用人单位明确表示不予支付;二是劳动行政部门责令限期支付而逾期仍不支付的。如发生纠纷劳动者直接仲裁要求加付赔偿,一般得不到仲裁支持。

12. 自愿放弃加班费问题

单位与劳动者签订协议,劳动者自愿放弃加班费,属排权免责,违反《劳动合同法》第 31 条“用人单位应当严格执行劳动定额标准,不得强迫或者变相强迫劳动者加班。用人单位安排加班的,应当按照国家有关规定向劳动者支付加班费”的规定,也违反《劳动法》第 44 条“用人单位应当按照下列标准支付高于劳动者正常工作时间工资的工资报酬”的有关加班费支付规定。

13. 各地加班认定及基数认定的案例、规定

因限于本书篇幅,下列有关加班认定及基数计算的案例请读者自行查阅研读。

不视为加班的案例:

(1)值班:(2017)苏 08 民终 436 号

(2)非强制性的提前到岗:(2017)陕 01 民终 2553 号

（3）上下班乘坐班车的时间：（2015）太民初字第00061号

（4）休息及就餐时间：（2014）佛城法湾民初字第172号

（5）因自身原因延长工作时间：（2011）沪一中民三（民）终字第134号

（6）公司组织的安全培训会议：（2015）珠中法民一终字第120号

（7）非强制性的培训：（2014）新民一初字第2138号

（8）特殊工作岗位的待命或备岗：（2015）锦民二终字第00085号

（9）每日下班后的例会：（2016）辽1282民初2941号

（10）因正常收尾工作推迟离岗：（2014）川民提字第329号

（11）企业高管加班费：《江苏省高级人民法院关于审理劳动争议指导二》，不予认定。

是否计入加班费计算基数的案例：

（12）提成不作为基数的比例超过5成：（2017）苏01民终2416号

（13）社会保险补贴被认定应当计入基数：（2016）湘01民终4274号

（14）防暑降温费和取暖补贴可不计入基数：（2017）津0112民初2215号

（15）节日奖金属于福利不作为基数：（2017）渝01民终1954号

（16）各项固定补贴应作为基数：（2015）合民一终字第02915号

14. 每周工作6天单休制与标准工作5天双休制的日工资折算问题

法律层面并未禁止每周6天工作制，即除法定工作日外，每周6天工作制的，可以在周末两天中选取一天作为固定工作日，剩余一天作为休息日。

但这里必须明确一个基本点，即每周工作时长不得超过40小时，如每周工作6天，每天工作8小时，总工作时长已达到48小时，超过40小时标准的8小时为加班。

每周6天工作制，在保证不加班的情况下，相关折算如下：

日工资：月工资收入÷月计薪天数；

月计薪天数=（365天－52天）÷12月=26.08天；

小时工资：月工资收入÷（月计薪天数×6.67小时）。

其实质：5天标准工作制与6天标准工作制小时工资是一致的。

这里要特别注意6天标准工作制的加班计算方法：6天工作日每天超过6.67小时的加班均属延时加班，仅支付150%工资额。只有固定休息日的加班支付200%加班费。

## 三、工时与加班费内控措施

### (一)工时与加班费风险评估

1. 工时超过法律规定的风险评估

加班是双方协商的结果,单位硬性强制加班,存在劳动者被迫辞职或单位违法辞退的可能;延时工作时间不得突破每月 36 小时,每周劳动者必须有连续 24 小时的休息时间,否则违反法律强制规定,劳动者可离职并要求支付经济补偿,单位可能受到劳动行政部门罚款。

2. 执行不定时工作制、综合计算工时制无效的风险评估

根据规定,不定时工作制、综合计算工时制需经劳动部门审批有效,需要在劳动合同中明确工作时间为不定时工作制或综合计算工时工作制。如未按照上述规定操作,存在支付加班费及加付赔偿金的法律风险。

3. 延时及法定节假日加班调休的风险评估

法定工作日延长工作时间加班及法定节假日加班,单位不能以调休方式代替加班费,否则,调休无效,存在支付加班费或克扣工资的法律风险。

### (二)工时与加班费内控措施

1. 建立健全加班审批管理制度

建立加班审批制度,明确加班职责,指定加班负责人。法定节假日或延时加班时,劳动者个人加班或单位组织加班,加班前填写加班申请表,交由部门逐级审批后,提交人力资源部(行政部)核查备存。人力资源部(行政部)根据加班日期、加班时间,每月制作加班费计算表,禁止任何人或者任何部门弄虚作假,加班申请表和加班费计算表作为发放加班费的唯一依据。职工请假,必须提交书面的请假条,同时严格考勤。

休息日安排劳动者加班,人力资源部(行政部)根据公司经营情况,安排调休的,需制作调休通知单,让劳动者签字确认,予以调休。支付加班费的,按约定加班基数计入加班费计算表,明确加班费金额,支付 200% 的加班工资。

2. 加班基数约定

单位与劳动者签订劳动合同或补充协议中,或在加班管理制度中,双方约定加班费基数,目前江苏、上海、四川等地均认可加班费基数的事前约定,以减少单位用工成本。但加班基数不得约定为等于或低于当地最低工资标准,否则无效。

3. 合理利用不定时工作制和综合计算工时工作制，降低用工成本

针对单位以下人员：高级管理人员，外勤人员，推销人员，值班人员，企业中的长途运输人员，出租汽车司机和铁路、港口、仓库的部分装卸人员以及因工作性质特殊，需机动作业的人员，尽可能申请不定时工作制。

针对以下行业：交通、铁路、邮电、水运、航空、渔业等行业中因工作性质特殊，需连续作业的职工或地质及资源勘探、建筑、制盐、旅游等受季节和自然条件限制的行业的部分职工，申请实行综合计算工时工作制。

对不定时工作制和综合计算工时工作制劳动者，双方在劳动合同中约定工作时间：不定时工作制或综合计算工时工作制。这样，用人单位平时延迟工作时间及休息日上班，不定时工作制劳动者不需要支付加班费，综合计算工时工作制劳动者仅需支付150%加班费。

第八章

# 休假内部控制

## 一、休假概述

### （一）休息与休假的区别

休息休假时间是劳动者根据法律法规规定，在国家机关、社会团体、企业事业单位以及其他组织任职期间内，不必从事生产和工作而自行支配的时间。

要理解休息与休假的概念，先要理解工作日的概念，工作日也称劳动日，是法定的以日为计算单位的工作时间。标准工作制下，一般周一至周五为工作日，周六和周日为休息日，即公休日。

工作日内的休息时间，是指职工在工作日内在岗位上工作时，享有的中间休息及吃饭时间。午休及吃饭时间一般为1～2小时，最低不少于30分钟，不计入工作时间内。若单位实行工间操或咖啡品饮休闲等，该时间段计入工作时间。

休假是本应工作的工作日，因国家法律强制规定或用人单位自行规定，职工可享有的带薪或不带薪由职工个人支配时间的假期，包括法定节假日、年休假、病假等。

### （二）各类休假假别、休假待遇、是否经用人单位批准概述

我国单位职工假别繁多，一般经请假流程后休假，是否经单位审批，是否享有带薪待遇，主要假期详见表8－1。

**表8－1　假期类别明细**

| 休假假别 | 是否带薪 | 是否单位批准 |
|---|---|---|
| 公休假日 | 否 | 否 |
| 法定节假日 | 是 | 否 |
| 工伤假 | 是 | 否 |
| 病假 | 是 | 是 |
| 带薪年休假 | 是 | 是 |
| 产假（护理假） | 是 | 否 |
| 哺乳假 | 是 | 是 |
| 事假 | 否 | 是 |
| 探亲假 | 是 | 是 |
| 婚假 | 是 | 否 |
| 丧假 | 是 | 否 |

## 二、休假法律规定

### (一)法定节假日

《国务院关于修改〈全国年节及纪念日放假办法〉的决定》(国务院令第644号)第2条规定,全体公民放假的节日:

元旦,放假1天(1月1日);

春节,放假3天(农历正月初一、初二、初三);

清明节,放假1天(农历清明当日);

劳动节,放假1天(5月1日);

端午节,放假1天(农历端午当日);

中秋节,放假1天(农历中秋当日);

国庆节,放假3天(10月1日、2日、3日)。

要特别注意的是,为尊重少数民族风俗习惯,少数民族节日应作为法定节假日处理。

2019年人力资源和社会保障部实施的《法定年节假日等休假相关标准》第2条规定,部分公民放假的节日及纪念日中,少数民族习惯的节日,由各少数民族聚居地区的地方人民政府按照各该民族习惯规定放假日期。

### (二)事假

事假是在职职工因私事需要在正常工作时间请休的无薪假期,其申请需由所在单位根据实际需要予以批准。

由于我国的法律目前没有关于事假的强制性规定,事假属于企业内部管理和企业与劳动者之间意思自治的范围。

所以事假的请休主要看企业的规章制度中是否有事假审批流程、申请事假的条件、申请事假的天数限制。事假的主要目的是让劳动者处理一些必须本人亲自处理的紧急私人事务,但劳动者把事假当成一种福利,企业需要首先从制度上遏制,再以严格审批和强调违反后果进行管理,防止劳动者长期事假的发生。

首先,单位规章制度中请休事假不宜列明可请休事假的原因,直接规定申请及审批流程,给单位更多自主审批权。

其次,规章制度或劳动合同中约定长期事假的合同中止情形,参照停薪留职,暂停劳动合同的履行,待长期事假后劳动者再履职,签订协议约定相关事项,以防止事假期间劳动者发生其他不测事件给企业带来额外损失。

对确系事假频繁的劳动者,企业有权根据规章制度不予批准,劳动者若自行休假,企业有权按旷工处理,达到严重违反规章制度规定的,可解除劳动合同。

但要注意的是,即便有规章制度对事假旷工的处理规定,对确系劳动者必须亲力亲为且事由合理的事假申请,法院在审理时可能会支持劳动者的合理诉求,单位在审批事假时必须审慎进行,若以事假未获批准按旷工解除劳动者劳动合同的,单位需慎重。如(2022)京0108民初13325号判决书,单位以劳动者请事假未获批而解除其劳动合同,最终未获得法院判决支持。

### (三)探亲假

到目前为止,行文的探亲假规定详见《国务院关于职工探亲待遇的规定》。常见于国有企业及党政机关及事业单位,其他类型组织探亲假非强制性,施行单位不多。

《国务院关于职工探亲待遇的规定》第3条规定,职工探亲假期:

1. 职工探望配偶的,每年给予一方探亲假一次,假期为30天。

2. 未婚职工探望父母,原则上每年给假一次,假期为20天。如果因为工作需要,本单位当年不能给予假期,或者职工自愿2年探亲一次,可以2年给假一次,假期为45天。

3. 已婚职工探望父母的,每4年给假一次,假期为20天。

探亲假期是指职工与配偶、父、母团聚的时间,另外,根据实际需要给予路程假。上述假期均包括公休假日和法定节日在内。

该文件第4条规定,凡实行休假制度的职工(如学校的教职工),应该在休假期间探亲;如果休假期较短,可由本单位适当安排,补足其探亲假的天数。

综述,职工享受探亲待遇,必须同时具备以下三个条件:

1. 参加工作满1年及其以上的职工;

2. 同配偶不住在一起,同父亲和母亲都不住在一起;

3. 不能利用公休假日团聚。

### (四)婚丧假

职工婚丧假主要依据1980年《国家劳动总局、财政部关于国营企业职工请婚丧假和路程假问题的通知》规定:

1. 职工本人结婚或职工的直系亲属(父母、配偶和子女)死亡时,可以根据具体情况,由本单位行政领导批准,酌情给予1~3天的婚丧假。

2. 职工结婚时双方不在一地工作的,职工在外地的直系亲属死亡时需要职工本人去外地料理丧事的,都可以根据路程远近,另给予路程假。

3. 在批准的婚丧假和路程假期间,职工的工资照发,途中的车船费等,全部由职工自理。

《劳动法》第 51 条规定,劳动者在法定休假日和婚丧假期间以及依法参加社会活动期间,用人单位应当依法支付工资。

婚丧假各地有具体规定的,按当地政策执行。

比如,《四川省劳动厅关于企业职工请婚丧假规定的复函》(川劳险〔1993〕95 号)规定,婚假丧假均为 5 天,职工的岳父、岳母或公、婆死亡时,需要其料理丧事的,可参照上述规定执行。

地方性规定中婚假较长的如河南省,根据 2021 年《河南省人口与计划生育条例》第 25 条第 1 款规定,依法办理婚姻登记的夫妻,除国家规定的婚假外,增加婚假 18 日,参加婚前医学检查的,再增加婚假 7 日。

### (五)女职工劳动保护的各类假期及待遇

女职工因体质原因及肩负生育重任,我国专项制定了法律法规予以特殊保护。主要假期及待遇如下。

1. 保胎假

保胎假是指符合计划生育规定的怀孕女职工,经医师诊断出具证明,需要保胎休息的,其假期工资可按病假工资标准发放。

原国家劳动总局保险福利司发布实施的《关于女职工保胎休息和病假超过六个月后生育时的待遇问题给上海市劳动局的复函》(〔82〕劳险字 2 号)规定,关于国营企业单位的女职工需要保胎休息,以及保胎休息和病假连续停止工作超过 6 个月后生育时的待遇问题,经与全国总工会劳动保险部研究,答复如下:女职工按计划生育怀孕,经过医师出具证明,需要保胎休息的,其保胎休息的时间,按照本单位实行的病假待遇的规定办理。

即怀孕女职工在保胎休假期间,用人单位应按照病假工资标准发放工资。该类假期不计入医疗期,不累计计算病假周期。

2. 计划生育假(节育假)

节育假是指自愿落实节育措施的职工享受的假日。国家层面无具体休假天数的规定,按当地计生管理部门规定执行,未规定的,由单位适当掌握给予假期,落实节育劳动者休息休假权利。

国家政策方面的规定如《人口与计划生育法》第19条、第20条规定，国家创造条件，保障公民知情选择安全、有效、适宜的避孕节育措施。实施避孕节育手术，应当保证受术者的安全。育龄夫妻自主选择计划生育避孕节育措施。

另外，原卫生部妇幼司《关于检发节育手术常规第三版的通知》（卫妇幼〔1984〕1号）也规定了各种节育手术后假期的建议：(1)放置宫内节育器：自手术日起休息2天，重体力劳动者，在术后1周内不做重劳动。(2)取宫内节育器：当日休息1天（包括有尾丝节育器）。(3)输精管结扎：休息7天。(4)单纯输卵管结扎：休息21天等。

3. 产前检查假

女职工在医疗保健机构约定的劳动时间内进行的产前检查（包括妊娠12周内的初次检查），均按正常出勤管理，发放正常工资。

《女职工劳动保护特别规定》（国务院令第619号）第6条第3款规定，怀孕女职工在劳动时间内进行产前检查，所需时间计入劳动时间。

4. 流产假

《女职工劳动保护特别规定》（国务院令第619号）第7条第2款规定，女职工怀孕未满4个月流产的，享受15天产假；怀孕满4个月流产的，享受42天产假。

5. 产前假

女劳动者怀孕满7个月以上，可享受一定的带薪休假时长，每个地区的具体规定有所不同。一般为产前15天，包含在98天基础产假中。

个别地区对产前女工有特殊规定的，按当地政策执行，如《广东省实施〈女职工劳动保护特别规定〉办法》第10条规定，在女职工怀孕期间，用人单位应当遵守以下规定……女职工怀孕7个月以上的，每天安排1小时工间休息，工间休息时间视同其正常劳动并支付正常工作时间的工资。

6. 产假

《女职工劳动保护特别规定》（国务院令第619号）第7条第1款规定，女职工生育享受98天产假，其中产前可以休假15天；难产的，增加产假15天；生育多胞胎的，每多生育1个婴儿，增加产假15天。

产假基础天数为98天，各地政策奖励休假天数不一，北京、上海、四川等加上奖励天数共计达到158天；江西、青海、河南等达到188天；西藏最长，达到365天。而各地对于一孩、二孩、三孩规定也不尽相同，陕西三孩在158天产假基础上再增加180天。因此，各地产假天数应当按当地计生政策执行。

7. 哺乳时间

《女职工劳动保护特别规定》(国务院令第619号)第9条第2款规定,用人单位应当在每天的劳动时间内为哺乳期女职工安排1小时哺乳时间;女职工生育多胞胎的,每多哺乳1个婴儿每天增加1小时哺乳时间。

8. 哺乳假

在地方性规定中,在女工产假期满后,可申请哺乳假,如2017年施行的《天津市妇女权益保障条例》第28条规定,女职工生育假(产假)期满后,因抚育婴儿确有困难的,经本人申请,用人单位同意,可以休不超过6个月的哺乳假。哺乳假期间的工资,双方有约定的,按照约定计发;无约定的,按照本人基本工资的80%计发。女职工休哺乳假,不影响本人的晋级、工资调整和工龄连续计算。

其他地方如《江苏省女职工劳动保护特别规定》,也有类似规定,由女工申请,单位批准即可实行额外哺乳假。

9. 痛经假

目前,包括北京、河南、陕西、浙江、江苏、辽宁等在内的10多个省份,均在地方性规定中明确了女工的痛经期享受全薪假期。

1993年实施的《女职工保健工作规定》第7条规定,月经期保健……患有重度痛经及月经过多的女职工,经医疗或妇幼保健机构确诊后,月经期间可适当给予1~2天的休假。

10. 母乳喂养假

2002年,四川修订母乳喂养相关规定,继续推行母乳喂养激励政策,目前四川是为数不多的推行母乳喂养增加产假休假期的省份。

《四川省〈中华人民共和国母婴保健法〉实施办法》第24条规定,推行母乳喂养。医疗保健机构应当为母乳喂养提供技术指导和必要条件,提高婴儿母乳喂养率。实行纯母乳喂养的女职工增加1个月产假,产假视为出勤。

11. 女职工其他假期

女职工的其他假期,如更年期、人工受孕期等,一些省市(如江西、辽宁等)规定了相关特别保护措施。

以上是女工假期及其待遇,需要说明的是,如因工作缩短生育假或放弃哺乳时间,无法律依据获得额外补偿,更不能以此要求单位另行支付加班费。劳动者享受产假津贴的前提是因生育需要暂停工作接受治疗、休息,如果职工在此期间已经开始上班,说明其伤情、身体状况已经不需要停工治疗、休息,不符合享受生育津贴的条件,用人单位根据劳动者提供的劳动支付工资即可。但劳动者有证据证明用人单位要求劳动者恢复工作的除外。

12. 生育津贴的支付

《女职工劳动保护特别规定》(国务院令第 619 号)第 8 条第 1 款规定,女职工产假期间的生育津贴,对已经参加生育保险的,按照用人单位上年度职工月平均工资的标准由生育保险基金支付;对未参加生育保险的,按照女职工产假前工资的标准由用人单位支付。

女工产假期间生育津贴特别是工资待遇,总体来说,符合生育政策的,由生育保险基金支付到单位,至于如何再由单位支付到个人,各地政策不一,差距较大,主要分以下两类:

(1)津贴归单位,按原工资标准发放,结余单位留存,不足单位补差。

《成都市生育保险办法》(成都市人民政府令第 126 号)第 7 条规定,女职工保险待遇:参加生育保险的单位和人员按规定不间断、足额缴纳生育保险费满 12 个月后,符合《四川省人口与计划生育条例》有关规定生育、施行计划生育手术的女职工,由社会保险机构按下列标准拨付生育保险待遇。

生育津贴:以企业上一年度企业职工平均工资总额除以 365 日后,按不同情形分别计算生育津贴:

①妊娠满 7 个月生产或流产的乘以 98 日;

②妊娠满 3 个月不满 7 个月生产或流产的乘以 42 日;

③妊娠不满 3 个月流产的乘以 14 日;

④剖宫产增加 15 日;

⑤多胞胎的每多生产一个婴儿增加 15 日;

……

社会保险机构按前款规定拨付给用人单位的费用,用人单位必须用于女职工在生育、产假期间应享受的工资及福利待遇。社会保险机构拨付的费用不足以支付的,其差额由女职工所在单位补足;社会保险机构拨付的费用有结余的,其结余归入女职工所在单位的职工福利费。

(2)津贴归职工,津贴超工资的全额发放,不足单位补差。

2014 年《江苏省职工生育保险规定》(江苏省人民政府令第 94 号)第 18 条规定,生育津贴是职工按照国家和省有关规定享受产假或者计划生育手术休假期间获得的工资性补偿。生育津贴按照职工产假或者休假天数计发,计发基数为职工所在用人单位上年度职工月平均工资除以 30。职工在产假或者休假期间按照以下标准享受生育津贴:

①生育的,享受98天的生育津贴,其中难产的,增加15天的生育津贴;生育多胞胎的,每多生育1个婴儿,增加15天的生育津贴;晚育的,增加30天的生育津贴。

②妊娠不满2个月流产的,享受20天的生育津贴;妊娠满2个月不满3个月流产的,享受30天的生育津贴;妊娠满3个月不满7个月流产、引产的,享受42天的生育津贴;妊娠满7个月引产的,享受98天的生育津贴。

……职工产假或者休假期间,享受的生育津贴低于其产假或者休假前工资的标准的,由用人单位予以补足;高于其产假或者休假前工资的标准的,用人单位不得截留。

(3)参加生育保险,但生育保险基金不予支付的费用如下:

违反国家或本市计划生育规定(未婚生育,无准生证);

医疗事故;

非定点医疗机构生产;

按照规定应当由参保人个人负担的;

婴儿费用;

超过定额、限额标准之外;

社会因素剖宫产;

人类辅助生殖术;

参保人本人要求的特需项目;

境外生产(含港澳台)。

单位未依法参加生育保险,则相关生育假期及津贴由用人单位承担。

生育津贴报销条件:一般要求缴费6个月以上才予报销,不足6个月,待满6个月可再申请。有些地区规定报销条件不尽相同,如2006年《成都市生育保险办法》规定,缴费满12个月,生育或手术后90日内报销。办理业务时根据各统筹地区规定执行,但总体要求生育后12个月内报销完毕。

13.其他女职工相关规定

(1)女职工在"三期"实行计件的,应减少定额,保证其在孕期产检、哺乳等情况下工资收入在特殊时期不降低。

(2)女职工在提出辞职后知道怀孕的事实,一般不能撤销辞职申请。

(3)单位在无过失性解除劳动合同及经济性裁员情况下,不能解除与"三期"女职工的劳动合同。

(4)出现单位主体法定消失情形,"三期"女职工劳动合同亦终止:用人单位被依法宣告破产的,用人单位被吊销营业执照、责令关闭、撤销或者用人单位决定提前解散的。

是否支付此类女职工“三期”未满期间的工资，目前无法律规定，单位可不预先支付。但有些地方规定预留女职工应享有的生育津贴，看各地具体规定。

(5)女职工未婚先孕及超生、无证生育等违反计生政策的，单位无权解除劳动合同，如因违反计生政策而解除该女职工劳动合同，属违法解除，承担相应赔偿责任。但女职工不能享受生育津贴。

《劳动部工资局复女职工非婚生育时是否享受劳保待遇问题》(1965 年 9 月 10 日〔65〕中劳薪便字 381 号)规定，女职工非婚生育时，不能按照劳动保险条例的规定享受生育待遇。其需要休养的时间不应发给工资。对于生活有困难的，可以由企业行政方面酌情给予补助。

一般情况，违反政策生育只能享受无薪基本假期即 98 天，无其他待遇。

## (六)年休假

职工休息休假是法律赋予的权利。国务院《职工带薪年休假条例》(国务院令第 514 号)第 2 条规定，机关、团体、企业、事业单位、民办非企业单位、有雇工的个体工商户等单位的职工连续工作 1 年以上的，享受带薪休假(以下简称年休假)。单位应当保证职工享受年休假。职工在年休假期间享受与正常工作期间相同的工资收入。第 3 条第 1 款规定，职工累计工作已满 1 年不满 10 年的，年休假 5 天；已满 10 年不满 20 年的，年休假 10 天；已满 20 年的，年休假 15 天。

1. 享受年休假人员范围

人力资源和社会保障部办公厅关于《企业职工带薪年休假实施办法》有关问题的复函(人社厅函〔2009〕149 号)第 2 条规定，关于累计工作时间的确定，《企业职工带薪年休假实施办法》第 4 条中的“累计工作时间”，包括职工在机关、团体、企业、事业单位、民办非企业单位、有雇工的个体工商户等单位从事全日制工作期间，以及依法服兵役和其他按照国家法律、行政法规和国务院规定可以计算为工龄的期间(视同工作期间)。该规定明确了年休假实施人员范围为“全日制工作劳动者”。全日制包括劳务派遣劳动者，非全日制劳动者不享受带薪年假。

2. 关于连续、累计工作时间的确定

《企业职工带薪年休假实施办法》第 4 条规定，年休假天数根据职工累计工作时间确定。职工在同一或者不同用人单位工作期间，以及依照法律、行政法规或者国务院规定视同工作期间，应当计为累计工作时间。连续工作 12 个月指在本单位工作也指在其他单位工作时间。

人力资源和社会保障部办公厅关于《企业职工带薪年休假实施办法》有关问题的复函(人社厅函〔2009〕149号)第1条规定,关于带薪年休假的享受条件,《企业职工带薪年休假实施办法》第3条中的"职工连续工作满12个月以上",既包括职工在同一用人单位连续工作满12个月以上的情形,也包括职工在不同用人单位连续工作满12个月以上的情形。

连续满12个月资料:档案记载、单位缴纳社会保险费记录、以前单位离职证明记载工作时间、劳动合同等均可作为证明材料。

连续满12个月指同一单位或不同单位间连续工作,从一家单位离职到另一家单位入职,中途间断,不算连续工作,需自新单位重新计算连续工作时间,非指累计工作时间。

劳动者因经济性裁员后重新录用的工作年限计算:《劳动部关于实行劳动合同制度若干问题的通知》(劳部发〔1996〕354号)第19条规定,按照《劳动法》第27条的规定,进行经济性裁员的企业在6个月内录用人员的,应当优先从被裁减的人员中录用。因经济性裁员而被用人单位裁减的职工,在6个月内又被原单位重新录用的,对职工裁减前和重新录用后的工作年限应当连续计算为单位工作时间。

3. 年休假天数的计算

《企业职工带薪年休假实施办法》(人力资源和社会保障部令第1号)第5条第1款规定,职工新进用人单位且符合本办法第3条规定的,当年度年休假天数,按照在本单位剩余日历天数折算确定,折算后不足1整天的部分不享受年休假。

第12条规定,用人单位与职工解除或者终止劳动合同时,当年度未安排职工休满应休年休假的,应当按照职工当年已工作时间折算应休未休年休假天数并支付未休年休假工资报酬,但折算后不足1整天的部分不支付未休年休假工资报酬。

入职:(当年度在本单位剩余日历天数÷365天)×职工本人全年应当享受的年休假天数。

离职:(当年度在本单位已工作日历天数÷365天)×职工本人全年应当享受的年休假天数。已休超出部分不予退回。

满10年或20年当年:按上述第5条和第12条规定分别计算,再合计享有。

[(满10年或20年时当年已过的日历天数÷365天)×5或10]+[(满10年或20年后当年剩余的日历天数÷365天)×10或15]

4. 年休假工资的计算

《企业职工带薪年休假实施办法》(2008年人力资源和社会保障部令第1号)

第10条第1款规定,用人单位经职工同意不安排年休假或者安排职工年休假天数少于应休年休假天数,应当在本年度内对职工应休未休年休假天数,按照其日工资收入的300%支付未休年休假工资报酬,其中包含用人单位支付职工正常工作期间的工资收入。

企业安排劳动者不同意的,不再加付,企业应保留劳动者不休年假的证据,或企业安排而劳动者拒绝的证据。

四川年休假特别规定:《四川省劳动和社会保障厅关于贯彻执行〈企业职工带薪年休假实施办法〉有关问题的通知》(川劳社办〔2009〕35号)第8条规定,用人单位不安排职工休年休假又不支付未休年休假工资报酬的,由劳动行政部门依法责令限期改正;对逾期不改正的,除责令该用人单位支付未休年休假工资报酬外,用人单位还应当按照日工资300%的标准加付赔偿金;对拒不执行行政处理决定的,由劳动行政部门申请人民法院强制执行。根据该通知,未安排年休且未支付年假报酬,被责令改正逾期不改正的,总计处以日工资标准500%的惩罚性年假工资报酬。

5. 年休假的申请方式

很多企业以劳动者未申请年休假,视为劳动者自动放弃处理,年休假是法定强制假期,是企业的法定义务,应当由用人单位主动安排,不以劳动者是否申请作为放弃的理由。

《职工带薪年休假条例》(国务院令第514号)第5条规定,单位根据生产、工作的具体情况,并考虑职工本人意愿,统筹安排职工年休假。

单位确因工作需要不能安排职工休年休假的,经职工本人同意,可以不安排职工休年休假。对职工应休未休的年休假天数,单位应当按照该职工日工资收入的300%支付年休假工资报酬。

年休假的跨年度安排:《企业职工带薪年休假实施办法》第9条规定:用人单位确因工作需要不能安排职工年休假或者跨1个年度安排年休假的,应征得职工本人同意。

因用人单位原因停工停产期间,经与劳动者协商,可安排劳动者休年休假,但不得强行统一安排劳动者休假。

6. 年休假报酬计算基数

《职工带薪年休假条例》第5条第3款规定,单位确因工作需要不能安排职工休年休假的,经职工本人同意,可以不安排职工休年休假。对职工应休未休的年休假天数,单位应当按照该职工日工资收入的300%支付年休假工资报酬。

《企业职工带薪年休假实施办法》(2008 年人力资源和社会保障部令第 1 号)第 11 条规定,计算未休年休假工资报酬的日工资收入按照职工本人的月工资除以月计薪天数(21.75 天)进行折算。

前款所称月工资是指职工在用人单位支付其未休年休假工资报酬前 12 个月剔除加班工资后的月平均工资。在本用人单位工作时间不满 12 个月的,按实际月份计算月平均工资。

职工在年休假期间享受与正常工作期间相同的工资收入。实行计件工资、提成工资或者其他绩效工资制的职工,日工资收入的计发办法按照本条第 1 款、第 2 款的规定执行。

四川省劳动和社会保障厅关于贯彻执行《企业职工带薪年休假实施办法》有关问题的通知(川劳社办〔2009〕35 号)第 6 条规定,用人单位按职工未休年休假天数支付工资报酬时,应在支付职工正常工作的工资收入基础上,另外再支付其按日工资 200% 的标准计算的未休年休假工资报酬。

即年休假工资报酬的计算基数为剔除加班工资等后的正常工作状态下的工资收入,该基数在全国范围内较为统一。

7. 年休假的抵销和清零

《职工带薪年休假条例》第 4 条规定,职工有下列情形之一的,不享受当年的年休假:(1)职工依法享受寒暑假,其休假天数多于年休假天数的;(2)职工请事假累计 20 天以上且单位按照规定不扣工资的;(3)累计工作满 1 年不满 10 年的职工,请病假累计 2 个月以上的;(4)累计工作满 10 年不满 20 年的职工,请病假累计 3 个月以上的;(5)累计工作满 20 年以上的职工,请病假累计 4 个月以上的。

(1)病假与年休假的竞合

根据劳动者工龄长短,休病假达到一定天数,则不享受当年度年休假,病假未超过相应天数的,仍应安排劳动者当年度年休假。

(2)产假与年休假的竞合

产假是国家强制假期,是因生育权而产生的法定休假,年休假是因劳动者工龄而赋予的法定假期,两类假期不得相互抵销,女工享受产假后,用人单位仍应安排当年度劳动者年休假。

(3)年休假的清零

单位规章制度规定年度内未休年休假年终清零的,属违反国家强制性规定,无效。

(4)放长假人员年休假的适用问题

单位劳动者有待岗的、放其他长假的,可酌定不再享受年休假。如 2011 年《辽宁省劳动人事争议仲裁委员会审理职工带薪年休假劳动人事争议案件的指导意见(三)》第 5 条规定,非全日制职工、待岗职工、放长假职工、脱产学习职工、退休返聘劳动者等人员可以不享受带薪年休假。

8. 解除或终止劳动合同年休假的处理

劳动者严重违反公司制度,被解除劳动合同,或劳动合同到期终止合同的,未休年休假如何处理?《四川省劳动和社会保障厅关于贯彻执行〈企业职工带薪年休假实施办法〉有关问题的通知》(川劳社办〔2009〕35 号)第 7 条规定,用人单位与职工解除或者终止劳动合同时,不区分解除或终止的情形和责任,均需支付职工未休年休假或未休满年休假工资报酬。

9. 年休假追诉时效

《劳动争议调解仲裁法》第 27 条规定,劳动争议申请仲裁的时效期间为 1 年。仲裁时效期间从当事人知道或者应当知道其权利被侵害之日起计算。劳动关系存续期间因拖欠劳动报酬发生争议的,劳动者申请仲裁不受本条第 1 款规定的仲裁时效期间的限制;但是,劳动关系终止的,应当自劳动关系终止之日起 1 年内提出。

年休假通常认为时效期为 1 年,属补偿责任,主流观点认为非劳动报酬。

目前年休假追诉时效的几种观点:

观点一:当年假当年休,从本年度结束之日起计算 1 年,追诉时效:过往 1 年加当年 1 年共计 2 年;

观点二:年休假跨年休,第二年约定日前未安排休假也未支付的,从约定日起算 1 年,追诉时效:过往 1 年加当年 1 年共计 2 年;

观点三:年休假跨年休,第二年未约定具体日期休完,也未支付的,从次年 1 月 1 日起算 1 年,追诉时效:过往 1 年加跨年 1 年再加当年 1 年共计 3 年;

观点四:以仲裁申请日为最后 1 日,往前计算 1 年,超过一年部分超过仲裁时效,追诉时效:小于 2 年;

观点五:按劳动报酬处理的,从双方劳动合同解除或终止日起算 1 年,追诉时效:按用人单位保存用工资料 2 年计,一般追诉时效为 2 年,超过由劳动者举证。

年休假离职补偿问题:目前大部分地区认为不属劳动报酬,以此为由离职要求经济补偿的,一般不予支持。但云南、重庆部分地区规定为劳动报酬,未付年休假报酬的,可以提出解除劳动并要求支付经济补偿。

如《云南省高级人民法院、云南省人力资源和社会保障厅关于审理劳动人事争议案件若干问题的座谈会纪要》(云高法〔2015〕27 号)第 2 条第 6 项规定,用人单位未按照法律规定或劳动合同约定及时足额向劳动者发放津贴、未休年休假工资报酬,劳动者以此为由解除劳动合同并向用人单位主张经济补偿的,应予支持。

10. 不定时制年休假

《劳动部关于职工工作时间有关问题的复函》(劳部发〔1997〕271 号)第 8 条规定,对于符合带薪年休假条件的劳动者,企业可安排其享受带薪年休假。

2017 年《成都市中级人民法院审判工作会会议纪要》第 21 条规定,出租司机等实行不定时工时制的劳动者与标准工时劳动者同样享受带薪年休假。

### (七)陪产假(护理假)

目前全国 30 多个省、自治区、直辖市中,均在本地区的人口与计划生育条例中规定了女职工生育时男方的护理假或者陪产假(福建称照顾假、青海称看护假)。陪产假视为出勤。

根据各地人口与计划生育条例,陪产假基本上在 10 天到 30 天不等,如上海 10 天,北京、江苏、广东等十几个地区 15 天,辽宁、湖南、重庆、四川等地 20 天,内蒙古、广西、宁夏等地 25 天,云南、江西、西藏、甘肃、河南等地 30 天。

### (八)老年人护理假

《老年人权益保障法》第 18 条第 3 款规定,用人单位应当按照国家有关规定保障赡养人探亲休假的权利。

在地方性政策中,一些省、市、区也有类似的规定,老年人在患病住院治疗期间,用人单位应当支持其子女(包含非独生子女)进行护理照料,并给予每年累计 5 ~ 20 天的护理时间。

例如,2018 年《四川省老年人权益保障条例》第 30 条第 1 款规定,老年人患病住院期间不能自理的,其子女所在用人单位应当给予独生子女每年累计不超过 15 日的护理照料时间,给予非独生子女每年累计不超过 7 日的护理照料时间。

### (九)育儿假

2021 年《人口与计划生育法》第 25 条第 2 款规定,国家支持有条件的地方设立父母育儿假。

自 2021 年以来,各地均增加或新设育儿假,其中子女年龄大部分为 3 周岁以下,部分地区如重庆、安徽等地为 6 周岁以下;假期一般为 5 ~ 20 天,陕西省夫妻双方各享有30天育儿假,为国内育儿假期最长省份。

2021年《四川省人口与计划生育条例》第24条第2款规定,子女3周岁以下的夫妻,每年分别享受累计10天的育儿假,育儿假视为出勤。

### (十)各类假期与公休日法定假日的关系

1. 包含关系:假期内包含法定节假日、公休日的,不再另补假:婚丧假、计生假、产假、医疗期等。

《劳动部关于贯彻〈企业职工患病或非因工负伤医疗期规定〉的通知》(劳部发〔1995〕236号)第1条第2款规定,关于医疗期的计算问题,病休期间,公休、假日和法定节日包括在内。

《国务院关于职工探亲待遇的规定》(国发〔1981〕36号)第3条第2款规定,职工探亲假期:探亲假期是指职工与配偶、父、母团聚的时间,另外,根据实际需要给予路程假。上述假期均包括公休假日和法定节日在内。

2. 除外关系:年休假。

《职工带薪年休假条例》(国务院令第514号)第3条规定,职工累计工作已满1年不满10年的,年休假5天;已满10年不满20年的,年休假10天;已满20年的,年休假15天。国家法定休假日、休息日不计入年休假的假期。

对于部分公民享受的假日(如三八妇女节、五四青年节等),用人单位未安排相关劳动者休假的,不需要支付加班工资,也不需要安排调休。

## 三、休假内部控制流程

### (一)休假风险评估

1. 企业无休假制度及请假流程的风险评估

如果用人单位没有休假制度和请假流程规定,将无法对劳动者进行有效管理,发生劳动纠纷时用人单位对劳动者违规违纪举证将异常艰难。

2. 企业不安排职工年休又不支付未休年假报酬的风险评估

《职工带薪年休假条例》第7条规定,单位不安排职工休年休假又不依照本条例规定给予年休假工资报酬的,由县级以上地方人民政府人事部门或者劳动保障部门依据职权责令限期改正;对逾期不改正的,除责令该单位支付年休假工资报酬外,单位还应当按照年休假工资报酬的数额向职工加付赔偿金;对拒不支付年休假工资报酬、赔偿金的,属于公务员和参照公务员法管理的人员所在单位的,对直接负责的主管人员以及其他直接责任人员依法给予处分;属于其他单位的,由劳动保障部门、人事部门或者职工申请人民法院强制执行。

## （二）休假内控措施

1. 建立健全休假制度及请假流程

单位在制定休假制度及请假流程时，应特别注意以下几个关键风险点的防控设计：

（1）病假：劳动者因病请假1天以上者，必须出具医院的病假证明、就诊病历或处方、医药费发票，无法提供或不符合规定的视为旷工处理。

（2）病假、事假等的虚假材料处理：劳动者提供虚假材料骗取病假的，或提供虚假事由请休事假的，属于严重违反公司规章制度的行为，一经发现，公司可解除劳动合同并不支付经济补偿，并追究因此给单位造成的损失。

（3）年休假的责任落实：为避免年休假劳动者不申请，单位不安排以致单位额外承担未休年休假工资待遇损失，劳动者的年休假安排实行部门负责制，部门主管、经理的岗位职责中负有责任为本部门劳动者作出年休假计划安排，不安排的，部门主管、经理按比例承担劳动者未休年休假工资损失赔偿责任。

2. 年休假安排内控措施

常有单位在年休假纠纷中，以劳动者未主动请休年休假为由进行抗辩，甚至有单位在年休假制度中规定劳动者未主动请休年休假的，视为其自动放弃处理。年休假的责任主体是用人单位而非劳动者，故在产生纠纷后，单位承担全部举证责任，只要单位没有已安排而劳动者拒绝的书面证据，单位都将承担不利后果。年休假纠纷的时效为1年，通常从应休年休假当年的最后一日起算时效，故年假时效前后通算就是2年，单位在2年内未安排年休的，都可能支付年假报酬。另外，年休假不区分劳动者离职原因，不因被辞退而不支付年假报酬。很多单位认为劳动者因严重违反规章制度或被追究刑事责任等被解除劳动合同时，单位有权不再给付年休假待遇。在实操中应规避这类违规操作。

3. 跨年度安排年休假内控措施

根据《企业职工带薪年休假实施办法》第9条的规定，用人单位确因工作需要不能安排职工年休假或者跨1个年度安排年休假的，应征得职工本人同意。

在实际工作中，单位安排劳动者跨年度休年假，如未经过劳动者本人同意，哪怕次年安排劳动者补休，也可能存在再次支付未休年假报酬的法律风险。默许、口头协议等一旦劳动者反悔或不认，单位都将担责。法律允许最多跨一个年度休年假，不允许跨两个年度安排年休假，凡第二个年度结束，仍未安排休假的，必须支付年休假工资报酬。

4. 计件工资制劳动者年休假内控措施

单位实行计件工资制的，计件制劳动者的年休假一直是困扰企业的一个难题，我们在实践中给企业的建议：在计件工资方案中，经与工会及职工协商，对计件制劳动者享有年休假予以确认，一般安排计件制劳动者在设备检修或高温高热天予以安排年休，其年休假工资以劳动定额或当地最低工资标准日工资给予发放。如年度内没有车间检修期，可由单位统一征询计件制劳动者是否请休年休假，如放弃年休，单位额外给予适当补贴。而计件制劳动者多劳多得，一般会勾选放弃年休假，领取补贴。如此，单位以较少代价换取计件制劳动者年休假的圆满解决。

5. 劳务派遣劳动者年休假内控措施

《企业职工带薪年休假实施办法》第 14 条第 1 款规定，劳务派遣单位的职工符合本办法第 3 条规定条件的，享受年休假。

劳务派遣劳动者的年休假比较复杂，一方是签订劳动合同但不实际管理劳动者的用人单位，另一方是不签劳动合同但真正实施用工管理的用工单位。

根据《企业职工带薪年休假实施办法》相关规定，被派遣职工在劳动合同期限内无工作期间由劳务派遣单位依法支付劳动报酬的天数多于其全年应当享受的年休假天数的，不享受当年的年休假；少于其全年应当享受的年休假天数的，劳务派遣单位、用工单位应当协商安排补足被派遣职工年休假天数。

即劳动者未工作但领取当地最低工资标准的天数大于应休年休假的，不再享受年休假，未工作天数小于应休年休假的，由用人单位、用工单位协商补足。还有一种情况，劳动者在派遣中从未休息过，即工作日每天都在上班，年休假全部未休。

根据劳务派遣劳动者与用工单位劳动者同工同酬规定，派遣劳动者与用工单位劳动者同样享有劳动保护、与工作岗位相关的福利待遇、法定休假等权利，用工单位是被派遣劳动者年休假的主要安排者。故派遣劳动者的年休假责任主体为用工单位，其次才是用人单位。

用人单位与用工单位应在劳务派遣协议中事先约定劳动者年休假等休假规定，明确责任主体。如没有约定，用工单位又未安排被派遣劳动者享受年休假的，根据《劳动合同法》第 92 条的规定，劳动者可对用工单位提起支付未休年假报酬请求，派遣单位承担连带责任。

第九章

# 医疗期内部控制

## 一、医疗期概述

医疗期定义:劳动部关于《企业职工患病或非因工负伤医疗期规定》(劳部发〔1994〕479号)第2条规定,医疗期是指劳动者因患病或非因工负伤停止工作治病休息不得解除劳动合同的时限。

医疗期三要素:劳动者,患病或非因工负伤,需停工治病休息。

医疗期计算周期:法无直接定义,按劳动部关于《企业职工患病或非因工负伤医疗期规定》(劳部发〔1994〕479号)第4条的规定,可理解为在确定医疗期后累计计算相应医疗时间的最长时限。

医疗期工资待遇:《关于贯彻执行〈中华人民共和国劳动法〉若干问题的意见》(劳部发〔1995〕309号)第59条规定,职工患病或非因工负伤治疗期间,在规定的医疗期内由企业按有关规定支付其病假工资或疾病救济费,病假工资或疾病救济费可以低于当地最低工资标准支付,但不能低于最低工资标准的80%。

病假工资各地规定不一,以各地人社部门规定为准。比如,北京:合同或集体合同约定;天津:底线不低于最低工资标准的80%;广东:不低于本人正常工资的60%;陕西:劳动合同约定工资的70%;山东:最高不得高于上年度平均工资标准;江苏、江西:到手工资不低于80%。

表9-1为四川地区医疗期与工资待遇汇总。

**表9-1 四川省职工患病和非因工负伤医疗期及工资待遇规定**

<table>
<tr><th rowspan="2">本单位工作年限</th><th rowspan="2">医疗期</th><th rowspan="2">计算周期</th><th colspan="3">工资</th></tr>
<tr><th>病假6个月以内</th><th>病假6个月以上</th><th>工资最低限制</th></tr>
<tr><td>5年以下</td><td>3个月</td><td>6个月</td><td rowspan="2">70%</td><td rowspan="2">60%</td><td rowspan="6">且不低于当地最低工资标准80%</td></tr>
<tr><td>5~10年</td><td>6个月</td><td>12个月</td></tr>
<tr><td>10~15年</td><td>12个月</td><td>18个月</td><td rowspan="2">80%</td><td rowspan="2">65%</td></tr>
<tr><td>15~20年</td><td>18个月</td><td>24个月</td></tr>
<tr><td>20~30年</td><td>24个月</td><td>30个月</td><td>90%</td><td rowspan="2">70%</td></tr>
<tr><td>30年以上</td><td>24个月</td><td>30个月</td><td>95%</td></tr>
<tr><td>法规依据</td><td colspan="2">劳部发〔1994〕479号</td><td colspan="2">川府发1988年170号</td><td>劳部发〔1995〕309号</td></tr>
</table>

## 二、医疗期法律规定

### (一)医疗期的认定

医疗期与劳动者息息相关,根据医疗期的定义,劳动者与单位建立了劳动关系,患病或非因工负伤,需要治疗休息,就已经进入了医疗期,只是平时的头痛脑热,一两天就痊愈,一般不会在意是否进入医疗期,还有多长的累计计算周期。

下面笔者试用医疗期的定义,判定相关情形是否属于医疗期:

1. 劳动者周末喝酒打架骨折,是否进入医疗期?

笔者的观点是属于医疗期,如单位有规章制度,规定了打架斗殴属严重违反规章制度,可按规章制度处理,但医疗期不可剥夺。

2. 女工割双眼皮、隆胸,是否进入医疗期? 劳动者修补豁唇,是否进入医疗期?

笔者的观点是看客观情况和主观意愿,如主观上知道行为可能发生的后果而故意或希望发生,目的是追求个人审美而进行的手术或医治,不能进入医疗期;如为弥补身体缺陷,恢复正常人生活,可进入医疗期。

3. 劳动者怀孕,经医院证明需保胎休息的,是否计入医疗期?

《国家劳动总局保险福利司关于女职工保胎休息和病假超过六个月后生育时的待遇问题给上海市劳动局的复函》(〔82〕劳险字2号)规定,关于国营企业单位的女职工需要保胎休息,以及保胎休息和病假连续停止工作超过6个月后生育时的待遇问题,经与全国总工会劳动保险部研究,答复如下:女职工按计划生育怀孕,经过医师出具证明,需要保胎休息的,其保胎休息的时间,按照本单位实行的疾病待遇的规定办理。

结论是享受病假工资待遇,且不计入医疗期累计计算周期,但前提是国营企业单位职工。其他体制企业按病假待遇处理,或者按事假待遇处理,看单位休假制度具体规定。一般情况下,如有医师开具休息医嘱,应按病假待遇处理。

4. 劳动者处于试用期,是否享有医疗期? 试用期劳动者长期病假,是否可辞退?

单位劳动者在试用期患病或非因工负伤,是享有医疗期的。但劳动者患病严重影响单位对其试用考核,单位在处理该部分劳动者时,可按两种方式处理:一是事前制度中设立试用期患病等中止条款,或发生病患后签订补充协议,双方约定医治期间试用期中止,待医疗期结束后,恢复试用,就是其总试用期按医疗期延长。目前浙江等地均有试用期中止相关规定。二是将出勤率作为录用条件之一,劳动者患病等未达到事前约定出勤率,可以按照不符合录用条件解除劳动合同。

5. 单位招用的劳动者达到法定退休年龄患病或非因工负伤，是否计入医疗期？

这要看该劳动者是否与单位存在劳动关系，如存在劳动关系，享有医疗期；如属劳务关系，不享有医疗期，单位酌定可休，但单位不具有法定义务。

6. 劳动者患乙肝小三阳、大三阳，是否进入医疗期？可否解除劳动合同？

一般情况，乙肝患者不影响劳动者出勤工作，如需住院治疗等应进入医疗期。特殊行业，从确诊乙肝之日起进入医疗期，医疗期满未痊愈进行调岗或解除劳动合同，一般行业不能解除劳动合同。

属于国家禁止从事的易使传染病扩散的工作有：

(1)《食品安全法》规定的接触直接入口食品的工作；

(2)《公共场所卫生管理条例》规定的公共场所直接为顾客服务的职业；

(3)《传染病防治法实施办法》对饮水、饮食、整容、保育等职业的规定；

(4)《药品管理法》从事直接接触药品的工作。

7. 抑郁症是否属于精神病，是否计入医疗期？

抑郁症在现代生活中越发常见，应引起我们的重视。抑郁症分器质性病变和情感性心境障碍。轻度抑郁一般不影响出勤上岗，但重度抑郁如出现生活不能自理、自杀倾向严重时必须进行药物治疗，进入医疗期。

根据国际疾病与分类第 10 版（ICD－10），抑郁症属于精神疾病。尽管目前抑郁症在我国法律层面没有是否属于精神疾病的明确规定，实操中应以职工身心健康为重，谨慎处理，以避免劳动者不理性寻衅和其他严重后果的发生。

8. 女劳动者产假期间患产后抑郁症的，是否进入医疗期？

产假期间患抑郁等病患的，可进行治疗，医药费等按医疗规定进行报销，但不进入医疗期，因其包含在产假期限内，劳动者已享受生育保险待遇，不可重复享受病假待遇。但如病患在产假结束仍未痊愈，应从产假结束次日起进入医疗期，累计计算医疗期周期。

这一观点在 2014 年《重庆高院民事审判长劳动争议专题例会会议综述》第 9 条中有相关论述：产假期内患病，产假与医疗期是否应当分别保障？产假期与疾病医疗期重合的部分仅能计算一次假期。女职工在生育之前生病持续到生育的，病假终止，产假开始计算；女职工生育之后生病持续到产假期满仍未康复的，从产假期满之日起计算病假。产假期间和病假期间均是基于劳动者的生理状态而产生，生育津贴及病假工资的两种待遇均是基于健康权而产生的请求权，应当构成权利竞合。

## (二)医疗期期限的规定

1. 医疗期、累计计算周期的规定

劳动部发布的《企业职工患病或非因工负伤医疗期规定》(劳部发〔1994〕479号)第3条规定,企业职工因患病或非因工负伤,需要停止工作医疗时,根据本人实际参加工作年限和在本单位工作年限,给予3~24个月的医疗期。

《劳动部关于贯彻〈企业职工患病或非因工负伤医疗期规定〉的通知》(劳部发〔1995〕236号)第1条规定,关于医疗期的计算问题,(1)医疗期计算应从病休第一天开始,累计计算。如应享受3个月医疗期的职工,如果从1995年3月5日起第一次病休,那么,该职工的医疗期应在3月5日到9月5日确定,在此期间累计病休3个月即视为医疗期满。其他以此类推。(2)病休期间,公休、假日和法定节日包括在内。

医疗期未满,劳动者已痊愈,继续留用;医疗期未满,计算周期结束的,自下一次病休起,重新核定医疗期;医疗期已满,计算周期未结束的,公司可调岗或启动解除程序。

根据劳部发〔1994〕479号、劳部发〔1995〕236号文件汇总医疗期及累计计算周期如表9-2所示。

**表9-2　医疗期及累计计算周期**

| 累计工作年限 | 本单位工作年限 | 医疗期 | 累计计算周期 |
|---|---|---|---|
| <10年 | 服务期<5年 | 3个月 | 6个月内 |
| | 服务期≥5年 | 6个月 | 12个月内 |
| ≥10年 | 服务期<5年 | 6个月 | 12个月内 |
| | 10年>服务期≥5年 | 9个月 | 15个月内 |
| | 15年>服务期≥10年 | 12个月 | 18个月内 |
| | 20年>服务期≥15年 | 18个月 | 24个月内 |
| | 服务期≥20年 | 24个月 | 30个月内 |

2. 劳动者的本单位工作年限和累计工作年限如何计算?

累计工龄=视同缴费年限+实际缴费年限(不含灵活就业个人缴费年限)。累计工作年限由劳动者举证证明。

(1)劳动者辞职后又入职,如何计算劳动者在本单位工作年限。

此种情况应将之前在本单位工作的年限与此次入职后的工作年限相加作为在本单位的工作年限。应与年休假计算方式中在本单位连续工作年限进行区别。

(2)此前依法享有的医疗期、长期病假时间,如何计算在本单位工作年限。

1996年《劳动部办公厅对关于如何理解“同一用人单位连续工作时间”和“本单位工作年限”的请示》第2条规定,按照《劳动法》及有关配套规章的规定,劳动者患病或非因工负伤,依法享有医疗期,因此在计算“同一用人单位连续工作时间”时,不应扣除劳动者依法享有的医疗期时间。

(3)劳动者与单位间存在长期“中止”履行劳动关系状态,如何计算本单位工作年限。

2009年《北京市高级人民法院、北京市劳动争议仲裁委员会关于劳动争议案件法律适用问题研讨会会议纪要》第14条规定,中止履行期间用人单位和劳动者不存在劳动法上的权利义务关系,也不计算为本单位工作年限。

(4)非本人原因,将劳动者从A公司调转到B公司,如何计算本单位工作年限。

《劳动合同法实施条例》第10条规定,劳动者非因本人原因从原用人单位被安排到新用人单位工作的,劳动者在原用人单位的工作年限合并计算为新用人单位的工作年限。

(5)退伍军人工作年限计算。

《退役士兵安置条例》第37条规定,由人民政府安排工作的退役士兵,服现役年限和符合本条例规定的待安排工作时间计算为工龄,享受所在单位同等条件人员的工资、福利待遇。

(6)医疗期24个月最长期限的突破规定。

《劳动部关于贯彻〈企业职工患病或非因工负伤医疗期规定〉的通知》(劳部发〔1995〕236号)第2条规定,关于特殊疾病的医疗期问题,根据目前的实际情况,对某些患特殊疾病(如癌症、精神病、瘫痪等)的职工,在24个月内尚不能痊愈的,经企业和劳动主管部门批准,可以适当延长医疗期。各省、自治区、直辖市在实施《企业职工患病或非因工负伤医疗期规定》时,可根据当地实际情况,抓紧制定具体细则,并及时报我部备案。

目前各地区关于医疗期最长24个期限规定的有:山东、浙江、广东、四川等地规定特殊疾病医疗期仍需根据本人工作年限计算,该医疗期满后尚不能痊愈的情况下,职工可以申请延长,并不意味着患有上述特殊疾病职工的医疗期当然为24个月。南京特殊疾病不受工作年限限制,医疗期至少享受24个月,医疗期满,可再申请延期。《关于印发〈关于劳动争议案件仲裁与审判若干问题的指导意见〉的通知》(宁中法〔2008〕238号)第18条规定,患有癌症、精神病、瘫痪等特殊疾病的劳动者,不受实际工作年限或在本单位工作年限的限制,其享受的医疗期均为24个月。医疗期满,劳动者与用人单位协商一致,可以适当延长医疗期。

### (三)医疗期的计算方式

《劳动部关于贯彻〈企业职工患病或非因工负伤医疗期规定〉的通知》(劳部发〔1995〕236号)第1条中,以举例的方式明确了医疗期累计计算周期的方式,如6个月计算周期以3月5日到9月5日确定,但对医疗期未明确具体的计算方式,即3个月的医疗期,到底如何确定该“3个月”的计算时间,没有具体规定。

但该具体计算方式,在实际工作中又特别重要,甚至关系解除患病或非因工负伤劳动者劳动合同时是否涉及违法解除问题,以下是深圳市中级人民法院关于医疗期计算的具体方式,该方式在工作中及律师案件处理中具有参考意义:

深圳市中级人民法院前后三次对该计算方法进行了规定,分别是:《深圳市中级人民法院关于审理劳动争议案件相关法律适用问题的座谈纪要》(2006年)、《深圳市中级人民法院关于审理工伤保险待遇纠纷案件相关法律适用问题的裁判指引》(2010年)、《深圳市中级人民法院关于审理工伤保险待遇案件的裁判指引》(2015年)。

深圳关于医疗期计算的相关规定如下:劳动部《企业职工患病或非因工负伤医疗期规定》规定用人单位应给予3个月到24个月(3个月、6个月、9个月、12个月、18个月、24个月)的医疗期,上述医疗期分别按6个月、12个月、15个月、18个月、24个月、30个月内累计病休时间计算。上述医疗期的计算,如果间断休的病假,1个月按30日计算,则3个月病假为90日。如果劳动者不间断休病假,则应分为以月的第一天开始和非以月的第一天开始其休病假两种情况。如从5月1日开始不间断休3个月病假,医疗期应计至7月31日。如从5月11日开始不间断休3个月病假,则应按90日确定,即医疗期至8月8日止,而不是8月10日。

该规定明晰了医疗期间断休和不间断休,以及是否从月度第1日开始休等情况的不同处理,比较全面也比较合理。工作中可予以借鉴或引用。

### (四)医疗期的后续处理

1. 劳动者患病或非因工负伤,医疗期满或劳动合同期满,一般归类于以下六种情况:

(1)病好了,回原岗上班,这是最常见的一种情况。

(2)伴有后遗症,需要调岗。调岗需具备合理性,不得在原岗劳动强度上进行加重处理。单位提供了选择性岗位,劳动者仍无法提供劳动的,可解除劳动合同。

(3)病没好,继续请病假。此种情况单位向劳动者邮寄医疗期满复工通知书,内容尽量包含复工时间、调整岗位(多岗位选择)、提示劳动能力鉴定、不配合的警告性提示等。

目前两种处理意见:第一,在一个医疗计算周期内,医疗期满劳动者继续持医嘱请假的,单位必须准假,但可让劳动者请休事假,实行无薪休假,且期限不能超过医疗计算周期,超过按新一轮医疗计算周期,计算发放新的医疗期工资。第二,医疗期满继续持病休医嘱的,视为不能从事原工作也不能从事另行安排的工作,可提前30天或直接发代通知金予以解除劳动合同。但不能按旷工或按视同旷工粗暴处理,否则极易被认定为违法解除劳动合同,承担赔偿金责任。

(4)医疗终结,身体残疾。一级至四级不能解除,五级至十级按《劳动合同法》第40条非过错程序解除劳动合同。如职工年龄女不满45周岁,男不满55周岁,医疗终结丧失劳动能力的,可按当地人社机关规定办理退职。如职工年龄女达到45周岁,男达到55周岁,医疗终结丧失劳动能力的,可按劳社部发〔1999〕8号办理退休。

《劳动和社会保障部关于制止和纠正违反国家规定办理企业职工提前退休有关问题的通知》(劳社部发〔1999〕8号)第1条规定,要严格执行国家关于退休年龄的规定,坚决制止违反规定提前退休的行为……国家法定的企业职工退休年龄:因病或非因工致残,由医院证明并经劳动鉴定委员会确认完全丧失劳动能力的,退休年龄为男年满55周岁、女年满45周岁。

(5)医疗期未满,但已达到法定退休年龄或出现《劳动合同法》第44条劳动合同终止条件的(劳动者死亡、单位破产、吊销、关停撤销解散等),劳动合同终止。

(6)医疗期未满,劳动合同到期的。此类情况应将劳动合同延续至医疗期满,再终止劳动合同。

《劳动合同法》第45条规定,劳动合同的逾期终止,劳动合同期满,有本法第42条规定情形之一的(患病或者非因工负伤,在规定的医疗期内的),劳动合同应当续延至相应的情形消失时终止。

2015年《深圳市中级人民法院关于审理工伤保险待遇案件的裁判指引》第18条第2款规定,劳动者累计医疗期未满而劳动合同期已满,且需要停工休息治疗的,劳动合同期限自动延续至医疗期期满为止。

2. 医疗期满后,劳动能力鉴定是否为解除劳动合同的法定必经程序?

目前没有法律规定医疗期满后必须进行劳动能力鉴定,劳动能力鉴定不是医疗期满解除劳动合同的必经程序。

根据《劳动合同法》第 40 条无过错性辞退及其他相关规定,解除患病或非因工负伤劳动者劳动合同满足下列条件即可:

(1)劳动者患病或者非因工负伤,在规定的医疗期满后不能从事原工作,也不能从事由用人单位另行安排的工作的;

(2)用人单位提前 30 日以书面形式通知劳动者本人或者额外支付劳动者 1 个月工资;

(3)通知工会。

3.《违反和解除劳动合同的经济补偿办法》(劳部发〔1994〕481 号)文件在 2017 年废止后,解除患病或非因工负伤劳动者劳动合同时,向劳动者支付医疗补助费的适用问题。

劳部发〔1994〕481 号第 6 条规定,劳动者患病或者非因工负伤,经劳动鉴定委员会确认不能从事原工作,也不能从事用人单位另行安排的工作而解除劳动合同的,用人单位应按其在本单位的工作年限,每满 1 年发给相当于 1 个月工资的经济补偿,同时应发给不低于 6 个月工资的医疗补助费。患重病和绝症的还应增加医疗补助费,患重病的增加部分不低于医疗补助费的 50%,患绝症的增加部分不低于医疗补助费的 100%。

第 11 条规定,本办法中经济补偿的工资计算标准是指企业正常生产情况下劳动者解除合同前 12 个月的月平均工资。

用人单位依据本办法第 6 条、第 8 条、第 9 条解除劳动合同时,劳动者的月平均工资低于企业月平均工资的,按企业月平均工资的标准支付。

《关于实行劳动合同制度若干问题的通知》(劳部发〔1996〕354 号)第 22 条规定,劳动者患病或者非因工负伤,合同期满终止劳动合同的,用人单位应当支付不低于 6 个月工资的医疗补助费;对患重病或绝症的,还应适当增加医疗补助费。

《劳动部办公厅关于对劳部发〔1996〕354 号文件有关问题解释的通知》(劳办发〔1997〕18 号)规定,"劳动者患病或非因工负伤,合同期满终止劳动合同的,用人单位应当支付不低于六个月工资的医疗补助费"是指合同期满的劳动者终止劳动合同时,医疗期满或者医疗终结被劳动鉴定委员会鉴定为五级至十级的,用人单位应当支付不低于 6 个月工资的医疗补助费。

《违反和解除劳动合同的经济补偿办法》(劳部发〔1994〕481 号)文件已经废

止，但是关于医疗补助费的规定，目前，《关于实行劳动合同制度若干问题的通知》（劳部发〔1996〕354号）和《劳动部办公厅关于对劳部发〔1996〕354号文件有关问题解释的通知》（劳办发〔1997〕18号）没有通知失效。各地人社部门很少出台相应规定对原医疗补助费政策明确的执行或不执行进行说明，所以如果当地法院在判例中支持医疗补助费诉请的，仍按原规定执行医疗补助费。下面是明确执行和明确不执行的各地规定。

2018年《广东省高级人民法院、广东省劳动人事争议仲裁委员会关于劳动人事争议仲裁与诉讼衔接若干意见》第11条规定，劳动者患病、非因工负伤医疗期满后，经劳动能力鉴定委员会鉴定为完全丧失劳动能力或大部分丧失劳动能力，不能从事原工作，也不能从事由用人单位另行安排的工作而解除劳动合同的，用人单位应按规定支付经济补偿并支付不低于6个月工资的医疗补助费。

2015年《宁波市中级人民法院关于审理劳动争议案件若干疑难问题的解答（三）》第9条规定，《劳动合同法》第40条与《劳动部关于贯彻执行〈中华人民共和国劳动法〉若干问题的意见》第35条及《违反和解除劳动合同的经济补偿办法》第6条在解除劳动合同程序及用人单位应支付劳动者款项方面的规定有所不同，应如何适用？后两者及《劳动部关于实行劳动合同制度若干问题的通知》第22条中关于医疗补助费的规定是否仍适用？

答：《劳动合同法》第40条与原《劳动部关于贯彻执行〈中华人民共和国劳动法〉若干问题的意见》第35条及《违反和解除劳动合同的经济补偿办法》第6条所针对的情形是一致的，即"劳动者患病或者非因工负伤，在规定的医疗期满后不能从事原工作，也不能从事由用人单位另行安排的工作的"，但对同一情形的法律后果和应遵循程序作出了不同的规定，根据上位法优于下位法、后法优于前法的原则，应适用《劳动合同法》第40条的相关规定，后两者及《劳动部关于实行劳动合同制度若干问题的通知》第22条中关于医疗补助费的规定亦不再适用。

### （五）有关医疗期计算和工资核算的操作实例

有关医疗期计算和医疗期工资核算，在企业人力资源管理中是重点，也是难点，下面以举例方式分析相关计算方法。

1. 小刘与某公司签订劳动合同，约定月工资为3000元，入职不久连续请休病假10天（其中含法定节假日1天，公休日4天），根据制度规定，病假待遇为本人工资的60%，问：该劳动者当月月工资应发（ C ）（备注：当地最低工资标准为1650元）。

A. 1800 元　　B. 2448 元　　C. 2724 元　　D. 2669 元

题例分析:注意病假期内法定节假日工资的核算,法定节假日按全额工资计算,其他工作日按劳动者享有的病假工资比例计算。

2. 可享受 3 个月医疗期的劳动者,在第一次累计计算周期内断续休了 65 天病假,当进入第二次累计计算周期时,最多可断续病休( C )。

A. 25 天　　B. 65 天　　C. 90 天　　D. 120 天

题例分析:在第一次累计计算周期内,医疗期未满,则原医疗期"清零",从第二个计算周期内,重新开始计算新的医疗期。

3. 医疗期满,企业通知劳动者复工,如劳动者不复工的,下列哪类行为不可取?( B )

A. 身体明显残疾,且符合病退条件的,可进行劳动能力鉴定

B. 通知劳动者调岗,非身体因素原因不接受调岗可按规章制度旷工处理

C. 对于劳动者继续请病假的,企业可视为不能从事原工作

D. 对于不复工,也不请假,亦不接受鉴定的劳动者,可按照旷工解除

4. 医疗期满后,下列叙述正确的是( D )

A. 继续批准病假的,必须支付劳动者病假待遇

B. 劳动者因长期病休,岗位被顶替,医疗期满后复工的,必须服从企业调岗

C. 劳动者复工前,必须进行劳动能力鉴定

D. 劳动者解除劳动合同前,不一定经过劳动能力鉴定

5. 关于劳动合同到期,以下叙述不正确的是( C )

A. 首次劳动合同到期,医疗期未满的,必须延续至相应情形消失时终止

B. 劳动合同到期,因续延导致劳动者在本单位连续工龄达 10 年,必须签订无固定期限劳动合同

C. 第二次劳动合同到期,医疗期已满,且劳动者不能工作的,企业必须续订劳动合同

D. 在本单位连续工作满 15 年,且距法定退休年龄不足 5 年的劳动者,劳动合同到期,即便医疗期满,企业也不能终止

6. 某职工享受 3 个月的医疗期,从 2021 年 2 月 10 日起第一次病休,连续病休三个月后回到公司上班,2021 年 5 月 20 日职工再次申请病假 3 个月,并提供医疗证明。次日,劳动合同到期。问:此时,企业是否可以终止劳动合同?( A )

A. 可以终止

B. 不可终止,需续延至相应情形消失时终止

C. 不可终止;需续延至医疗期满时终止

D. 不可终止;需续延至医疗终结时终止

7. 伍某与深圳一家企业签订的劳动合同日期:从 2019 年 7 月 1 日至 2022 年 6 月 30 日,约定薪资为 3000 元/月。2022 年 6 月 30 日孙某因病申请病假 4 个月(病假工资为本人工资的 60%),此时,根据他的工龄和司龄核算,应享有的医疗期为 3 个月。问:企业何时可终止伍某劳动合同?( B )

A. 2022 年 9 月 27 日　　B. 2022 年 9 月 28 日

C. 2022 年 10 月 1 日　　D. 2022 年 10 月 30 日

题例分析:此题有两个知识点,一是劳动合同延续至医疗期满终止,而不是医疗期结束时终止;二是深圳医疗期 3 个月的计算,连续休病假且非从月初第 1 日开始休假的,不以对月对日计算,而是按 90 天计算。

8. 孙某,与企业签订的劳动合同日期:从 2019 年 7 月 1 日至 2022 年 6 月 30 日,约定薪资为 3000 元/月。2022 年 6 月 1 日孙某因病申请病假 4 个月(病假工资为本人工资的 60%,当地最低工资标准 2375 元/月),此时,根据他的工龄和司龄核算,应享有的医疗期最多 3 个月。当劳动合同到期时续延至医疗期满终止。问:终止劳动合同应支付孙某多少经济补偿?( C 或 D )

A. 8175 元　　B. 9000 元　　C. 9537.5 元　　D. 10,500 元

题例分析:此题三个知识点,一是职工患病期间应计入经济补偿计算年限;二是经济补偿计算基数分两种,一种是扣除长期病假工资的正常状态下劳动者 12 个月工资作为计算基数,另一种是包含长期病假工资的离职前 12 个月平均工资为计算基数;三是职工病假工资不得低于当地最低工资 80%,本题病假工资低于 80%,应按 80% 计算。

9. 劳务派遣制劳动者休医疗期,用工单位在哪种情形下不可将劳动者退回至劳务派遣公司?( A )

A. 派遣期内,医疗期未满,企业生产经营发生严重困难需要裁员的

B. 派遣期内,医疗期满,原岗位和新安排的岗位都不能从事

C. 派遣期满,医疗期未满,延续至情形消失

D. 派遣期内,医疗期未满,用工单位宣告破产的

## 三、医疗期内控措施

医疗期是企业人力资源部门或行政部门日常处理比较棘手的事务,也是律师法律事务中比较常见的劳资纠纷事务,在劳动仲裁和劳动诉讼案件中也比较多见。

一方面,医疗期关系劳动者的身体健康,甚至生命维系。另一方面,大多数企业非慈善机构,仍以创造利润为核心目标,在企业运作中不得不考量成本控制。正常的医疗期企业应当给予劳动者充足的休假治疗权利,但特殊情况下也要注重医疗期内部控制方法,以达到企业与劳动者双方权益的兼顾。

### (一)建立健全医疗期相关管理制度

企业应建立医疗期管理制度,设立病假请休的诊断依据,病假后销假的流程办法,并对以虚假材料请休病假等作违纪处理的具体规定。现在大多数企业已具备网上申报社会保险资质和条件,劳动者入职当日即申报社会保险缴纳,避免企业因未缴劳动者社会保险而承担医疗费损失。企业应按国家相关规定和当地政策明示医疗期长短及病假待遇。

### (二)正常计算医疗期和累计计算周期

医疗期规定全国统一,应按以下标准让劳动者享有医疗期,不得擅自缩短,否则可能因违反国家强制性规定而承担离职补偿金及其他赔偿责任。

医疗期:实际工作年限10年以下的,在本单位工作年限5年以下的为3个月;5年以上的为6个月。实际工作年限10年以上的,在本单位工作年限5年以下的为6个月;5年以上10年以下的为9个月;10年以上15年以下的为12个月;15年以上20年以下的为18个月;20年以上的为24个月。

累计计算周期:医疗期3个月的按6个月内累计病休时间计算;6个月的按12个月内累计病休时间计算;9个月的按15个月内累计病休时间计算;12个月的按18个月内累计病休时间计算;18个月的按24个月内累计病休时间计算;24个月的按30个月内累计病休时间计算。

### (三)病假医嘱的处理

医生开具病假建议的时候,一般情况下主任医师最多可以开15天,门诊医师最多可以开7天,住院医师开的病假条通常不能超过1个月。

医嘱类型一般为“休息×天”的必要性休假医嘱和“建议休息×天”的参考性医嘱两种,如长期持建议休息的医嘱,可要求劳动者提供必要性医嘱。

如对劳动者的医嘱持十分怀疑态度,可到医院医师处进行问询,核查劳动者是否弄虚作假,如认为劳动者病情与医嘱明显不符,可直接到医院监察科举报,借医院监察力量杜绝类似情况发生。

### （四）正确核算劳动者病假期间法定节假日工资

劳动者病假工资一般为正常工资的60%～90%，根据当地人社部门规定及企业规章制度规定确定标准，当然最低不低于当地最低工资标准的80%。如果劳动者病假期间包含法定节假日，则核算劳动者工资时，不能简单地以劳动者工资标准的一定比例计算，应将其中的法定节假日挑出来单独计算。因为《劳动法》第51条规定，劳动者在法定休假日和婚丧假期间以及依法参加社会活动期间，用人单位应当依法支付工资。我们在法律服务时经常遇到用人单位直接将整月工资计算为病假工资，其做法欠妥，应予纠正。

### （五）"泡病号"劳动者的处理

在企业中，有极个别劳动者经常请休病假，但其病情并不需要特殊治疗。在处理此类劳动者时，企业几乎是没有机会对劳动者进行"在规定的医疗期满后不能从事原工作，也不能从事由用人单位另行安排的"而解除其劳动合同，因为在一个累计计算周期内，此类劳动者不会休满整个医疗期，总会卡点复工。企业应另寻出路，按不胜任工作思路解除其劳动合同。要在劳动者在岗的短时间内进行考核，如不胜任工作，予以调岗，下次在岗时再次考核，仍不胜任即可解除劳动合同。关于能不能胜任工作，在仲裁诉讼中只要用人单位程序合法，考核合法，至于如何考核、考核的具体内容如何，仲裁庭、法院不会过多干涉，企业的胜算很大。

另一个方法是利用单位绩效考核制度，劳动者请病假超过一定天数，根据出勤率减掉劳动者绩效工资、满勤奖及相应年终奖等，至少能从工资支出上节省一部分费用。再结合不胜任工作考核，以积极的手段应对"泡病号"劳动者的消极怠工情形。

### （六）病假外出务工的处理

企业有时会遇到这样的劳动者，一边请休病假，一边却在其他单位打短工挣钱，甚至在请休长期病假的同时在其他企业兼职。

《关于加强企业伤病长休职工管理工作的通知》（劳险字〔1992〕14号）规定，（1）伤病休假职工不得从事有收入的活动。（2）企业不得聘用伤病休假职工。（3）对逾期不复工或不服从工作安排的，可停发伤病保险待遇，并按旷工处理。（4）对利用伤病假从事有收入活动的职工，要停止其伤病保险待遇，不予报销医疗费，并限期返回单位复工。

根据该文件精神,针对病假期间外出务工的情形,企业可制定医疗期管理制度,严禁病假期间外出务工事件发生,一经发现,按严重违反企业规章制度处理,可予以解除劳动合同。

### (七)医疗期满后劳动者不复工的处理

医疗期满劳动者,既不复工上班也不进行劳动能力鉴定,亦不履行请假手续,该如何处理。

2019 年《天津市高级人民法院、天津市人力资源和社会保障局关于审理劳动人事争议案件的会议纪要》第 8 条规定,劳动者医疗期满后继续请休病假的处理问题:用人单位通知劳动者进行劳动能力(复工)鉴定,如果劳动者不配合,或者经鉴定能够复工后仍没有及时返岗工作,用人单位主张依据企业规章制度解除劳动合同并不支付经济补偿的,应予支持。

用人单位可参照上述规定,制定规章制度,严格医疗期满的考勤管理,对不复工上班,也不配合进行劳动能力鉴定的,可认定为严重违反公司规章制度,予以解除劳动合同处理。

# 第十章

# 工伤、职业病内部控制

## 一、工伤、职业病概述

### （一）工伤及职业病的概念

1. 工伤的概念

工伤是指企业、事业单位和个体经济组织等用人单位的劳动者在从事职业活动或者与职业活动有关的活动时所遭受的事故伤害和职业病伤害。

工伤认定核心三要素：工作时间、工作地点、工作原因。

2. 职业病的概念

职业病是指企业、事业单位和个体经济组织等用人单位的劳动者在职业活动中，因接触粉尘、放射性物质和其他有毒、有害因素而引起的疾病。

职业病的分类和目录由国务院卫生行政部门会同国务院劳动保障行政部门制定、调整并公布。目前分十大类，具体有：(1)尘肺及其他；(2)职业性皮肤病；(3)职业性眼病；(4)职业性耳鼻喉口腔疾病；(5)职业性化学中毒；(6)物理因素所致职业病；(7)职业性放射性疾病；(8)职业性传染病；(9)职业性肿瘤；(10)其他职业病。

### （二）工伤、职业病的关系

职业病属工伤的一种特殊情形。职业病和其他职业伤害不同的是，在认定工伤前，须由取得《医疗机构执业许可证》的医疗卫生机构出具诊断证明书。职工可以选择用人单位所在地、本人户籍所在地或者经常居住地的职业病诊断机构进行职业病诊断；职工或用人单位对职业病诊断机构作出的职业病诊断结论有异议的，可以在接到职业病诊断证明书之日起30日内，向职业病诊断机构所在地设区的市级卫生行政部门申请鉴定。

## 二、工伤、职业病的法律规定

### （一）工伤责任主体的认定

1. 常见工伤责任主体的认定

在全日制正常的劳动关系中，劳动者发生工伤，责任主体为用人单位。根据《工伤保险条例》第2条第1款的规定，中华人民共和国境内的企业、事业单位、社会团体、民办非企业单位、基金会、律师事务所、会计师事务所等组织和有雇工的个体工商户(以下统称用人单位)应当依照本条例规定参加工伤保险,为本单位全部职工或者雇工(以下统称职工)缴纳工伤保险费。

除此之外,《最高人民法院关于审理工伤保险行政案件若干问题的规定》(法释〔2014〕9号)第3条第1款规定,社会保险行政部门认定下列单位为承担工伤保险责任单位的,人民法院应予支持:

(1)职工与两个或两个以上单位建立劳动关系,工伤事故发生时,职工为之工作的单位为承担工伤保险责任的单位;

(2)劳务派遣单位派遣的职工在用工单位工作期间因工伤亡的,派遣单位为承担工伤保险责任的单位;

(3)单位指派到其他单位工作的职工因工伤亡的,指派单位为承担工伤保险责任的单位;

(4)用工单位违反法律、法规规定将承包业务转包给不具备用工主体资格的组织或者自然人,该组织或者自然人聘用的职工从事承包业务时因工伤亡的,用工单位为承担工伤保险责任的单位;

(5)个人挂靠其他单位对外经营,其聘用的人员因工伤亡的,被挂靠单位为承担工伤保险责任的单位。

2. 非劳动关系下工伤责任主体的认定

工伤认定与劳动关系并非一对一的关系,工伤责任与劳动关系在特定情形下可分离。下述不具备劳动关系但承担工伤责任,可以不经过劳动仲裁前置认定事实劳动关系,直接申请工伤认定,或直接诉讼要求用工主体承担工伤责任。伤残评级的,如属超龄劳务关系的,不再享受一次性伤残就业补助金,可享受一次性伤残补助金和一次性工伤医疗补助金待遇。

(1)违法分包。

《人力资源和社会保障部关于执行〈工伤保险条例〉若干问题的意见》(人社部发〔2013〕34号)第7条规定,具备用工主体资格的承包单位违反法律、法规规定,将承包业务转包、分包给不具备用工主体资格的组织或者自然人,该组织或者自然人招用的劳动者从事承包业务时因工伤亡的,由该具备用工主体资格的承包单位承担用人单位依法应承担的工伤保险责任。

(2)达到退休年龄职工,未享受养老保险待遇继续工作或已享受养老保险待遇,但单位已为其缴纳工伤保险的工伤责任主体认定。

《人力资源社会保障部关于执行〈工伤保险条例〉若干问题的意见(二)》(人社部发〔2016〕29号)第2条规定,达到或超过法定退休年龄,但未办理退休手续或者未依法享受城镇职工基本养老保险待遇，继续在原用人单位工作期间受到事故伤害或患职业病的，用人单位依法承担工伤保险责任。

用人单位招用已经达到、超过法定退休年龄或已经领取城镇职工基本养老保险待遇的人员，在用工期间因工作原因受到事故伤害或患职业病的，如招用单位已按项目参保等方式为其缴纳工伤保险费的，应适用《工伤保险条例》。

(3)招用达到退休年龄职工，未享受养老保险待遇非继续留任情形或已享受养老保险待遇，但单位未为其缴纳工伤保险的工伤主体认定。

该两种情况具体表现：一种是达到退休年龄未享受养老保险待遇，原劳动合同终止后，间断一段时间再入职该单位，或劳动合同终止后，入职到其他单位就业。另一种是达到法定退休年龄且享受养老保险待遇，继续留任原单位或入职其他单位，但用人单位未为其缴纳工伤保险。上述两种情形均不属于人社部发〔2016〕29 号第 2 条规定由用人单位承担工伤保险责任或适用《工伤保险条例》的情形，应适用人身损害赔偿案件相关规定，按发生事故责任划分承担相应赔偿责任。

(4)超龄农民工。

《最高人民法院行政审判庭关于“超过法定退休年龄的进城务工农民因工伤亡的，应否适用〈工伤保险条例〉”请示的答复》(〔2010〕行他字 10 号)规定，经研究，原则同意你院的倾向性意见。即用人单位聘用的超过法定退休年龄的务工农民，在工作时间内、因工作原因伤亡的，应当适用《工伤保险条例》的有关规定进行工伤认定。

(5)非法用工工伤主体认定。

《非法用工单位伤亡人员一次性赔偿办法》(人社部令〔2010〕第 9 号)规定，企业未进行工商登记、被责令停产、吊销营业执照用工的，招用童工造成伤残、死亡的，按不低于工伤保险赔付标准一次性赔偿。按劳动争议程序处理。

非法用工发生工伤时工伤责任承担主体：

《劳动人事争议仲裁办案规则》第 6 条规定，发生争议的用人单位未办理营业执照、被吊销营业执照、营业执照到期继续经营、被责令关闭、被撤销以及用人单位解散、歇业，不能承担相关责任的，应当将用人单位和其他出资人、开办单位或者主管部门作为共同当事人。

《最高人民法院关于审理劳动争议案件适用法律问题的解释(一)》(法释〔2020〕26 号)第 30 条规定，未办理营业执照、营业执照被吊销或者营业期限届满仍继续经营的用人单位，以挂靠等方式借用他人营业执照经营的，应当将用人单位和营业执照出借方列为当事人。

(6)实习生工伤责任主体认定。

四川省2021年出台《超龄等从业人员参加工伤保险暂行办法》,规定用人单位可对在校实习生缴纳工伤保险,享受相关工伤待遇。另外,浙江等省也建立实习生工伤保险,具体参保人员范围及缴费规定详见后述章节。

### (二)工伤申报

1. 工伤申报全流程

劳动者工伤发生后,到社会保险行政部门备案;按规定提交材料进行认定;属于工伤的,工伤职工停工留薪期未满,但经工伤医疗服务协议机构证明工伤治愈的,停工留薪期终止;停工留薪期期满未结束治疗,申请延长停工留薪期;劳动能力鉴定;恢复工作、调整岗位或退出工作岗位、解除或终止劳动合同。

2. 工伤申报主体

根据《工伤保险条例》第17条规定,工伤申报的第一责任人为用人单位;第二申报主体为工伤职工或者其近亲属,一般情况下,近亲属包括第一顺位继承人和第二顺位继承人;第三申报主体是单位工会组织。

3. 工伤申报地点

《工伤保险条例》第17条第1款规定,职工发生事故伤害或者按照职业病防治法规定被诊断、鉴定为职业病,所在单位应当自事故伤害发生之日或者被诊断、鉴定为职业病之日起30日内,向统筹地区社会保险行政部门提出工伤认定申请。

根据规定,已参保的,即便劳动合同履行地在异地,也均向参保地区申报工伤认定,劳动者向异地申报工伤认定的,用人单位可向异地人社部门申请撤销;如果用人单位未参保,劳动者可向合同履行地或实际工伤发生地申报工伤认定。

4. 工伤申报时间

(1)正常工伤申报时间:《工伤保险条例》第17条规定,职工发生事故伤害或者按照职业病防治法规定被诊断、鉴定为职业病,所在单位应当自事故伤害发生之日或者被诊断、鉴定为职业病之日起30日内,向统筹地区社会保险行政部门提出工伤认定申请。

用人单位未按前款规定提出工伤认定申请的,工伤职工或者其近亲属、工会组织在事故伤害发生之日或者被诊断、鉴定为职业病之日起1年内,可以直接向用人单位所在地统筹地区社会保险行政部门提出工伤认定申请。

(2)超期申报规定:《最高人民法院关于审理工伤保险行政案件若干问题的规定》(法释〔2014〕9号)第7条规定,由于不属于职工或者其近亲属自身原因超过工伤认定申请期限的，被耽误的时间不计算在工伤认定申请期限内。

有下列情形之一耽误申请时间的，应当认定为不属于职工或者其近亲属自身原因：①不可抗力；②人身自由受到限制；③属于用人单位原因；④社会保险行政部门登记制度不完善；⑤当事人对是否存在劳动关系申请仲裁、提起民事诉讼。

(3)申报适用时效中止规定：《人力资源社会保障部关于执行〈工伤保险条例〉若干问题的意见(二)》(人社部发〔2016〕29号)第8条规定，有下列情形之一的，被延误的时间不计算在工伤认定申请时限内：受不可抗力影响的；职工由于被国家机关依法采取强制措施等人身自由受到限制不能申请工伤认定的；申请人正式提交了工伤认定申请，但因社会保险机构未登记或者材料遗失等原因造成申请超时限的；确定劳动关系的仲裁和诉讼时间；其他符合法律法规规定的情形。

(4)工伤申报时限总结：

24小时——职工受伤24小时以内备案。

48小时——突发疾病经抢救无效48小时内死亡。

30日——职工受伤后30日内提交申报材料(单位)。

1年——职工受伤后1年内提交申报材料(工伤职工或其近亲属或工会)。

1年(加延长期1年)——停工留薪期时限。

时效中止——非职工或近亲属原因的时效中止。

(5)用人单位未在规定时间申报工伤的责任承担。

《工伤保险条例》第17条第4项规定，用人单位未在本条第1款规定的时限内提交工伤认定申请，在此期间发生符合本条例规定的工伤待遇等有关费用由该用人单位负担。

### (三)可认定工伤的情形

1. 可认定工伤的一般情形

根据《工伤保险条例》第14条的规定，职工有下列情形之一的，应当认定为工伤：

(1)在工作时间和工作场所内，因工作原因受到事故伤害的；

(2)工作时间前后在工作场所内，从事与工作有关的预备性或者收尾性工作受到事故伤害的；

(3)在工作时间和工作场所内，因履行工作职责受到暴力等意外伤害的；

(4)患职业病的；

(5)因工外出期间，由于工作原因受到伤害或者发生事故下落不明的；

(6)在上下班途中，受到非本人主要责任的交通事故或者城市轨道交通、客运

轮渡、火车事故伤害的;

(7)法律、行政法规规定应当认定为工伤的其他情形。

2. 下列时间与工伤认定的区别联系

午休在单位食堂用餐的时间:非上班时间,但可认定工伤。

孕妇哺乳的往返途中时间:是上班时间,可认定工伤。

工作前后必要的准备和收尾工作:非上班时间,但可认定工伤。

上下班途中:非上班时间,但可认定工伤。

周末参加与工作有直接联系并有法定义务性质的职业培训和教育时间:是上班时间,可认定工伤。

周末参加单位组织安排的安全培训会议、与业务无直接关联的教育学习时间:非上班时间,但可认定工伤。

出差途中:非上班时间,但可认定工伤。

以上是否上班时间的主要判断依据是应否发放工资,是否认定工伤的判断依据是与工作是否有关联性。

如《四川省工伤保险条例》第 21 条规定,有下列情形之一的,视为因工作原因受到事故伤害:职工在连续工作过程中和工作场所内,因工间就餐、休息、如厕等必要的生活、生理活动时受到事故伤害的。

3. 无法证明受伤原因的工伤认定

《最高人民法院关于审理工伤保险行政案件若干问题的规定》(法释〔2014〕9 号)第 4 条规定,社会保险行政部门认定下列情形为工伤的,人民法院应予支持:职工在工作时间和工作场所内受到伤害,用人单位或者社会保险行政部门没有证据证明是非工作原因导致的。

根据此规定,职工在工作时间和工作场所内受伤,但无法证明受伤原因的,实行举证责任倒置,由用人单位举证,举证不能,则认定为工伤。

4. 工作场所定义的外延

工作场所并非仅限于岗位,也非限于厂区,应根据工作的需要而往外延伸。根据《最高人民法院关于审理工伤保险行政案件若干问题的规定》(法释〔2014〕9 号)第 4 条的规定,社会保险行政部门认定下列情形为工伤的,人民法院应予支持:

(1)职工在工作时间和工作场所内受到伤害,用人单位或者社会保险行政部门没有证据证明是非工作原因导致的;

(2)职工参加用人单位组织或者受用人单位指派参加其他单位组织的活动受到伤害的;

(3)在工作时间内,职工来往于多个与其工作职责相关的工作场所之间的合理区域因工受到伤害的;

(4)其他与履行工作职责相关,在工作时间及合理区域内受到伤害的。

地方性规定中,也有类似规定:

2005年《天津市高级人民法院关于审理工伤认定行政案件若干问题座谈会纪要》第11条规定,对于劳动保障行政部门依据《工伤保险条例》第14条第1项、第2项、第3项作出的工伤认定,人民法院应当根据以下原则审查:

对于事故伤害发生的工作场所的认定,一般应从职工的工作职责、工作性质、工作需要、工作纪律等方面综合考虑,凡与职工工作职责相关的区域以及自然延伸的合理区域均应视为工作场所。

5. 因公外出的工伤认定

(1)因公外出履职的工伤认定:《最高人民法院关于审理工伤保险行政案件若干问题的规定》(法释〔2014〕9号)第5条规定,社会保险行政部门认定下列情形为"因工外出期间"的,人民法院应予支持:

①职工受用人单位指派或者因工作需要在工作场所以外从事与工作职责有关的活动期间;

②职工受用人单位指派外出学习或者开会期间;

③职工因工作需要的其他外出活动期间。

(2)因公外出从事个人活动工伤认定

《最高人民法院关于审理工伤保险行政案件若干问题的规定》(法释〔2014〕9号)第5条第2款规定,职工因工外出期间从事与工作或者受用人单位指派外出学习、开会无关的个人活动受到伤害,社会保险行政部门不认定为工伤的,人民法院应予支持。

(3)因公外出死因不明工伤认定

2011年《最高人民法院关于职工因公外出期间死因不明应否认定工伤的答复》规定,职工因公外出期间死因不明,用人单位或者社会保障部门提供的证据不能排除非工作原因导致死亡的,应当依据《工伤保险条例》第14条第5项和第19条第2款的规定,认定为工伤。

(4)因公外出在休息时受他人伤害的工伤认定

2007年《最高人民法院行政审判庭关于职工外出学习休息期间受到他人伤害应否认定为工伤问题的答复》规定,原则同意你院(注:辽宁省高级人民法院)审判委员会倾向性意见,即职工受单位指派外出学习期间,在学习单位安排的休息场所休息时受到他人伤害的,应当认定为工伤。

6. 因履行职责与外部人员打架斗殴受伤的工伤认定

打架斗殴非倡导行为,且后果严重的将受到治安处罚,甚至承担刑事责任。但为履行职责产生矛盾继而形成打架斗殴,是否可认定工伤,上海相关规定值得借鉴。

2010 年《上海市高级人民法院行政审判庭关于工伤认定行政案件法律适用若干问题的解答(一)》第 2 条规定,关于"因履行工作职责受到暴力等意外伤害"的工伤认定问题。职工因工作引发的争执、推搡、打架等导致受伤的,在适用《工伤保险条例》第 14 条第 3 项的规定时,行政机关若已考虑以下三类因素,可以认定其法律适用的合法性:第一,职工之间发生的纠纷是否因工作原因引起;第二,受伤职工在纠纷过程中的行为是否与履行工作职责相匹配,有无明显的过当行为或者明显的过错;第三,纠纷是否发生在工作时间和工作场所内。

7. 上下班途中涉及的工伤认定

(1)上下班途中的法律规定

《最高人民法院关于审理工伤保险行政案件若干问题的规定》(法释〔2014〕9 号)第 6 条规定,对社会保险行政部门认定下列情形为"上下班途中"的,人民法院应予支持:

①在合理时间内往返于工作地与住所地、经常居住地、单位宿舍的合理路线的上下班途中;

②在合理时间内往返于工作地与配偶、父母、子女居住地的合理路线的上下班途中;

③从事属于日常工作生活所需要的活动,且在合理时间和合理路线的上下班途中;

④在合理时间内其他合理路线的上下班途中。

(2)交通事故及车辆的定义

《人力资源和社会保障部办公厅关于工伤保险有关规定处理意见的函》(人社厅函〔2011〕339 号)规定,"交通事故"是指《道路交通安全法》第 119 条规定的车辆在道路上因过错或者意外造成的人身伤亡或者财产损失事件。"车辆"是指机动车和非机动车;"道路"是指公路、城市道路和虽在单位管辖范围但允许社会机动车通行的地方,包括广场、公共停车场等用于公众通行的场所。

2010 年 12 月我国修订《工伤保险条例》后,未再出现"上下班途中受到机动车事故伤害"的相关表述。因此,骑电动车、自行车上下班发生交通事故伤害的,均可能被认定为工伤。

(3)上下班途中受到电动车或助动车事故伤害的工伤认定

2010年《上海市高级人民法院行政审判庭关于工伤认定行政案件法律适用若干问题的解答(一)》规定,对于职工在上下班途中受到电动车或助动车事故伤害的,可按以下三类情形区别处理:

①对于受到未经改装的电动车或助动车事故伤害的,行政机关以该电动车或助动车的车辆登记性质为依据判断该车辆是否为机动车,应认定其法律适用的合法性。

②对于受到经改装的电动车或助动车事故伤害的,但未经过公安交通管理部门事故处理,若车辆尚存在,行政机关以相关技术鉴定部门对车辆结论以及公安交通管理部门出具的意见为依据,判断是否属于机动车的,应认定其法律适用的合法性;若车辆已无法鉴定,行政机关以该车辆的原始登记性质作出机动车或非机动车认定,且无其他证据证明车辆性质的,一般不宜确认其法律适用违法。

(4)上下班途中受到机动车事故以外事故伤害的工伤认定

《河北省高级人民法院关于我省劳动争议案件若干疑难问题处理的参考意见》第17规定,劳动者在上下班途中受到机动车事故以外的伤害,如受到歹徒袭击、遭遇自然灾害、制止他人犯罪等,只要不是由于劳动者的故意造成的,应按工伤对待。

(5)职工无证驾驶上下班发生交通事故工伤认定

《最高人民法院行政审判庭关于职工无照驾驶无证车辆在上班途中受到机动车伤害死亡能否认定工伤请示的答复》(〔2011〕行他字第50号)规定,在《工伤保险条例(修订)》施行前(2011年1月1日前),工伤保险部门对职工无照或者无证驾驶车辆在上班途中受到机动车伤害死亡,不认定为工伤的,不宜认为适用法律、法规错误。

根据此答复,2011年1月1日《工伤保险条例》修订实施后,无证或者无照驾驶车辆在上下班途中受到伤害的,应认定为工伤。

(6)职工迟到、早退、未请假回家等违反企业规定上下班工伤认定

2005年国务院法制办对《关于职工违反企业内部规定在下班途中受到机动车伤害能否认定为工伤的请示》的复函中规定,职工所受伤害只要符合《工伤保险条例》第14条第6项规定的"上下班途中,受到机动车事故伤害的"规定,就应当认定为工伤。

对于不得认定为工伤或者视同工伤的情形,《工伤保险条例》以列举的方式予以排除:"故意犯罪的;醉酒或者吸毒的;自残或者自杀的。"不属于此三种排除情形

的，甚至在工作中无证据证明劳动者故意造成伤残的，均符合工伤认定。

劳动者违反企业规章制度不是否认工伤认定的理由，企业可按规章制度对未请假等行为予以规范管理，但上下班途中发生交通事故受到伤害的，仍可认定为工伤。

如果劳动者擅自外出、办私事等非上下班途中发生交通事故的，一般不能认定为工伤。如(2016)粤申 949 号、(2016)浙行申 455 号等判例，因本书篇幅所限，读者可自行查阅。

(7)城际交通是否属于上下班途中的工伤认定

最高人民法院公报案例 2022 年第 5 期——(2019)渝 01 行终 310 号行政判决书：王某国诉重庆市万州区人力资源和社会保障局工伤认定及重庆市人力资源和社会保障局行政复议案。该案裁判要旨：职工的家庭住所地与工作地相隔两城，法定节假日或约定休息日期间，职工为上下班在合理时间内跨越城际往返于两地的合理路线，应当认定为《工伤保险条例》第 14 条第 6 项规定的“上下班途中”。

此公报案例对于工作地与住所地不在同一城市的远距离上下班认定工伤具有指导意义。

(8)劳动者解除或终止劳动关系最后一日发生工伤的认定

劳动合同可以约定生效及截止时间，未约定的，以当事人签字当日生效，以劳动合同终止或解除最后一日的 24 时截止。故在解除或终止劳动合同时，应写明具体离职时间，如某年某日 17 时等，避免无约定时间解除或终止劳动合同，以规避劳动者下班途中发生非本人主要责任以上交通事故从而认定工伤的情形。

《关于实行劳动合同制度若干问题的通知》(劳部发〔1996〕354 号)第 5 条规定，劳动合同可以规定合同的生效时间。没有规定劳动合同生效时间的，当事人签字之日即视为该劳动合同生效时间。劳动合同的终止时间，应当以劳动合同期限最后一日的 24 时为准。

### (四)视同工伤认定的情形

1. 视同工伤认定的基本规定

《工伤保险条例》第 15 条规定，职工有下列情形之一的，视同工伤：

(1)在工作时间和工作岗位，突发疾病死亡或者在 48 小时之内经抢救无效死亡的；

(2)在抢险救灾等维护国家利益、公共利益活动中受到伤害的；

(3)职工原在军队服役，因战、因工负伤致残，已取得革命伤残军人证，到用人单位后旧伤复发的。

职工有前款第1项、第2项情形的，按照本条例的有关规定享受工伤保险待遇；职工有前款第3项情形的，按照本条例的有关规定享受除一次性伤残补助金以外的工伤保险待遇。

因2020年新冠疫情的发生，多个地区新增突发公共卫生事件中工伤的认定情形。如《四川省工伤保险条例》第21条规定，有下列情形之一的，视为因工作原因受到事故伤害：……职工由用人单位指派前往依法宣布为疫区的地方工作而感染该传染病的；在传染病疫情和突发公共卫生事件中的预防、救治等工作中感染该传染病的。

2.48小时的延伸解读

《劳动和社会保障部关于实施〈工伤保险条例〉若干问题的意见》（劳社部函〔2004〕256号）第3条规定，条例第15条规定"职工在工作时间和工作岗位，突发疾病死亡或者在48小时之内经抢救无效死亡的，视同工伤"。这里"突发疾病"包括各类疾病。"48小时"的起算时间，以医疗机构的初次诊断时间作为突发疾病的起算时间。

该规定中"以医疗机构的初次诊断时间作为突发疾病的起算时间"，在司法适用中有不少的争议点，某些疾病并非一发作即惊天动地，职工体感不适，就请假回家休息，但后续病情加重，甚至来不及去医院就已经身亡，或者去医院误诊回家，后经医疗机构救治身亡但已超过48小时，这些都给职工工伤认定造成很多困扰。

对48小时内死亡的工伤认定理解，笔者根据个人实践经验总结如下：初次误诊，若回家，算；能抢救但家属放弃，不算；因风俗即将死亡时拉回家在车内死亡，若私车拉，不算；若救护车拉，算；若已拉回家，均不算；降低医院级别就近转运就医，一般认定算。以上仅代表个人观点，仅供参考。

3.不在工作地点但在工作时间工作原因工伤认定的延伸解读

疫情居家办公的，算；因任务重时间紧回家赶工加班，有确切证明在工作的，算；长时间劳动但中途在单位宿舍间歇休息的，一般认定算。

4.低温雨雪冰冻灾害期间，临时雇用劳动者受伤的工伤认定

《最高人民法院关于审理与低温雨雪冰冻灾害有关的行政案件若干问题座谈会纪要》（法〔2008〕139号）规定，用人单位为维护国家利益和公共利益的需要，在恢复交通、通信、供电、供水、排水、供气、道路抢修、保障食品、饮用水、燃料等基本生活必需品的供应、组织营救和救治受害人员等过程中，临时雇用劳动者受到伤害的，可视为工伤，参照《工伤保险条例》的规定进行处理。该规定对特殊状况下工作

时间上下班路线等均作了宽泛的解释。

### (五)不能认定工伤的情形

1. 不能认定工伤的情形

不属于认定工伤和视同工伤情形的或者虽属于认定工伤或视同工伤情形,但有《社会保险法》第37条规定,职工因下列情形之一导致本人在工作中伤亡的,不认定为工伤:(1)故意犯罪;(2)醉酒或者吸毒;(3)自残或者自杀;(4)法律、行政法规规定的其他情形。

2. 关于醉酒的工伤认定

在现实工作中,经常发生职工酒后上班发生事故,或者因工作关系应酬喝酒发生意外,喝酒与工伤认定并非完全排斥关系,醉酒以血液中的酒精含量超过80mg/100ml为标准。《实施〈中华人民共和国社会保险法〉若干规定》(人社部令第13号)第10条规定,醉酒标准按照《车辆驾驶人员血液、呼气酒精含量阈值与检验》(GB19522—2004)执行。公安机关交通管理部门、医疗机构等有关单位依法出具的检测结论、诊断证明等材料,可以作为认定醉酒的依据。

关于醉酒的相关规定中,重庆在上班饮酒上从严把控,只要工作中甚至工作前饮酒发生事故的,均视为醉酒。2005年《重庆市高级人民法院关于审理工伤行政诉讼案件若干问题的暂行规定》第13条规定,职工在工作中或工作前饮用酒类食品,工作中受酒精作用影响,行为处于非正常状态,由于本人的行为造成伤亡的,可视为醉酒,用人单位不承担工伤赔偿责任。

### (六)超龄人员及实习生工伤保险

近年,各地陆续出台超龄人员及实习生工伤保险缴费政策,下面以四川和浙江为例,比较人员范围和缴费差异。

1. 四川规定

四川省《超龄等从业人员参加工伤保险暂行办法》(2021年11月1日生效,有效期2年)第2条规定,本办法所称的超龄等从业人员是指在我省行政区域内从业,但不属于《劳动合同法》规定应当建立劳动关系、订立劳动合同的下列人员:

(1)已经达到或者超过法定退休年龄但年龄在65周岁及以下,且未依法享受职工基本养老保险待遇的从业人员;

(2)由学校统一组织、实习单位按规定支付劳动报酬的年满16周岁的参加实习工作的在校学生;

(3)在毕业实习期间的医学生和在住院医师等规范化培训期间的医学在读研究生；

(4)参加住院医师等规范化培训的社会学员；

(5)在见习基地参加就业见习的人员；

(6)按照国家和省有关规定选聘到基层从事专职工作的志愿者和高校毕业生。

第3条规定，超龄等从业人员可由所在用工单位、实习单位、培训基地及协同单位、见习基地、服务单位等（以下统称从业单位）为其参加工伤保险并缴纳工伤保险费，个人不缴纳工伤保险费。

第4条第2款规定，从业单位以上年度全省城镇全部单位就业人员月平均工资的60%作为缴费基数，以本单位其他人员参加工伤保险的费率标准作为缴费费率，为超龄等从业人员缴纳工伤保险费。

2. 浙江规定

《浙江省人力资源和社会保障厅等3部门关于试行职业技工等学校学生在实习期间和已超过法定退休年龄人员在继续就业期间参加工伤保险工作的指导意见》（浙人社发〔2018〕85号）规定，(1)合理确定参保范围。纳入试行参保的实习生暂限于由职业技工院校集中统一安排的学期性实习学生，且年龄不小于16周岁；纳入试行参保的超龄就业人员暂限于未享受机关事业单位或城镇职工基本养老保险待遇人员，且男性不超过65周岁，女性不超过60周岁。各地可同时开展实习生和超龄就业人员试行参保，也可选择其中之一先行试行参保。各地应为要求参加试行参保的用人（实习）单位和实习生、超龄就业人员开辟工伤保险单险种参保途径。(2)合理确定缴费标准。实习生和超龄就业人员难以确定劳动报酬的，其月缴费基数可按全省上年度职工月平均工资计算，其缴费费率统一按所在用人（实习）单位的费率标准执行。

两个省份规定中，实习生范围四川省比较宽松，涵盖人员较广，而浙江省仅限于职业技工院校学生；超龄人员中，四川省也比浙江省广泛，未分男女年龄限定为65周岁，浙江省男限65周岁，女限60周岁；缴费基数四川省以上年度全省城镇全部单位就业人员月平均工资的60%计算，而浙江省按全省上年度职工月平均工资计算。

在实操中应注意各地区超龄和实习生人员类别和缴费基数的差异化。

值得注意的是，已经达到或者超过法定退休年龄、年龄在65周岁及以下，但已依法享受职工基本养老保险待遇的退休返聘类人员，无法参加此类工伤保险，用人单位只能购买雇主责任险等其他商业保险。

### (七)工伤认定示例分析

1. 小伍是推销员,日常工作就是在外推销,某日在工作过程中打电话给主管,说要去机场接父母,后发生车祸,小伍要求认定工伤。

接父母属私事,可不予认定工伤,但看公司能否出示接父母的证据,或小伍承认接父母的事实,否则属工伤。

2. 刘某为某汽修公司维修工人,上班过程中去库房取件路上被狗咬伤双脚。刘某要求认定工伤。

在工作时间和工作场所内,因履行工作职责受到暴力等意外伤害的,属工伤。

3. 陈某为医药公司销售代表,某日晚,受公司领导指派陪客户吃饭洽谈并饮酒。席间陈某起身向客户敬酒,却突然倒地不起。在场人员立即拨打了"120"急救电话,急救人员赶到现场后经抢救确定陈某已经死亡。陪客户喝酒突发疾病死亡,陈某家属申请认定工亡。

销售代表一般实行不定时工作制,即便是每天 8 小时标准工时制,陈某受指派陪客户洽谈吃饭,属加班,应算作工作时间,工作场所应延伸理解,也因工作原因饮酒突发疾病。从这些因素看可作工伤认定,但最为关键的因素要看陈某是否达到醉酒程度,醉酒不属于工伤,未达到醉酒程度,可作工伤认定。

4. 周某参加公司聚会,醉酒步行回家途中,发生交通事故被撞,对方全责,周某申请认定工伤。

根据《工伤保险条例》第 16 条第 2 项的规定,醉酒的不得认定为工伤或者视同工伤。但本例中周某被撞与是否饮酒不存在因果关系,可认定为工伤。

5. 某公司程序员夏某某因公到某市出差期间,夜晚在酒店休息时突发心梗,抢救时发现夏某某有既往病史,从发病到经抢救无效死亡不到 30 分钟。夏某某家属要求工伤认定。

目前对因公外出休息相关的工伤认定仅限于两种情况:一是因公外出在休息时受他人伤害的,二是发生事故下落不明的,其他情况没有相关规定可予工伤认定。故夏某某因公外出休息时突发疾病死亡,不属工伤。

6. 上下班途中的工伤认定。

小王的姑妈病了,因为姑妈家与单位地不在一个方向,小王想赶在上班前去看看姑妈,因此第二天她特意早起,比平时早一小时出家门,结果在离姑妈家不到 500 米的地方不幸遭遇交通事故,对方主责,小王申请工伤认定。

小王不能认定为工伤,因为其看姑妈的时间虽然可算合理的时间,但其路线不是上下班合理的路线。

7. 苏某某在单位年会庆典“滚雪球”比赛环节中受伤，左小脚粉碎性骨折，治疗花费3万余元，苏某某申请工伤认定。

苏某某情形符合《国务院法制办对〈关于职工参加单位组织的体育活动受到伤害能否认定为工伤问题的请示〉的复函》（国法秘函〔2005〕311号）规定，作为单位的工作安排，职工参加集体活动而受到伤害的，应当依照《工伤保险条例》第14条第1项中关于“因工作原因受到事故伤害的”的规定，认定为工伤。

8. 彭某某突发疾病，当天医院监测脑死亡，多日后宣布临床死亡，彭某某家属申请工伤认定。

关于“脑死亡”，我国没有立法层面的相关规定，实践中仍采取“心肺死亡”标准，但司法实践中有法院判决支持“脑死亡”的案例。“脑死亡”的临床表现为尽管患者可能还有呼吸、心跳，但其各种组织和器官不可逆转走向死亡。目前世界上已有近100个国家在立法上采纳了“脑死亡”标准。我国因医学伦理和传统观念等因素影响，人们普遍难以接受。“当真正面临选择时，放弃治疗，太不人道，但是能够认定为工伤；继续抢救，大概率抢救无效，无法认定工伤”这种悖论时常让人陷于痛苦抉择。但我们认为工伤保险的立法宗旨是“保护劳动者权益，分散用人单位的工伤风险”，在死亡认定上力争采用对劳动者及其家属更有利的认定方式较为合理。

9. 甲某在A工厂上班，已达到退休年龄但因缴费年限不足未享受养老保险待遇，继续留任从事设备维修工作，在工作中甲出现事故造成腿部骨折，甲某申请工伤认定。

该情形属于《人力资源社会保障部关于执行〈工伤保险条例〉若干问题的意见（二）》（人社部发〔2016〕29号）第2条第1款规定，达到或超过法定退休年龄，但未办理退休手续或者未依法享受城镇职工基本养老保险待遇，继续在原用人单位工作期间受到事故伤害或患职业病的，用人单位依法承担工伤保险责任。

10. 乙某在B工厂上班，已办理退休手续且享受养老保险待遇，工厂也停止其社会保险缴纳，继续留任从事设备维修工作，在工作中乙出现事故造成腿部骨折，乙某申请工伤认定。

该情形不属于《人力资源社会保障部关于执行〈工伤保险条例〉若干问题的意见（二）》（人社部发〔2016〕29号）第2条第2款规定，用人单位招用已经达到、超过法定退休年龄或已经领取城镇职工基本养老保险待遇的人员，在用工期间因工作原因受到事故伤害或患职业病的，如招用单位已按项目参保等方式为其缴纳工伤保险费的,应适用《工伤保险条例》。

已领取养老保险待遇继续留任,但单位未为其缴纳工伤保险费的,不适用《工伤保险条例》。乙某可申请人身损害赔偿,按单位与个人责任进行责任分担。

11. 丙某已达到退休年龄(非农民工),未领取养老保险待遇,被B工厂终止劳动关系,后应聘到C工厂继续从事设备维修工作,在下班途中出现交通事故造成腿部骨折,丙某申请工伤认定。

丙某情形不属于《工伤保险条例》及人社部发〔2016〕29号有关工伤认定范围,不能认定为工伤。一般情况下,丙某只能根据交通事故责任认定,由肇事方承担相应赔偿责任。

### (八)工伤保险待遇

1. 工伤的工资及医疗待遇

《工伤保险条例》第30条第1款规定,职工因工作遭受事故伤害或者患职业病进行治疗,享受工伤医疗待遇。

第33条第1款规定,职工因工作遭受事故伤害或者患职业病需要暂停工作接受工伤医疗的,在停工留薪期内,原工资福利待遇不变,由所在单位按月支付。

即停工留薪期内原工资标准不变。期满仍需治疗的,按病假工资待遇,但不计算医疗期。治疗结束按评级情况分别处理:1~4级退岗领津贴;5~6级适当安排工作,不能安排按月领津贴,合同期满不得终止合同;7~10级,单位安排工作,合同期满单位可终止合同。5~10级劳动者随时可要求解除劳动合同,领取相关工伤津贴待遇。

2. 停工留薪期

《工伤保险条例》第33条第2款规定,停工留薪期一般不超过12个月。伤情严重或者情况特殊,经设区的市级劳动能力鉴定委员会确认,可以适当延长,但延长不得超过12个月。工伤职工评定伤残等级后,停发原待遇,按照有关规定享受伤残待遇。工伤职工在停工留薪期满后仍需治疗的,继续享受工伤医疗待遇。(编者注:该工伤医疗待遇仅限病假医疗待遇)

重庆市对超过停工留薪期仍需治疗的,给出了较为明确的处理方案:《重庆市第五中级人民法院关于当前审理劳动争议案件若干实务问题座谈纪要》第32条规定,劳动者接受工伤医疗的医疗期超过停工留薪目录规定的期间的,应由参保的劳动能力鉴定委员会确认。未经确认延长的,超过停工留薪期的医疗期间可以按照因病医疗期内的病假工资标准享受医疗待遇。

3. 社会保险基金承担待遇项目

(1)工伤保险基金承担工伤待遇的基本规定

《社会保险法》第38条规定，因工伤发生的下列费用，按照国家规定从工伤保险基金中支付：

①治疗工伤的医疗费用和康复费用；

②住院伙食补助费；

③到统筹地区以外就医的交通食宿费；

④安装配置伤残辅助器具所需费用；

⑤生活不能自理的，经劳动能力鉴定委员会确认的生活护理费；

⑥一次性伤残补助金和一至四级伤残职工按月领取的伤残津贴；

⑦终止或者解除劳动合同时，应当享受的一次性医疗补助金；

⑧因工死亡的，其遗属领取的丧葬补助金、供养亲属抚恤金和因工死亡补助金；

⑨劳动能力鉴定费。

(2)评残职工达到退休年龄终止劳动关系未领取养老保险待遇的一次性医疗补助金问题

关于工伤伤残职工达到法定退休年龄的，劳动合同终止时，养老保险缴费不足15年的，无法领取养老保险待遇，是否可以享受一次性医疗补助金。目前各地鲜有相关规定，在遇到类似情况时，请咨询当地工伤保险部门予以落实。

(3)工伤超标费用的处理

在工伤职工医治过程中，在抢救时或其他特需情况中会发生超出医疗基金报销目录的用药情况，而根据《工伤保险条例》第30条第3款的规定，治疗工伤所需费用符合工伤保险诊疗项目目录、工伤保险药品目录、工伤保险住院服务标准的，从工伤保险基金支付。

工伤诊疗目录在国家更改之前是硬性规定不得超出，那超出的医疗费由谁承担的问题就摆在了用人单位和工伤职工的面前。

目前工伤中职工的医疗费不符合医疗基金报销目录的处理，各地不一，一般由劳动者个人承担。厦门：治疗工伤确需使用三项目录以外的药品和诊疗项目，协议医疗机构应当书面告知用人单位和工伤职工并征得同意，有关费用由用人单位和工伤职工协商承担，工伤保险基金不予支付。但对急救等作了特殊规定，三项目录内的药品和诊疗项目无法满足工伤职工急救、抢救需要的，可以使用三项目录以外的药品和诊疗项目，有关费用经经办机构核定后，由工伤保险基金支付。浙江：原则上不应由用人单位承担,但超出目录范围的费用经用人单位同意或者认可的除外。无锡:超出目录和标准范围,且属于抢救垂危患者生命而采取紧急医学措施的,由工伤保险基金支付50%。四川:不符合规定的费用不得从工伤保险基金中支付,急诊、抢救的医疗费用除外。

另外,从我国工伤立法历史沿革来看,1953年《劳动保险条例》第12条规定,职工因工负伤,全部治疗费、药费、住院费、住院时的膳食费与就医路费,均由企业行政方面或资方承担。1996年《企业职工工伤保险试行办法》第17条第2款也规定,工伤职工治疗工伤或职业病所需的挂号费、住院费、医疗费、药费、就医路费全额报销。这些全额报销的规定目前虽已失效,但其立法基本精神与现行《工伤保险条例》一脉相承。

工伤和职业病对劳动者造成肉体上的伤痛,还有巨大的精神痛苦,甚至给家庭带来悲剧。如遇到数额巨大的超出医疗基金报销目录的医疗费或者护理费,工伤职工及家庭是无法承受的,而生命权大于一切,故笔者倾向由用人单位承担超标费用,法律工作者应在实务中据理力争,为工伤职工和职业病患者争取最大利益。

4. 用人单位承担的待遇项目

(1)用人单位承担工伤待遇的基本规定

《社会保险法》第39条规定,因工伤发生的下列费用,按照国家规定由用人单位支付:①工伤治疗期间的工资福利;②五级、六级伤残职工按月领取的伤残津贴;③终止或者解除劳动合同时,应当享受的一次性伤残就业补助金。

(2)关于"生活护理费"的分段承担

《工伤保险条例》第33条第3款规定,生活不能自理的工伤职工在停工留薪期需要护理的,由所在单位负责。(劳动能力鉴定评残前)

第34条规定,工伤职工已经评定伤残等级并经劳动能力鉴定委员会确认需要生活护理的,从工伤保险基金按月支付生活护理费。(劳动能力鉴定评残后)

生活护理费按照生活完全不能自理、生活大部分不能自理或者生活部分不能自理3个不同等级支付,其标准分别为统筹地区上年度职工月平均工资的50%、40%或者30%。

5. 用人单位未按规定申请工伤认定或未缴纳工伤保险损失问题

用人单位未按规定申请工伤认定的,承担单位应承担的工资福利等待遇,还应承担本应由工伤保险基金承担的医疗费等其他费用。

《工伤保险条例》第17条规定,职工发生事故伤害或者按照职业病防治法规定被诊断、鉴定为职业病,所在单位应当自事故伤害发生之日或者被诊断、鉴定为职业病之日起30日内，向统筹地区社会保险行政部门提出工伤认定申请。

用人单位未在本条第1款规定的时限内提交工伤认定申请，在此期间发生符合本条例规定的工伤待遇等有关费用由该用人单位负担。

用人单位未依法缴纳社会保险及工伤保险的，承担工伤保险责任。

《社会保险法》第41条规定，职工所在用人单位未依法缴纳工伤保险费，发生工伤事故的，由用人单位支付工伤保险待遇。用人单位不支付的，从工伤保险基金中先行支付。

从工伤保险基金中先行支付的工伤保险待遇应当由用人单位偿还。用人单位不偿还的，社会保险经办机构可以依照本法第63条的规定追偿。（申请人民法院扣押、查封、拍卖其价值相当于应当缴纳社会保险费的财产，以拍卖所得抵缴社会保险费）

案例分析：未缴工伤保险的案例分析，我们仍以陈某义劳动纠纷案进行分析。（参见前述第二章劳动关系内部控制中“劳动关系认定案例分析”）

（2020）苏0583民初5819号判例基本案情：2017年11月21日，劳动者陈某义入职单位第一天上班途中发生交通事故，双方未签订书面劳动合同，单位未为劳动者缴纳社会保险费。劳动者在上班途中受到非本人主要责任的交通事故伤害，于2018年12月1日经昆山市劳动人力资源和社会保障局认定为工伤，于2019年9月11日经苏州市劳动能力鉴定委员会鉴定为9级伤残。陈某义诉请一次性伤残补助金等工伤待遇损失。

判决要旨：劳动者受伤前，单位未为劳动者缴纳社会保险，劳动者发生工伤的，相应的工伤保险待遇，包括一次性伤残补助金、一次性工伤医疗补助金、一次性伤残就业补助金，应当由单位承担给付责任。判决用人单位一次性伤残补助金35,942.40元、一次性医疗补助金50,000元、一次性伤残就业补助金25,000元，合计110,942.40元。

案例分析：劳动者上班，即便还未来得及提供劳动，但认定为劳动关系的，用人单位依法承担工伤保险缴纳义务，未为劳动者缴纳工伤保险，劳动者发生工伤事故受到伤害的，用人单位承担相应工伤保险责任。笔者建议，用人单位在办理劳动者入职时，及时申报社会保险，履行社会保险费用缴纳义务，一旦发生工伤事故，可减轻单位相关费用支出。

6. 用人单位缴费基数不足导致职工工伤待遇损失问题

用人单位低于职工正常工资标准基数缴纳工伤保险的，导致劳动者领取工伤津贴等受损的，目前多地均规定由用人单位承担赔偿责任。

《四川省工伤保险条例》第 42 条规定,用人单位未足额缴纳工伤保险费造成工伤职工工伤保险待遇降低的,由用人单位承担待遇补差责任。

2020 年《甘肃省劳动人事争议仲裁与诉讼衔接座谈会会议纪要》第 36 条规定,实际发放工资高于工伤缴费工资的,按实际发放工资计算。用人单位没有按劳动者实际工资缴纳工伤保险费由此给受工伤劳动者造成损失的应由用人单位补足相应工伤待遇差额。

7. 职工发生工伤后再缴纳工伤保险费用的分段承担

《工伤保险条例》第 62 条规定,依照本条例规定应当参加工伤保险而未参加工伤保险的用人单位职工发生工伤的,由该用人单位按照本条例规定的工伤保险待遇项目和标准支付费用。

用人单位参加工伤保险并补缴应当缴纳的工伤保险费、滞纳金后,由工伤保险基金和用人单位依照本条例的规定支付新发生的费用。

《人力资源社会保障部关于执行〈工伤保险条例〉若干问题的意见(二)》(人社部发〔2016〕29 号)第 3 条规定,《工伤保险条例》第 62 条第 3 款规定的"新发生的费用",是指用人单位参加工伤保险前发生工伤的职工,在参加工伤保险后新发生的费用。其中由工伤保险基金支付的费用,按不同情况予以处理:

(1)因工受伤的,支付参保后新发生的工伤医疗费、工伤康复费、住院伙食补助费、统筹地区以外就医交通食宿费、辅助器具配置费、生活护理费、一级至四级伤残职工伤残津贴,以及参保后解除劳动合同时的一次性工伤医疗补助金。(工伤在前,参保在后,由工伤基金支付之后解除合同的一次性工伤医疗补助金)

(2)因工死亡的,支付参保后新发生的符合条件的供养亲属抚恤金。(特别注意,此种情况工伤保险基金并不支付一次性工亡补助金和丧葬补助金,该部分均由用人单位承担)

用人单位已办理工伤保险手续,但欠缴工伤保险费,根据各地区相关规定执行。原则上按未缴工伤保险办理,由用人单位承担补缴之前的所有工伤保险待遇,缴纳之后新发生的费用,由工伤保险基金和用人单位分别支付。

案例分析:发生工伤后,用人单位未为劳动者补缴工伤保险承担工伤保险待遇责任。

我们仍以陈某义劳动纠纷案为例:(2020)苏 05 民终 7878 号基本案情:陈某义入职第一天上班途中发生交通事故,后被认定为工伤,一审判决单位承担一次性伤残补助金等共计 110,942.40 元,单位申请二审。

判决要旨:二审法院认为:陈某义受伤前,单位未为陈某义缴纳社会保险,陈某义发生工伤相应的工伤保险待遇，包括一次性伤残补助金、一次性工伤医疗补助金、一次性伤残就业补助金，应当由用人单位负担。用人单位主张其不应承担一次性伤残补助金、一次性工伤医疗补助金，无事实和法律依据，本院不予支持。

案例分析：在陈某义发生交通事故的第一时间，单位应本着审慎的原则立即为其申报社会保险并缴费，虽然各地规定不一，但一般情况下，双方构成劳动关系的，按正常流程缴纳工伤保险费，其工伤保险自劳动合同成立之日起生效，如是，其后的工伤医疗费、一次性伤残补助金等大部分费用都将由工伤保险基金承担，单位的压力陡减。即便工伤保险未立即生效，单位及时缴纳社会保险后，根据《工伤保险条例》第62条规定的“新发生的费用”也将由工伤保险基金与单位共同分担。则后面判决中的一次性伤残补助金、一次性工伤医疗补助金8万多元也将由工伤保险基金承担，单位仅承担一次性伤残就业补助金25,000元。而本案单位在劳动者发生交通事故后，未积极应对，全额承担此后的工伤保险待遇，教训深刻。

8. 工伤医疗等费垫付问题

《工伤保险条例》第4条第3款规定，职工发生工伤时，用人单位应当采取措施使工伤职工得到及时救治。至于采取什么样的措施，工伤保险规定仅是一个统概性的表述。一般理解，是指及时采取断电、断水、灭火等措施避免职工受到进一步的事故伤害，也指用人单位采取紧急急救措施，让职工伤情得到缓解，也指用人单位应当及时送医院救治。但是否垫付医药费及住院费等，特别是工伤应由工伤保险基金支付的医疗费、护理费等，很少有相关规定。

工伤医治不能直接刷医保卡，一般情况是先行全额垫付。我们在实际案例中经常遇到在谁来垫付费用的问题上发生分歧，特别是单位与职工在是否认定工伤问题认知差异较大时，往往延误工伤职工的及时救治。笔者认为，救治工伤职工是用人单位的责任，也是人道的基本要求，发生工伤事故，用人单位应当承担费用垫付的责任。

但在各地的具体规定上看，差异还是比较大的，下面试举四川省、厦门市与重庆市的规定异同。

四川省规定应由单位先行垫付，《四川省工伤保险条例》第31条规定，职工因工作遭受事故伤害或者患职业病的，用人单位应当采取措施使其得到及时救治并垫付相关费用。

厦门市规定应由单位先行垫付，《厦门市工伤保险待遇管理办法》第7条规定，职工因工作遭受事故伤害或者患职业病的，用人单位应当采取措施使工伤职工得到及时救治，医疗费用由用人单位先行垫付。

重庆市规定不由单位先行垫付,《重庆市高院2014年劳动争议专题例会会议综述》第2条规定,应从工伤保险基金中支出的项目,人民法院能否判决由用人单位支付或者垫付?

与会代表一致认为,建立工伤保险基金的目的是使可能发生于少数人或少数单位、地区的劳动风险,转由多数人、多数单位共同分担,基金调剂使用。用人单位依法缴纳工伤保险费后,劳动者因工作原因并在工作过程中遭受意外伤害或因职业危害引起职业病后,可根据《工伤保险条例》等规定从工伤保险基金中享受工伤保险待遇。工伤保险基金支付的方式有两种:一是由社会保险经办机构直接发放给工伤职工或其近亲属或委托银行、邮局、社区进行社会管理。二是结算支付。法律或行政法规并未规定用人单位负有垫付、支付工伤保险待遇的法定义务,故人民法院不能判决由用人单位垫付、支付应当从工伤保险基金中支出的项目。

根据人力资源和社会保障部《关于印发工伤保险经办规程的通知》(人社部发〔2012〕11号)第80条关于工伤保险待遇支付程序的规定来看,在工伤保险经办机构未按照其程序作出审定结论前,任何人包括人民法院对劳动者工伤保险待遇的范围均无法判断,故参保工伤职工由工伤保险基金支付的待遇不作为劳动争议处理。

该综述第10条第4项规定,用人单位依据《工伤保险条例》第4条第3款的规定,即"职工发生工伤时,用人单位应当采取措施使工伤职工得到及时救治"之规定垫付医疗费、护理费等相关属于工伤保险基金支出项目,以确保职工及时得到救治的,不在此列。

9. 多次发生工伤的待遇领取

《工伤保险条例》第45条规定,职工再次发生工伤,根据规定应当享受伤残津贴的,按照新认定的伤残等级享受伤残津贴待遇。即一次性伤残补助金每发生一次由工伤基金即时结清,多次发生工伤,可重复支付每一次伤残补助金。

《人力资源和社会保障部关于执行〈工伤保险条例〉若干问题的意见》(人社部发〔2013〕34号)第10条规定,职工在同一用人单位连续工作期间多次发生工伤的,符合《工伤保险条例》第36条、第37条规定领取相关待遇时,按照其在同一用人单位发生工伤的最高伤残级别,计发一次性伤残就业补助金和一次性工伤医疗补助金。即劳动者在同一单位发生多次工伤,解除或终止劳动合同时,按最高伤残级别支付,不重复支付。

如果劳动者在前一单位发生工伤,解除或终止劳动合同时领取一次性工伤医疗补助金和一次性伤残就业补助金,再次就业后,又发生新的工伤,再次解除或终止劳动合同时，是否可以再次领取一次性工伤医疗补助金和一次性伤残就业补助金，目前笔者未找到各地相关规定，但根据《工伤保险条例》第45条规定精神和人社部发(2013)34号第10条对同一单位多次发生工伤的排除性规定，笔者认为，在不同单位多次发生工伤时，可以再次领取一次性工伤医疗补助金和一次性伤残就业补助金。

10. 工伤赔付与人身损害赔偿的竞合问题

关于工伤赔付与人身损害赔偿两者兼得还是"差额补齐"问题，2014年前各地规定不一，以下为各地规定列举：

2013年《辽宁省高级人民法院民一庭劳动人事争议及劳务纠纷案件审判问题解答》问题8：处理医疗和工伤等社会保险责任与侵权赔偿责任的竞合，是否仍可沿用"兼得"的思路？辽宁省高级人民法院倾向性意见：除医疗费用以外的其他赔偿项目，仍可继续沿用"兼得"的思路。

《河北省高级人民法院关于我省劳动争议案件若干疑难问题处理的参考意见》第20条规定，因用人单位以外的第三人侵权造成劳动者人身损害的，同时符合工伤条件的，劳动者既可以依据《工伤保险条例》的规定享受工伤保险待遇，也可以依据《最高人民法院关于审理人身损害赔偿案件适用法律若干问题的解释》获得人身损害赔偿。劳动者进行治疗所发生的住院费、医药费等费用，可以从工伤保险基金中支付的，劳动者不得就该部分费用再次要求侵权行为人进行赔偿，不能由工伤保险基金支付的部分，劳动者要求侵权行为人赔偿的，应予支持。

至2014年后，第三人保险赔付与工伤赔付有了具体的明确规定，可获得"双赔"，但其中医药费为单赔。

《最高人民法院关于审理工伤保险行政案件若干问题的规定》(法释〔2014〕9号)第8条第3款规定，职工因第三人的原因导致工伤，社会保险经办机构以职工或者其近亲属已经对第三人提起民事诉讼为由，拒绝支付工伤保险待遇的，人民法院不予支持，但第三人已经支付的医疗费用除外。

11. 工伤职工解除或终止劳动合同规定

工伤职工解除或终止劳动合同关系，根据《工伤保险条例》第35条、第36条、第37条的规定办理，不得混同《劳动合同法》第40条规定劳动者患病或者非因工负伤，在规定的医疗期满后不能从事原工作，也不能从事由用人单位另行安排的工作而解除或终止劳动合同的规定办理。

工伤评残评一级至四级：保留劳动关系，退出工作岗位，享受工伤保险待遇，职工本人提出解除劳动合同并要求支付一次性医疗补助金和就业补助金的，没有相关法律依据,不能得到支持。

工伤评残五级至六级:职工本人提出可解除或终止劳动合同,本人未提出,不能解除和终止劳动合同。

工伤评残七级至十级:职工本人提出可解除劳动合同,合同期满用人单位可终止劳动合同。

五级至十级工伤的,相对伤情较重,伤病复发存在较大的可能性,职工提出离职的,用人单位应书面提示其离职风险,一旦离职将不再享受工伤医疗保险待遇,后续治疗将得不到保障,以规避用人单位后续纠纷风险。

工伤职工解除或终止劳动合同的医疗补助金及就业补助金金额标准和月数标准国家无统一规定,实践中按各地区人社部门公布的标准执行。现以四川省为例:

《四川省人民政府关于印发〈四川省工伤保险条例〉实施办法的通知》(川府发〔2021〕10号)第5条规定,一次性工伤医疗补助金以解除或者终止劳动人事关系时上年度全省城镇全部单位就业人员月平均工资(以下简称全省月平均工资)为基数计算:五级伤残14个月,六级伤残12个月,七级伤残10个月,八级伤残8个月,九级伤残6个月,十级伤残4个月;其中患职业病的五级、六级工伤职工,在上述标准基础上增加6个月。

一次性伤残就业补助金以解除或者终止劳动人事关系时上年度全省月平均工资为基数计算:五级伤残60个月,六级伤残48个月,七级伤残26个月,八级伤残18个月,九级伤残10个月,十级伤残6个月。

四川省规定一次性伤残就业补助金根据离职距退休年限进行折抵,川府发〔2021〕10号第7条规定,五级、六级工伤职工本人提出与用人单位解除或者终止劳动人事关系,以及七级至十级工伤职工本人提出与用人单位解除劳动、聘用合同时,距法定退休年龄5年以上(含5年)的,一次性伤残就业补助金由用人单位全额支付;距法定退休年龄不足5年的,一次性伤残就业补助金由用人单位按下列标准支付:距法定退休年龄4年以上(含4年)不足5年的,按全额的80%支付;距法定退休年龄3年以上(含3年)不足4年的,按全额的60%支付;距法定退休年龄2年以上(含2年)不足3年的,按全额的40%支付;距法定退休年龄1年以上(含1年)不足2年的,按全额的20%支付;距法定退休年龄不足1年的,按全额的10%支付。

特别注意的是,根据川府发〔2021〕10号的规定,工伤职工本人依据《劳动合同法》第38条的规定,提出与用人单位解除劳动合同的,用人单位应当全额支付一次性伤残就业补助金。

12. 工伤职工离职后续治疗费用处理

工伤职工解除或终止劳动合同时领取了一次性医疗补助费，后因病情复发或病情加重，又向用人单位索要后续治疗费，一般不予支持。

《四川省高级人民法院、四川省劳动人事争议仲裁委员会关于印发〈关于审理劳动争议案件有关问题的会议纪要〉的通知》（川高法〔2020〕39 号）第 18 条规定，工伤劳动者同意与用人单位解除或终止劳动关系，工伤保险基金支付了一次性医疗补助金，劳动者又向用人单位主张后续医疗费用的，不予支持。

2014 年《广州市中级人民法院关于审理劳动人事争议案件若干问题的研讨会纪要》第 10 条规定，工伤职工在与用人单位解除劳动关系终结工伤保险关系后，主张继续治疗、工伤复发等费用的，原则上不予支持。但用人单位与工伤职工对后续治疗费用等有约定的则从约定。

13. 伤残待遇的项目与标准

职工因工致残被鉴定评级的，根据《工伤保险条例》第 35 条、第 36 条、第 37 条的规定，一次性伤残补助金和工资待遇如下：

一级至四级伤残的，保留劳动关系，退出工作岗位，享受以下待遇：

（1）从工伤保险基金按伤残等级支付一次性伤残补助金，标准：一级伤残为 27 个月的本人工资，二级伤残为 25 个月的本人工资，三级伤残为 23 个月的本人工资，四级伤残为 21 个月的本人工资；

（2）从工伤保险基金按月支付伤残津贴，标准：一级伤残为本人工资的 90%，二级伤残为本人工资的 85%，三级伤残为本人工资的 80%，四级伤残为本人工资的 75%。伤残津贴实际金额低于当地最低工资标准的，由工伤保险基金补足差额；

（3）工伤职工达到退休年龄并办理退休手续后，停发伤残津贴，按照国家有关规定享受基本养老保险待遇。基本养老保险待遇低于伤残津贴的，由工伤保险基金补足差额。

由用人单位和职工个人以伤残津贴为基数，缴纳基本医疗保险费。（不缴纳其他险种）

五级、六级伤残的，享受以下待遇：

（1）从工伤保险基金按伤残等级支付一次性伤残补助金，标准：五级伤残为 18 个月的本人工资，六级伤残为 16 个月的本人工资；

（2）保留与用人单位的劳动关系，由用人单位安排适当工作。难以安排工作的，由用人单位按月发给伤残津贴，标准：五级伤残为本人工资的 70%，六级伤残为本人工资的 60%，伤残津贴实际金额低于当地最低工资标准的，由用人单位补足差额。

由用人单位按照规定为其缴纳应缴纳的各项社会保险费。

七级至十级伤残的，享受以下待遇：

从工伤保险基金按伤残等级支付一次性伤残补助金，标准：七级伤残为13个月的本人工资，八级伤残为11个月的本人工资，九级伤残为9个月的本人工资，十级伤残为7个月的本人工资。

工伤七级至十级的，一般能从事原工作或另行安排的工作，工资待遇按劳动合同规定或双方约定执行。

“本人工资”标准的定义：

《工伤保险条例》第64条第2款规定，本条例所称本人工资，是指工伤职工因工作遭受事故伤害或者患职业病前12个月平均月缴费工资。本人工资高于统筹地区职工平均工资300%的，按照统筹地区职工平均工资的300%计算；本人工资低于统筹地区职工平均工资60%的，按照统筹地区职工平均工资的60%计算。

### （九）工亡待遇

1. 工亡的不同情形

工亡有不同的表现形式：因工当场死亡的；因工经抢救无效死亡的；伤残职工在停工留薪期内因工伤导致死亡的；一级至四级伤残职工在停工留薪期满后死亡的；职工因工外出期间发生事故或者在抢险救灾中下落不明被宣告死亡的；视同工亡的。

2. 工亡的相关规定

（1）工亡待遇：《工伤保险条例》第39条第1款规定，职工因工死亡，其近亲属按照下列规定从工伤保险基金领取丧葬补助金、供养亲属抚恤金和一次性工亡补助金：

①丧葬补助金为6个月的统筹地区上年度职工月平均工资。

②供养亲属抚恤金按照职工本人工资的一定比例发给由因工死亡职工生前提供主要生活来源、无劳动能力的亲属。标准：配偶每月40%，其他亲属每人每月30%，孤寡老人或者孤儿每人每月在上述标准的基础上增加10%。核定的各供养亲属的抚恤金之和不应高于因工死亡职工生前的工资。供养亲属的具体范围由国务院社会保险行政部门规定。

③一次性工亡补助金标准为上一年度全国城镇居民人均可支配收入的20倍。

（2）宣告死亡及其待遇：《工伤保险条例》第41条规定，职工因工外出期间发生事故或者在抢险救灾中下落不明的,从事故发生当月起3个月内照发工资,从第4个月起停发工资,由工伤保险基金向其供养亲属按月支付供养亲属抚恤金。生活有困难的,可以预支一次性工亡补助金的50%。职工被人民法院宣告死亡的,按照本条例第39条职工因工死亡的规定处理。

(延伸阅读:《民法典》第46条规定,自然人有下列情形之一的,利害关系人可以向人民法院申请宣告该自然人死亡:下落不明满四年;因意外事件,下落不明满2年。因意外事件下落不明,经有关机关证明该自然人不可能生存的,申请宣告死亡不受2年时间的限制。)

(3)视同工亡:《工伤保险条例》第15条第1款第1项规定,在工作时间和工作岗位,突发疾病死亡或者在48小时之内经抢救无效死亡的。

(4)停工留薪期内和停工留薪期外因工死亡的规定。

《工伤保险条例》第39条规定,伤残职工在停工留薪期内因工伤导致死亡的,其近亲属享受本条第1款规定的待遇。

一级至四级伤残职工在停工留薪期满后死亡的,其近亲属可以享受本条第1款第1项、第2项规定的待遇。

工亡待遇在停工留薪期内与停工留薪期外的区别:

在停工留薪期内因工死亡的,无论是否评定伤残等级,都享受丧葬补助金、供养亲属抚恤金和一次性工亡补助金。在停工留薪期外死亡的,一级至四级仅享受丧葬补助金和供养亲属抚恤金,无一次性工亡补助金;五级至八级死亡无工亡相关任何待遇,按职工正常死亡领取基本养老保险相关津贴。

(5)一级至四级工亡职工待遇的选择。

《人力资源社会保障部关于执行〈工伤保险条例〉若干问题的意见(二)》(人社部发〔2016〕29号)第1条规定,一级至四级工伤职工死亡,其近亲属同时符合领取工伤保险丧葬补助金、供养亲属抚恤金待遇和职工基本养老保险丧葬补助金、抚恤金待遇条件的,由其近亲属选择领取工伤保险或职工基本养老保险其中一种。

(6)工伤待遇的停止。

《工伤保险条例》第42条规定,工伤职工有下列情形之一的,停止享受工伤保险待遇:丧失享受待遇条件的;拒不接受劳动能力鉴定的;拒绝治疗的。

(7)工亡亲属范围的规定。

2004年1月1日施行的《因工死亡职工供养亲属范围规定》第2条规定,本规定所称因工死亡职工供养亲属,是指该职工的配偶、子女、父母、祖父母、外祖父母、孙子女、外孙子女、兄弟姐妹。本规定所称子女,包括婚生子女、非婚生子女、养子女和有抚养关系的继子女，其中，婚生子女、非婚生子女包括遗腹子女；本规定所称父母，包括生父母、养父母和有扶养关系的继父母；本规定所称兄弟姐妹，包括同父母的兄弟姐妹、同父异母或者同母异父的兄弟姐妹、养兄弟姐妹、有扶养关系的继兄弟姐妹。

第3条规定，上条规定的人员，依靠因工死亡职工生前提供主要生活来源，并有下列情形之一的，可按规定申请供养亲属抚恤金：①完全丧失劳动能力的；②工亡职工配偶男年满60周岁、女年满55周岁的；③工亡职工父母男年满60周岁、女年满55周岁的；④工亡职工子女未满18周岁的；⑤工亡职工父母均已死亡，其祖父、外祖父年满60周岁，祖母、外祖母年满55周岁的；⑥工亡职工子女已经死亡或完全丧失劳动能力，其孙子女、外孙子女未满18周岁的；⑦工亡职工父母均已死亡或完全丧失劳动能力，其兄弟姐妹未满18周岁的。

## 三、非法用工及使用童工的工伤赔偿责任

### （一）非法用工及使用童工的工伤赔偿责任主体

无用工主体资格的用工单位或使用童工造成职工、童工工伤的，由该用工单位承担非法用工工伤伤残待遇。

《劳动人事争议仲裁办案规则》第6条规定，发生争议的用人单位未办理营业执照、被吊销营业执照、营业执照到期继续经营、被责令关闭、被撤销以及用人单位解散、歇业，不能承担相关责任的，应当将用人单位和其他出资人、开办单位或者主管部门作为共同当事人。

《最高人民法院关于审理劳动争议案件适用法律问题的解释（一）》（法释〔2020〕26号）第30条规定，未办理营业执照、营业执照被吊销或者营业期限届满仍继续经营的用人单位，以挂靠等方式借用他人营业执照经营的，应当将用人单位和营业执照出借方列为当事人。

《工伤保险条例》第66条第1款规定，无营业执照或者未经依法登记、备案的单位以及被依法吊销营业执照或者撤销登记、备案的单位的职工受到事故伤害或者患职业病的，由该单位向伤残职工或者死亡职工的近亲属给予一次性赔偿，赔偿标准不得低于本条例规定的工伤保险待遇；用人单位不得使用童工，用人单位使用童工造成童工伤残、死亡的，由该单位向童工或者童工的近亲属给予一次性赔偿，赔偿标准不得低于本条例规定的工伤保险待遇。

### （二）非法用工及使用童工的工伤赔偿对象

《非法用工单位伤亡人员一次性赔偿办法》（人社部令第9号）第2条规定，本

办法所称非法用工单位伤亡人员，是指无营业执照或者未经依法登记、备案的单位以及被依法吊销营业执照或者撤销登记、备案的单位受到事故伤害或者患职业病的职工，或者用人单位使用童工造成的伤残、死亡童工。

前款所列单位必须按照本办法的规定向伤残职工或者死亡职工的近亲属、伤残童工或者死亡童工的近亲属给予一次性赔偿。

### （三）非法用工及使用童工的工伤赔付项目和标准

1. 治疗期间费用。

在劳动能力鉴定之前进行治疗期间的生活费按照统筹地区上年度职工平均工资标准确定；医疗费等其他费用按工伤标准执行。

《非法用工单位伤亡人员一次性赔偿办法》（人社部令第 9 号）第 4 条规定，职工或童工受到事故伤害或者患职业病，在劳动能力鉴定之前进行治疗期间的生活费按照统筹地区上年度职工月平均工资标准确定，医疗费、护理费、住院期间的伙食补助费以及所需的交通费等费用按照《工伤保险条例》规定的标准和范围确定，并全部由伤残职工或童工所在单位支付。

2. 劳动能力鉴定费用由伤亡职工或童工所在单位支付。

3. 一次性赔偿金。

一次性赔偿金数额应当在受到事故伤害或者患职业病的职工或童工死亡或者经劳动能力鉴定后确定。

一次性赔偿金，评残的按上年度职工年平均工资标准 1 ~ 16 倍支付，死亡的按上一年度全国城镇居民人均可支配收入的 20 倍支付死亡赔偿金及 10 倍丧葬补助等赔偿金。

该规定的赔偿标准远高于正常用人单位与工伤职工之间的费用承担标准，具有惩罚性。

伤残的一次性赔偿金具体数额规定：

《非法用工单位伤亡人员一次性赔偿办法》（人社部令第 9 号）第 5 条规定，一次性赔偿金按照以下标准支付：一级伤残的为赔偿基数的 16 倍，二级伤残的为赔偿基数的 14 倍，三级伤残的为赔偿基数的 12 倍，四级伤残的为赔偿基数的 10 倍，五级伤残的为赔偿基数的 8 倍，六级伤残的为赔偿基数的 6 倍，七级伤残的为赔偿基数的 4 倍，八级伤残的为赔偿基数的 3 倍，九级伤残的为赔偿基数的 2 倍，十级伤残的为赔偿基数的 1 倍。前款所称赔偿基数，是指单位所在工伤保险统筹地区上年度职工年平均工资。

死亡的一次性赔偿金具体数额规定:

《非法用工单位伤亡人员一次性赔偿办法》(人社部令第 9 号)第 6 条规定,受到事故伤害或者患职业病造成死亡的,按照上一年度全国城镇居民人均可支配收入的 20 倍支付一次性赔偿金,并按照上一年度全国城镇居民人均可支配收入的 10 倍一次性支付丧葬补助等其他赔偿金。

4. 非法用工及使用童工伤残待遇汇总见表 10－1。

**表 10－1　非法用工及使用童工伤残待遇一览**

<table>
<tr><th colspan="2">待遇</th><th colspan="2">项目</th><th colspan="2">标准</th><th>基数</th><th>支付渠道</th></tr>
<tr><td rowspan="9">治疗期间费用</td><td rowspan="6">医疗待遇</td><td colspan="2">挂号费</td><td colspan="2"></td><td rowspan="4">工伤标准报销</td><td rowspan="4">用人单位</td></tr>
<tr><td colspan="2">住院费</td><td colspan="2">工伤保险住院服务标准</td></tr>
<tr><td colspan="2">医疗费</td><td colspan="2">工伤保险诊疗项目目录</td></tr>
<tr><td colspan="2">药费</td><td colspan="2">工伤保险药品目录</td></tr>
<tr><td colspan="2">交通食宿费</td><td colspan="2">因工出差标准</td><td>按标准报销</td><td rowspan="2">用人单位</td></tr>
<tr><td colspan="2">住院伙食补助费</td><td colspan="2">因工出差伙食补助标准</td><td>70%</td></tr>
<tr><td rowspan="3">停工留薪期待遇</td><td colspan="2">辅助器具费</td><td colspan="2">国家规定的标准</td><td>按标准报销</td><td>用人单位</td></tr>
<tr><td colspan="2">停工接受工伤医疗的</td><td colspan="2">上年度职工年平均工资标准</td><td>上年度职工年平均工资标准</td><td rowspan="2">用人单位</td></tr>
<tr><td colspan="2">生活不能自理的</td><td colspan="2">护理待遇</td><td>按实际需要</td></tr>
<tr><td rowspan="7">一次性赔偿金</td><td rowspan="5">一次性伤残赔偿</td><td>一级</td><td>16 倍</td><td>六级</td><td>6 倍</td><td rowspan="5">上年度职工年平均工资标准</td><td rowspan="5">用人单位</td></tr>
<tr><td>二级</td><td>14 倍</td><td>七级</td><td>4 倍</td></tr>
<tr><td>三级</td><td>12 倍</td><td>八级</td><td>3 倍</td></tr>
<tr><td>四级</td><td>10 倍</td><td>九级</td><td>2 倍</td></tr>
<tr><td>五级</td><td>8 倍</td><td>十级</td><td>1 倍</td></tr>
<tr><td colspan="3">一次性死亡赔偿金</td><td colspan="2">20 倍</td><td>上一年度全国城镇居民人均可支配收入的 20 倍</td><td>用人单位</td></tr>
<tr><td colspan="3">一次性丧葬补助等其他赔偿金</td><td colspan="2">10 倍</td><td>上一年度全国城镇居民人均可支配收入的 10 倍</td><td>用人单位</td></tr>
</table>

## 四、劳动能力鉴定

工伤劳动能力鉴定的时间：医疗终结、伤情相对稳定或医疗期满后均可进行鉴定。

《工伤职工劳动能力鉴定管理办法》第 7 条规定，职工发生工伤，经治疗伤情相对稳定后存在残疾、影响劳动能力的，或者停工留薪期满（含劳动能力鉴定委员会确认的延长期限），工伤职工或者其用人单位应当及时向设区的市级劳动能力鉴定委员会提出劳动能力鉴定申请。

### （一）劳动能力鉴定的层级管理

劳动能力鉴定分为初次鉴定、复查鉴定、再次鉴定、后续鉴定。

初次鉴定、复查鉴定：《工伤职工劳动能力鉴定管理办法》第 5 条规定，设区的市级劳动能力鉴定委员会负责本辖区内的劳动能力初次鉴定、复查鉴定。

再次鉴定：省、自治区、直辖市劳动能力鉴定委员会负责对初次鉴定或者复查鉴定结论不服提出的再次鉴定。

后续鉴定：《工伤职工劳动能力鉴定管理办法》第 17 条规定，自劳动能力鉴定结论作出之日起 1 年后，工伤职工、用人单位或者社会保险经办机构认为伤残情况发生变化的，可以向设区的市级劳动能力鉴定委员会申请劳动能力复查鉴定。对复查鉴定结论不服的，可以按照本办法第 16 条规定申请再次鉴定。

省、自治区、直辖市劳动能力鉴定委员会作出的劳动能力鉴定结论为最终结论。

### （二）后续鉴定伤残等级变化的处理

《工伤保险条例》第 28 条规定，自劳动能力鉴定结论作出之日起 1 年后，工伤职工或者其近亲属、所在单位或者经办机构认为伤残情况发生变化的，可以申请劳动能力复查鉴定。

职工在职期间，伤残等级发生变化的，相关规定为不再重新计发一次性伤残补助金，其他津贴项目按照新评定的等级享受待遇。

如果五级至十级工伤劳动者已离职，领取了相关一次性补助，一般不再享受工伤待遇。此时劳动者的工伤保险已断缴，或在其他单位续缴。但病情转化，经鉴定为一级至四级的，此种情形较为特殊，劳动者是否有权要求恢复与原单位劳动关系，企业补缴社会保险，基金补发重新鉴定起的工资津贴，目前各地均未见明确规定。但这种情形理论上存在发生的可能，留待司法实践予以定论。

### (三)劳动能力鉴定等级

《工伤保险条例》第22条规定,劳动能力鉴定是指劳动功能障碍程度和生活自理障碍程度的等级鉴定。

劳动功能障碍分为十个伤残等级,最重的为一级,最轻的为十级。

生活自理障碍分为三个等级:生活完全不能自理、生活大部分不能自理和生活部分不能自理。

### (四)劳动能力鉴定委员会承担职责

1. 劳动功能障碍程度和生活自理障碍程度的等级鉴定;
2. 停工留薪期、停工留薪期延长的确认;
3. 配置辅助器具的确认;
4. 旧伤复发的确认;
5. 伤与非伤的界定;
6. 工亡职工供养亲属的劳动能力鉴定;
7. 职业康复鉴定;
8. 非因工伤残或因病丧失劳动能力鉴定;
9. 非因工死亡参保职工供养直系亲属的劳动能力鉴定;
10. 其他受委托进行的劳动能力鉴定。

## 五、职业病

职业病,是指企业、事业单位和个体经济组织等用人单位的劳动者在职业活动中,因接触粉尘、放射性物质和其他有毒、有害因素而引起的疾病。

### (一)职业病按照工伤处理的法律规定

《工伤保险条例》第14条第4项规定"患职业病的"应当认定为工伤。

《职业病防治法》第57条规定,职业病病人的诊疗、康复费用,伤残以及丧失劳动能力的职业病病人的社会保障,按照国家有关工伤保险的规定执行。

### (二)职业病防治专项体检

1. 职业病危害岗位的岗前、在岗、离职专项体检

《职业病防治法》第35条第1款规定,对从事接触职业病危害的作业的劳动

者，用人单位应当按照国务院安全生产监督管理部门、卫生行政部门的规定组织上岗前、在岗期间和离岗时的职业健康检查，并将检查结果书面告知劳动者。职业健康检查费用由用人单位承担。

其中职业病危害岗位在岗专项体检，按照职业卫生管理部门的要求，一般每年进行一次专项体检。用人单位职业防治工作专人负责，有关职业病防治资料报送年检。

2. 职业病危害岗位离岗体检的处理

《用人单位职业健康监护监督管理办法》第15条第1款规定，对准备脱离所从事的职业病危害作业或者岗位的劳动者，用人单位应当在劳动者离岗前30日内组织劳动者进行离岗时的职业健康检查。劳动者离岗前90日内的在岗期间的职业健康检查可以视为离岗时的职业健康检查。

3. 职业病危害岗位劳动者离职前要求用人单位进行离职健康检查的处理

一般情况下，职业病危害岗位劳动者离职，单位有义务组织劳动者进行离职健康体检，但用人单位不进行体检，劳动者可起诉要求用人单位履行相关义务吗？

职业病检查监督属于安全生产监督管理部门的行政职能，我们可参考重庆市高级人民法院的指导意见：《重庆市高院2014年劳动争议专题例会会议综述》第7条规定，劳动者能否请求用人单位进行离职前的职业病检查？与会代表一致认为，劳动者起诉请求判令用人单位进行离职前的职业病检查的，人民法院不应支持。

4. 未作离职健康体检或疑似职业病人被解除或终止劳动合同的处理

职业病检查属行政执法范围，人民法院不宜判决强制执行。如果违反，用人单位将承担什么样的法律责任？笔者在梳理法条过程中发现相关规定不一。

《职业病防治法》第35条第2款规定，对未进行离岗前职业健康检查的劳动者不得解除或者终止与其订立的劳动合同。第55条第2款规定，用人单位应当及时安排对疑似职业病病人进行诊断；在疑似职业病病人诊断或者医学观察期间，不得解除或者终止与其订立的劳动合同。

《劳动合同法》第42条和第45条也有相关规定，劳动者有下列情形之一的，用人单位不得依照本法第40条、第41条的规定解除劳动合同，应续延至相应的情形消失时终止：从事接触职业病危害作业的劳动者未进行离岗前职业健康检查，或者疑似职业病病人在诊断或者医学观察期间的……

上述规定均将未作离职健康体检或疑似职业病人被解除或终止劳动合同认定为违反法律规定，用人单位承担相应法律后果。但各地规定有不同声音：

《重庆市高院2014年劳动争议专题例会会议综述》第7条规定,用人单位违反《职业病防治法》第36条第2款之规定,未对劳动者进行离职前的职业病检查的,属于违法解除合同的行为,应当依照《劳动合同法》等相关法律法规的规定承担相应的法律责任。

2011年《广州市劳动争议仲裁委员会、广州市中级人民法院关于劳动争议案件研讨会会议纪要》第33条规定,用人单位解除劳动合同时,未对从事职业危害岗位的劳动者进行离岗前检查的,不足以认定用人单位违法解除劳动合同。如后经证实劳动者确实患有职业病的,可按职业病的相关法律规定处理。

笔者认为,解除或终止劳动合同未进行职业病危害健康检查的,根据《职业病防治法》和《劳动合同法》的明确规定,应认定为违法解除劳动合同。

### (三)离职后被诊断为职业病的工伤待遇承担

职业病与一般的工伤事故伤害不同,更具有隐蔽性和迟发性的特点,职业病发病初期,即便进行了离职健康检查,也不一定能即刻发现不免疏漏,等病情发展表露,劳动者已离职多日,此时如得不到救治,与其从事职业病危害岗位的付出不符,显失公平。故从保护劳动者权益出发,相关法规专项进行了规定。

《人力资源和社会保障部关于执行〈工伤保险条例〉若干问题的意见》(人社部发〔2013〕34号)第8条规定,曾经从事接触职业病危害作业、当时没有发现罹患职业病、离开工作岗位后被诊断或鉴定为职业病的符合下列条件的人员,可以自诊断、鉴定为职业病之日起1年内申请工伤认定,社会保险行政部门应当受理:

1. 办理退休手续后,未再从事接触职业病危害作业的退休人员。(相关待遇:符合一次性伤残补助条件的,按退休前12个月缴费工资或职业病前12个月的平均养老金就高发放一次性伤残补助金)

2. 劳动或聘用合同期满后或者本人提出而解除劳动或聘用合同后,未再从事接触职业病危害作业的人员。(相关待遇:被鉴定为一级至十级伤残、按《工伤保险条例》的规定应以本人工资作为基数享受相关待遇的,按本人终止或者解除劳动、聘用合同前12个月平均月缴费工资计发)

上述工伤待遇费用的分担:按照本意见第8条规定被认定为工伤的职业病人员,职业病诊断证明书(或职业病诊断鉴定书)中明确的用人单位,在该职工从业期间依法为其缴纳工伤保险费的,按《工伤保险条例》的规定,分别由工伤保险基金和用人单位支付工伤保险待遇;未依法为该职工缴纳工伤保险费的,由用人单位按照《工伤保险条例》规定的相关项目和标准支付待遇。

### (四)职业病的待遇双赔问题

《职业病防治法》第58条规定,职业病病人除依法享有工伤保险外,依照有关民事法律,尚有获得赔偿的权利的,有权向用人单位提出赔偿要求。

一般情况下,该损害赔偿应扣除劳动者因职业病享有的工伤社会保险利益,即可获双赔,但应扣除工伤保险已负担部分。

## 六、工伤、职业病内控措施

### (一)工伤、职业病风险评估

1. 招用童工致使伤残、死亡的风险评估

招用童工的法律风险已在第二章“劳动用工关系内部控制”中阐述,单位招用童工致使遭受伤残、死亡的,将承担更为严重的损失赔偿。

《工伤保险条例》第66条第1款规定,用人单位不得使用童工,用人单位使用童工造成童工伤残、死亡的,由该单位向童工或者童工的近亲属给予一次性赔偿,赔偿标准不得低于本条例规定的工伤保险待遇。具体办法由国务院社会保险行政部门规定。

根据《非法用工单位伤亡人员一次性赔偿办法》的规定,使用童工造成伤残的,承担治疗期间费用,包括生活费、医疗费、护理费、住院期间的伙食补助费等,伤残评级的,支付一次性赔偿金等。而生活费、一次性赔偿金按照单位所在工伤保险统筹地区上年度职工年平均工资为计算基数,其数额远远高于普通工伤计算标准。用人单位应予以高度重视。

2. 用人单位未履行职业病风险告知义务的风险评估

用人单位招用职业病危害岗位劳动者,或将劳动者从普通岗位调换至职业病危害岗位前,应告知其职业病风险。

《职业病防治法》第33条规定,用人单位与劳动者订立劳动合同(含聘用合同,下同)时,应当将工作过程中可能产生的职业病危害及其后果、职业病防护措施和待遇等如实告知劳动者,并在劳动合同中写明,不得隐瞒或者欺骗。劳动者在已订立劳动合同期间因工作岗位或者工作内容变更,从事与所订立劳动合同中未告知的存在职业病危害的作业时,用人单位应当依照前款规定,向劳动者履行如实告知的义务,并协商变更原劳动合同相关条款。用人单位违反前两款规定的,劳动者有权拒绝从事存在职业病危害的作业,用人单位不得因此解除与劳动者所订立的劳动合同。

根据该规定,如果用人单位未提前告知,或经告知后劳动者拒绝从事相关工作,用人单位应安排其他工作,不得以此为由直接解除劳动合同,也不得以此作为不服从管理严重违反公司规章制度为由解除劳动合同,也不得以该职工以此为由的拒绝上班作为旷工解除劳动合同,否则,属违法解除劳动合同,应承担赔偿责任,或继续履行劳动合同的后果。

3. 未履行职业健康管理的风险评估

根据《用人单位职业健康监护监督管理办法》的相关规定,用人单位有义务履行职业健康监护义务,如实做好劳动者上岗前、在岗期间、离岗时、应急的职业健康检查和职业健康监护档案管理工作。违反职业健康监护管理,将承担以下法律责任:

(1)警告、责令限期改正、并处3万元以下的罚款:未建立或者落实职业健康监护制度;弄虚作假,指使他人冒名顶替参加职业健康检查的;未如实提供职业健康检查所需要的文件、资料等。

(2)警告、责令限期改正、并处5万元以上10万元以下的罚款:未按照规定组织职业健康检查、建立职业健康监护档案或者未将检查结果如实告知劳动者的;未按照规定在劳动者离开用人单位时提供职业健康监护档案复印件等。

(3)警告、责令限期改正但逾期不改正的,处5万元以上20万元以下的罚款:未按照规定安排职业病病人、疑似职业病病人进行诊治等。

(4)责令限期治理、并处5万元以上30万元以下的罚款,情节严重的,责令停止危害作业,或者提请责令关闭:安排未经职业健康检查的劳动者从事接触职业病危害的作业的;安排未成年工从事接触职业病危害的作业等。

(5)责令限期改正、警告、并处1万元以下罚款:未报告职业病、疑似职业病的;处2万元以上5万元以下的罚款:弄虚作假的。

职业病防治工作是企业管理中不可忽视的重要工作,职业卫生相关管理部门对此监管越来越严,企业人资部门和法律顾问单位应引起高度重视,帮助企业建立职业病预防体系、职业病在职监管和职业病岗位离职流程,防范相关法律风险。

4. 未缴纳或足额缴纳工伤保险的风险评估

《社会保险法》第41条规定,职工所在用人单位未依法缴纳工伤保险费,发生工伤事故的,由用人单位支付工伤保险待遇。

用人单位低于职工正常工资标准基数缴纳工伤保险,导致劳动者领取工伤津贴等受损的,目前多地均规定由单位承担待遇损失赔偿责任。如四川、贵州、宁波、深圳、海南、武汉等地均有明确的相关规定。其中本应由工伤保险基金承担的一次性伤残补助金、一次性工伤医疗补助金待遇差额也将由用人单位承担。

## （二）工伤、职业病内部控制措施

1. 及时足额缴纳职工工伤保险

及时足额缴纳社会保险费用是用人单位的法定义务，未按规定缴纳的，将承担社会保险补足、离职经济补偿、社会保险待遇损失赔偿等法律责任。为避免相关风险，可采取以下内控措施：

（1）缴纳养老、工伤、失业、医疗、生育保险全部险种。

（2）缴费基数不得低于劳动者实际工资（劳动者工资超过上年度职工月平均工资三倍除外）。

（3）入职当月即开始缴纳社会保险。

（4）确因历史遗留因素或其他原因未缴纳及未足额缴纳工伤保险，在办理离职时进行成本核算和风险评估，最好以协商方式办理离职手续，以达到单位成本控制及保障劳动者基本诉求平衡处理。

（5）如在职劳动者未按实际工资数额缴纳工伤保险现象极为普遍，单位应引起重视，在进行成本及风险评估后采取补缴或通过购买雇主责任险、团体意外险等商业保险方式转移劳动者工伤风险，同时加强企业内部管理和劳动者的安全教育工作，预防和减少工伤事故发生。

2. 杜绝劳动者转正后再缴纳社会保险的劣习

用人单位在劳动者转正后再购买社会保险的现象目前仍然十分普遍，甚至很多单位将该规定写入了劳动者手册和企业的规章制度，而劳动者在试用期内发生工伤事故的事例并不鲜见，如此的后果是用人单位承担劳动者工伤所有费用支出和待遇责任。转正后缴纳社会保险的另一个后果是劳动者在试用期离职，可要求企业支付未缴社会保险的离职经济补偿，并要求补缴试用期间的社会保险。

故用人单位应杜绝劳动者转正后购买社会保险的做法，从劳动者入职第一天起即申报社会保险缴纳，避免后续工伤事故责任和经济补偿责任。

3. 职业病危害岗位健康体检的内控措施

前一小节笔者已论述了未履行职业健康管理的风险评估，在具体的操作中仍有不少单位对健康体检工作未引起足够重视，当想起要给劳动者体检的时候，才发现职业病危害岗位劳动者已经离职，无法体检，无法再提供监督机关要求的资料报送。企业可采取以下内控措施：

（1）企业设立专职机构专人负责职业健康管理工作，如企业规模小无法设立专职机构，可指定专人兼职负责，将职业健康管理工作落到实处。

(2)为防止职业危害岗位劳动者离职时遗漏健康体检,笔者建议,企业在“离职审批表”“离职工作移交表”“离职工资结算表”等离职资料中增设“职业健康体检”项,在办理离职手续时由专人签批,这样,劳动者离职前的职业健康体检工作将不再被遗漏,起到很好的管控作用。

4. 长期“失联”人员请求确认劳动关系及“失联”期间工伤损失的应对措施

劳动者与用人单位“长期两不找”,但劳动者突然某一天出现要求确立劳动关系并申请工伤认定,要求用人单位承担“失联”期间的工伤待遇。此种情况下,除用人单位提供证据证明劳动合同已经解除或终止外,劳动者要求确认劳动关系的,一般会得到仲裁及法院支持。由于劳动者长期未付出劳动,目前司法实践中普遍观点是“失联”期间用人单位与劳动者互不负劳动关系义务,除劳动者提供证据证明存在法定或约定事由外,劳动者请求支付工资、福利、生活费、社会保险待遇损失、解除劳动关系经济补偿、赔偿金等诉讼请求的,不予支持。

用人单位为避免此种困扰出现,首先,在“失联”的初期就应履行返岗复工的通知,履行告知及警示义务,如能联系,签订类似劳动合同中止协议,将中止提供劳动期间的互不负权利义务予以明确规定,或者当时就解除劳动合同,避免后患产生。其次,如果已经形成“长期失联”状况,遇到要求工伤认定等情形,应积极收集当地类案判例或当地人社部门关于“长期失联”的具体规定,有判例类推,有法条支撑,及时划清责任。并以此为契机,建立相关考勤管理制度,将“失联”并经督促返岗不回达到一定天数的列为旷工或列为严重违反公司规章制度行为,予以解除劳动合同处理,杜绝此后类似事件发生。

5. 工伤赔偿协议的内控措施

劳动者在用人单位不幸发生工伤事故,用人单位有采取措施让劳动者得到及时救治的义务,并积极申请进行工伤认定。但工伤处理流程中,有两个概念我们应先予以厘清:一是申请工伤认定不是法定的流程,是否申请工伤认定由当事人自行决定;二是工伤治疗后的劳动能力鉴定即伤残等级鉴定不是法定程序,是否鉴定仍然由当事人自行决定。

如果发生工伤事故,经当事人各方商议,达成工伤赔偿相关协议,能够予以各方均满意的方式妥善解决,不失为一个好的办法。特别是用人单位未缴纳工伤保险或还没来得及缴纳工伤保险的情况下,工伤赔偿协议对单位来说至关重要。

法律、法规没有禁止用人单位和工伤职工在工伤认定之前或之后签订赔偿协议,用人单位和工伤职工自愿达成的,赔偿协议有效。当事人经平等协商、自愿协商达成的赔偿协议具有民事合同性质,非经撤销、变更或者被确认无效,对用人单位和劳动者具有法律约束力。当然,如果赔偿协议存在重大误解或者显失公平的,当事人可以请求撤销。故用人单位在与劳动者签订工伤赔偿协议时,应主动阐明工伤法规政策规定,积极与劳动者沟通,做好劳动者思想工作,控制好协议赔偿金额的度,赔偿比例原则上不要低于正常计算赔偿额的70%,因为70%一般是司法实践中认定是否显失公平的分界线,这样既让劳动者较为满意,又让劳动者无反悔余地。

第十一章

# 规章制度内部控制

## 一、规章制度概述

### （一）规章制度制定依据

在《劳动合同法》实施之前，企业对劳动者管理的主要依据是《企业职工奖惩条例》，当时公有制企业占据整个经济绝对地位，公有制企业在一定程度上被赋予了“准行政机关的性质”，劳动者与企业之间不是平等主体的关系，而是不平等的行政隶属关系，《企业职工奖惩条例》以行政法规的形式赋予了企业对劳动者进行处分的特权。在社会主义市场经济条件下，企业和劳动者之间的关系已发生明显变化，双方不再是管理与被管理的行政隶属关系，而成为平等主体间的关系，用人单位与劳动者双方双向选择、自主招聘、自主择业。

在《劳动合同法》实施之后，《企业职工奖惩条例》在 2008 年 1 月 15 日被废止。企业对劳动者管理主要依据企业规章制度进行。

《劳动法》第 4 条规定，用人单位应当依法建立和完善规章制度，保障劳动者享有劳动权利和履行劳动义务。

《劳动合同法》第 4 条规定，用人单位应当依法建立和完善劳动规章制度，保障劳动者享有劳动权利、履行劳动义务。用人单位在制定、修改或者决定有关劳动报酬、工作时间、休息休假、劳动安全卫生、保险福利、职工培训、劳动纪律以及劳动定额管理等直接涉及劳动者切身利益的规章制度或者重大事项时，应当经职工代表大会或者全体职工讨论，提出方案和意见，与工会或者职工代表平等协商确定。在规章制度和重大事项决定实施过程中，工会或者职工认为不适当的，有权向用人单位提出，通过协商予以修改完善。用人单位应当将直接涉及劳动者切身利益的规章制度和重大事项决定公示，或者书面告知劳动者。

正因如此，规章制度在企业管理中占据重要地位，其制定内容是否合法，关乎劳动者切身利益，关乎公平、公正能否在企业贯彻执行，《劳动合同法》第 80 条规定了规章制度本身违法的法律责任：用人单位直接涉及劳动者切身利益的规章制度违反法律、法规规定的，由劳动行政部门责令改正，给予警告；给劳动者造成损害的，应当承担赔偿责任。

### （二）规章制度的法律效力

规章制度一经合法制定，对用人单位和劳动者双方均具有约束力，双方需严格执行。

《最高人民法院关于审理劳动争议案件适用法律问题的解释（一）》（法释〔2020〕26号）第50条规定，用人单位根据《劳动合同法》第4条的规定，通过民主程序制定的规章制度，不违反国家法律、行政法规及政策规定，并已向劳动者公示的，可以作为确定双方权利义务的依据。

如果用人单位无规章制度或规章制度中无劳动纪律等相关规定，而在劳动者的劳动合同中约定相关劳动纪律等，只要该约定不违反法律规定、不违背公序良俗，约定有效。

当然，规章制度与劳动合同约定不一致的时候，劳动者可选择适用对自己有利的规定或约定。

### （三）规章制度制定全流程

规章制度的制定关系到企业的顺畅管理，关系到劳动者的切身利益，在制定中应秉持严谨态度并保证条款切实可行，易于操作。规章制度制定全流程如下：

1. 起草，规章制度一般由人资部或行政部等制度管理部门起草，根据单位需要规范的具体情况，与领导沟通，确定规范目的，征询相关专业人员意见，并经单位中层以上小范围讨论，修订后形成初稿。

2. 征询意见，下发全员或职工代表大会，广泛征求意见。

3. 形成意见稿，根据反馈意见，汇总后修改形成意见稿。

4. 定稿，与职工代表或工会协商，对意见稿再次修订形成定稿。

5. 公示，以张贴、内部培训、劳动者签收等方式进行公示，形成生效的规章制度。

## 二、规章制度法律规定

用人单位制定的规章制度是否对劳动者适用，是否可利用规章制度对劳动者管理，对劳动者违反规章制度规定的处罚是否有效，主要从规章制度生效的实质要件和程序要件进行认定，而依据仍然是《最高人民法院关于审理劳动争议案件适用法律问题的解释（一）》（法释〔2020〕26号）第50条的规定，用人单位根据《劳动合同法》第4条的规定，通过民主程序制定的规章制度，不违反国家法律、行政法规及政策规定，并已向劳动者公示的，可以作为确定双方权利义务的依据。

### （一）规章制度生效的实质要件

1. 主体适格

制定规章制度的主体是劳动用人单位而非某一部门、某一车间、某一班组，更不能唯某某领导马首是瞻，将其某一次讲话或口头“指示”作为单位的规章制度执行。

2. 内容合法

规章制度的内容不得违反法律、行政法规及政策的相关规定。

工作时间不得突破法律规定的最高时限限制、休息休假不得少于规定的天数、加班费、假期待遇等计算基数不得低于最低工资标准或国家规定的最低限额。

社会保险缴纳约定由劳动者个人承担，因劳动者个人原因、操作不当等发生工伤事故由劳动者个人承担费用等，劳动者违反用人单位规章制度罚款和其他赔偿金直接全额扣工资，以至劳动者倒欠用人单位工资等均属违反法律规定的行为，类似的规章制度条款无效。

劳动者患病期、工伤期、女职工“三期”等只按当地最低工资标准支付报酬或仅发放生活费等特殊人员待遇的处理无效。

比如，单位两名患病劳动者，一名高工资 8000 元/月，另一名低工资 2000 元/月，当地月最低工资标准 1600 元，单位制度规定劳动者病假工资统一为 1800 元/月。根据法律规定，最低病假工资可以为 1600 元/月。对低工资劳动者来说，单位这个规定是没有问题的，但对高工资劳动者来说，这 1800 元/月的工资标准显著过低。无论从内部公平还是病假工资以工龄分档按一定比例支付的人社部门相关规定来说，该制度都是无效的。这与社会保险缴费基数类似，社会保险基数在当地上一年度职工平均工资 60% ~300% 的范围内进行核定，但用人单位不能将本单位所有员工的社保缴费基数都定在最低档 60%。

用人单位转移经营风险到劳动者个人身上等规定无效，如单位规章制度规定，劳动者给公司造成损失，全部由劳动者承担。此类规定将不被法院支持，将本应由企业承担的经营风险转嫁到劳动者身上，不符合《劳动合同法》“保护劳动者合法权益”的立法宗旨，属无效规定。用人单位可按劳动者在事故中承担的责任大小以适当比例由劳动者承担，但月扣款不能超过工资 20%，否则属克扣劳动者工资，可能支付劳动者以此为由提出被迫解除劳动合同的经济补偿。

其他无效规定，如不得发生办公室恋情、入职 N 年内不得怀孕、结婚生子自动离职、双职工凡是发展成为恋人或结婚，其中一人必须主动离职等，法律均未列入禁止性行为,用人单位以规章制度的方式强制遵守,属无效规定。

3. 公平合理

公平合理的原则体现在两个方面,第一,对某一事件的处罚明显过重,以常人的认知评判标准直接认定显失公平,有悖常识。比如,吸烟一次、迟到一次、在办公室吃零食一次为严重违反公司制度,予以开除处理。第二,区别对待,同样的事因不同人而处理不同,用人单位所有劳动者应共同遵守规章制度的规定,无特权阶层。比如,劳动者迟到一次扣款50元,班组长迟到一次扣款100元,经理迟到一次扣款200元等;劳动者旷工5天为严重违反规章制度予以解除劳动合同,科长旷工3天为严重违反规章制度予以解除劳动合同,经理旷工2天为严重违反规章制度予以解除劳动合同等,规章制度的条款规定尺度应统一,尺度不一会导致劳动者认知混乱、价值混乱,也将为企业管理带来更大的混乱。

### (二)规章制度生效的程序要件

1. 民主程序

(1)规章制度的民主征询讨论阶段,单位向职工代表大会或全体职工进行征询讨论(民主协商)。

(2)规章制度的民主协商确定阶段,单位与工会或职工代表进行协商确定,形成定稿(集中定稿)。

在规章制度协商确定过程中,涉及职工代表大会、职工代表等协商确定规章制度,具体人员组成等详见《全民所有制工业企业职工代表大会条例》、《职工代表大会操作指引》(国厂开组办发〔2022〕2号)等文件规定:

职工代表人员组成:50人以下单位只能以职工大会形式参与民主管理,不以职工代表、职工代表大会的形式进行;50人以上单位可选举职工代表,一般比例为5%～10%,但不低于30人,高级管理人员不高于代表人数20%,2/3以上代表参会,且50%以上赞成通过有效。

(3)职工代表或工会与企业意见不一致的最终决策权。

用人单位在制定规章制度时到底是“资方单决”还是“劳资共决”?这个问题至今仍无法律层面的明确规定。

但从《劳动合同法》的制定过程,我们进行推定可得出结论。《劳动合同法》一审稿曾采取了劳资共同制定规章制度的设计。一审稿第5条第2款规定,规章制度中直接涉及劳动者切身利益的事项,应当经工会、职工大会或职工代表大会讨论通过,或者通过平等协商作出决定。并在该法第51条第1款明确规定,用人单位单方面作出的规定无效，该事项按照工会、职工大会或者职工代表大会提出的相应方案执行。

从二审稿开始，即删除了一审稿第 5 条第 2 款中一切有关“劳资共决”通过的字眼，改为讨论、提出方案和意见。并在第 51 条第 1 款中删除了“资方单决”无效的表述。

全国人大常委会法工委也通过释疑指出“在充分听取意见，经过民主程序后，由用人单位确定”规章制度。

至此，在法学界和司法实践中，基本形成由用人单位决定规章制度或者重大事项实施的统一认识。

在《劳动合同法》第 43 条“工会在劳动合同解除中的监督作用”中进一步印证了重大事项“资方单决”的现实。即用人单位违反法律、行政法规规定或者劳动合同约定的，工会有权要求用人单位纠正。用人单位应当研究工会的意见，并将处理结果书面通知工会。

故在制定规章制度和重大事项决策中，用人单位仍然拥有最终决策权，工会发挥监督作用。

2. 规章制度的公告公示

规章制度形成后，用人单位应以签字、考试、培训、电子邮件、OA 等方式进行公示，实践中以前三种最为有效，张贴公告栏等方式最好取消，因为证据不好保存。

3. 未经民主程序的规章制度是否有效

《最高人民法院关于审理劳动争议案件适用法律问题的解释(一)》(法释〔2020〕26 号)第 50 条第 1 款规定，用人单位根据《劳动合同法》第 4 条的规定，通过民主程序制定的规章制度，不违反国家法律、行政法规及政策规定，并已向劳动者公示的，可以作为确定双方权利义务的依据。

从该司法解释中可知，通过民主程序制定的规章制度才能作为确定双方权利义务的依据，才能生效。但实践中有些单位的规章制度很早就制定了，涉及历史沿革问题，且企业对民主程序的认知还有一个逐步完善的过程，故在很多地方性规定中，对于民主程序的生效有着不同的理解和认定。

在《劳动合同法》实施前制定的规章制度未经民主程序符合一定条件的有效：

2009 年《浙江省高级人民法院民一庭关于审理劳动争议案件若干问题的意见(试行)》第 34 条规定，用人单位在《劳动合同法》实施前制定的规章制度，虽未经过该法第 4 条第 2 款规定的民主程序，但内容不违反法律、行政法规、政策及集体合同规定，不存在明显不合理的情形，并已向劳动者公示或告知的，可以作为人民法院审理劳动争议案件的依据。

2015 年《安徽省高级人民法院关于审理劳动争议案件若干问题的指导意见》与浙江省高级人民法院意见相同。

《河北省高级人民法院关于我省劳动争议案件若干疑难问题处理的参考意见》与浙江省高级人民法院意见类似,只是时间范围定在《劳动合同法》实施后。

2009 年《湖北省人力资源和社会保障厅关于审理劳动争议案件若干问题处理意见》也有类似规定:

用人单位在《劳动合同法》实施前制定的规章制度,虽未经过《劳动合同法》第 4 条第 2 款规定的民主程序,但内容未违反法律、行政法规及政策规定,并已经向员工公示或告知的,可以作为劳动争议仲裁机构审理案件的依据。

《劳动合同法》实施后,用人单位在制定、修改直接涉及劳动者切身利益的规章制度或者重大事项时,未经过《劳动合同法》第 4 条第 2 款规定的民主程序的,原则上不能作为劳动争议仲裁机构审理案件的依据。但规章制度或者重大事项的内容未违反法律、行政法规及政策规定,不存在明显不合理的情形,并已向员工公示或告知,且劳动者没有提出异议的,可以作为劳动争议仲裁机构审理案件的依据。

### (三)违反规章制度的处理流程

1. 违反规章制度举证责任分配

根据《民事诉讼法》的证据原则,当事人对自己提出的主张,有责任提供证据。但在劳动关系中,劳动者相对处于弱势地位,劳动者受用人单位的劳动管理,从事用人单位安排的有报酬的劳动,相关考勤、考核、工资计算、是否违反规章制度的认定处罚等均由用人单位掌握,故劳动相关法规对劳动纠纷的举证责任作了特殊规定。

《最高人民法院关于审理劳动争议案件适用法律问题的解释(一)》(法释〔2020〕26 号)第 44 条规定,因用人单位作出的开除、除名、辞退、解除劳动合同、减少劳动报酬、计算劳动者工作年限等决定而发生的劳动争议,用人单位负举证责任。

2. 依据严重违反规章制度解除劳动合同的程序

劳动者违反公司规章制度,如果达到"严重"程度,企业可根据依法制定的规章制度解除劳动合同,按以下程序进行处理:

(1)有效的规章制度(民主制定、内容合法、有效公示)。

(2)列举固定劳动者违反制度的证据。

(3)解除劳动关系通知书。

一旦用人单位决定以严重违反规章制度解除劳动者的劳动合同，制作解除劳动合同通知书应注意以下因素：

①解除事由：避免使用“开除”“除名”“辞退”词语，统一表述为“解除”，原因尽量简洁（很可能仲裁时要提供相应证据，原因越多，举证越多），因为《最高人民法院关于审理劳动争议案件适用法律问题的解释（一）》（法释〔2020〕26 号）第 44 条规定，因用人单位作出的开除、除名、辞退、解除劳动合同、减少劳动报酬、计算劳动者工作年限等决定而发生的劳动争议，用人单位负举证责任。

②解除依据：必须列明解除劳动合同的法律依据或企业制定的规章制度相应条款，未明示或解除依据与事实不符的，很可能将承担不利后果。

③解除日期：在确定解除日期前，应将劳动者未休年假统计计入在岗时间，将其在离岗日期后加附未休年假天数作为解除劳动合同日期，避免未休年假的 3 倍支付责任。

④其他提示内容：竞业限制、保密义务、工作交接流程、补偿金的领取方式及条件、失业金的手续办理等。

⑤保存劳动者签收证据，保留存档一份，以备后用。

（4）通知工会：在解除劳动者劳动合同前，应向单位工会组织送达《解除劳动合同通知函》。

《劳动合同法》第 43 条规定，用人单位单方解除劳动合同，应当事先将理由通知工会。

《最高人民法院关于审理劳动争议案件适用法律问题的解释（一）》（法释〔2020〕26 号）第 47 条规定，建立了工会组织的用人单位解除劳动合同符合《劳动合同法》第 39 条、第 40 条规定，但未按照《劳动合同法》第 43 条规定事先通知工会，劳动者以用人单位违法解除劳动合同为由请求用人单位支付赔偿金的，人民法院应予支持。

根据本规定，建立工会的企业过错解除劳动合同（《劳动合同法》第 39 条）及非过错解除劳动合同（《劳动合同法》第 40 条）未事前通知工会的，属违法解除。（诉讼前补正的除外，但一裁终局的，无法补正）

没有建立工会的企业，是否需要通知所在地上级工会，各地规定不一（北京、天津、成都等地可以不通知，南京、苏州、宁波、合肥等必须通知），在劳动纠纷实务中，按当地人社部门规定执行办理。

（5）送达。

文书送达：解除劳动合同通知不需劳动者签收，但需证明已尽到告知义务。文书送达的方式主要有直接签收、邮寄送达、公告送达等。

(6)限期办理离职手续:办理离职手续,双方可协商日期,如无法协商,用人单位应给予劳动者必要的离职准备时间,限期办理离职手续。

(7)社会保险档案转出:用人单位应在解除劳动合同15日内为劳动者办理档案和社会保险关系转移手续。

(8)出具解除劳动关系证明书:解除劳动合同的同时,用人单位应出具《解除劳动合同证明书》,该证明书是劳动者离职的正式证明文书,不得与《解除劳动合同通知书》混同。

3. 违反规章制度的其他规定

(1)严重失职与严重违规的区别

①主观过错方面:严重失职为过失,严重违规为故意;

②客观方面:严重失职为未履行应尽职责,严重违规为违反用人单位的规章制度;

③严重程度:严重失职从客观后果去判断,严重违规,从主观恶劣程度判断;

④解除劳动合同:严重失职为达到严重程度,而且还要造成重大损害,严重违规只需达到严重的程度。

(2)违反考勤规章制度的旷工及视为旷工情形

①无故旷工,无正当理由的缺岗,未经请假程序的擅自缺岗,履行了请假手续但未经批准的缺岗,均可直接认定为无故旷工。规章中可规定达到一定天数为严重违反公司规章制度界线。

②视为旷工,专用假期却未用于该假、提供虚假医嘱或事由请假、期满未续假或经催促置之不理等可视为旷工,规章中可规定达到一定天数为严重违反公司规章制度界线。

(3)集团公司、母公司与子公司、分公司之间规章制度适用问题

集团公司内部、母子公司之间、总公司与分公司之间,原则上按是否为独立法人确定规章制度的适用问题。母子公司之间、集团内部各兄弟公司之间,各为独立法人资格的,应各自制定独立的规章制度;总公司与分公司之间,如分公司不具有独立法人资格,可适用总公司规章制度。但无论何种关系,单位内部均需通过培训学习、公示等必要程序才对劳动者适用,否则,未经学习、公示,在发生纠纷时规章制度可能不适用于劳动者。

2017年《成都市中级人民法院审判工作会会议纪要》第26条规定,母公司制定的劳动规章制度不能直接适用于子公司。若要适用,仍须依照《劳动合同法》的规

定经子公司职工代表大会或者全体职工讨论，并依法在子公司内部公示或告知劳动者。

(4)规章制度对新劳动者的适用问题：用人单位现行有效的规章制度，新劳动者入职后不用参与讨论及民主制定过程，直接培训、学习、签收有效。

## 三、规章制度管理内控措施

### (一)规章制度常见法律风险点

1. 规章制度未经过民主协商程序；
2. 规章制度内容违法；
3. 规章制度未公示(未有效公示)；
4. 规章制度合法但不合理；
5. 规章制度内容抽象，不具有可操作性；
6. 规章制度未及时修订，比如地方生育假已调整为158天，但用人单位仍给生育女工98天产假，原规定依据的法规已被修订、废止或已与现行法规冲突等；
7. 不同规章制度间内容冲突，相互矛盾；
8. 规章制度规定与劳动合同约定内容相互冲突；
9. 没有严重违反规章制度的尺度及标准。

### (二)规章制度的内控措施

1. 制定有效的规章制度

用人单位制定的规章制度满足内容合法、民主程序、公示三个要件可作为确定双方权利和义务的依据，若用人单位连规章制度都没有，没有合法有效的规章制度，无法对劳动者进行管理，无法对劳动者进行处罚。

2. 规章制度合法性审查

用人单位每年或在劳动法律法规被废止、修订时聘请专业律师或者专业人士对规章制度合法性进行审查，确保单位规章制度内容不违反法律、行政法规、地方性政策规定。若内容不合法的规章制度，将被认定无效，以此对劳动者的处理、处罚违法，单位将承担赔偿责任。

如《四川省高级人民法院民事审判第一庭关于印发〈关于审理劳动争议案件若干疑难问题的解答〉的通知》(川高法民一〔2016〕1号)第24条第2款规定，企业规章制度中约定“末位淘汰”或“竞争上岗”，用人单位以此为由解除劳动合同的，应认定为解除违法。

另外,广东、深圳等地均规定以末位淘汰或竞争上岗为由解除劳动者劳动合同不合法。

3. 未经民主程序的规章制度内控措施

虽上节已论述过某些地方性规定未经民主程序但《劳动合同法》实施前制定的规章制度有效,《劳动合同法》实施后制定的未经民主程序但经公示、无明显不合理、劳动者未提出异议的规章制度有效。但总体来说,发生劳动争议纠纷,在大部分地区仍认定未经民主程序的规章制度无效。再则,《劳动合同法》从 2008 年开始实施,在这之前制定的规章制度已过去 10 多年,甚至 20 多年乃至更久,其是否适应现今劳动关系调节管理需要,是个很大的问题。还有,各地方规定中,此时认定为有效,过段时间难保不更改相关规定。故此,尽管当地当时规定未经民主程序的规章制度有效,笔者强烈建议对这些老旧规章制度进行修订,在修订过程中,增补民主程序这一环节,让规章制度完全合法合规。

如单位没有职工代表大会或工会,或单位人数太多,操作不便,可分部门、分车间进行,分批次下发填制规章制度意见征询表。确定时,下发填制规章制度意见确定表,再收集汇总,形成完整的民主协商程序,确保规章制度合法有效。

4. 公告公示的内控措施

笔者见过很多企业人资部门对规章制度的公告公示方式:规章制度定稿后,盖章贴在单位公告栏上,或者贴在车间、库房、门卫的墙壁上,过几天扯下来,公示完成。这样的公告方式,等到多年后发生劳动纠纷,劳动者说没经过民主程序,没公示,对规章制度进行无效抗辩。时过境迁,单位没留下公示的一丝痕迹,公示举证异常困难。这种公示方式用人单位至少应照相将照片保留存档,而照相仅能证明有这样一张照片,什么时候照的?是否有其他参照物证明照相时的确切时间?是否发生纠纷后再补?用人单位仍将面临后续繁多的一系列举证任务。

故此,笔者建议,用人单位按照下列方式将规章制度告知劳动者,证据保存更易,证据举证更直接:(1)进行规章制度培训,制作《培训签到表》,让全体在职劳动者签收;(2)将规章制度中涉及劳动者切身利益条款,如调岗、降薪、处罚、辞退等具体内容做成试卷,通过培训考试方式公示;(3)其他电子邮箱、OA 等电子方式进行公示。以上方式可任选其一,也可以配合使用,方便发生劳动纠纷后的调用举证。

5. 规章制度中的"严重违反""重大损害"标准的把握

《关于贯彻执行〈中华人民共和国劳动法〉若干问题的意见》(劳部发〔1995〕309 号)第 87 条规定,《劳动法》第 25 条第 3 项中的"重大损害",应由企业内部规章来规定,不便于在全国对其作统一解释。

因行业不同,企业众多,沿海与内地经济发展不平衡等因素影响,在全国范围内不便对“严重违反”“重大损害”“重大损失”进行统一规范。故用人单位在制定规章制度时,应将严重违反的具体行为一一列举,将重大损害具体金额标准予以明确,不得模棱两可或根本无具体标准。单位在制定规章制度时应在以下方面重点表述:(1)严重违反规章制度的具体行为,如连续旷工多少天、累计旷工多少天为严重违反规章制度行为;(2)严重失职的具体行为;(3)重大损害的标准;(4)兼职对单位造成严重影响的具体标准(企业信誉损失的具体表现、经济损失的具体数额等)。

6. 修订不违反法律但明显不合理的规章制度条款

“996”是否为福报,劳资双方站位不同观点不同,甚至在劳动者这一群体内部,因家境收入、学历等因素影响,各有选择。当然,严格计算“996”,已经违反《劳动法》关于工时的规定,不合法当然就谈不上合理。有些单位规章制度的规定在违法的边缘恣意践踏道德的底线。比如,劳动者一天只能上几次厕所、每次如厕时间不得超过5分钟、流水线劳动者每一岗位只能喝水几次、吃饭时间不得超过10分钟、门前风水石不得踩踏否则开除等不一而足。这些虽然不违反法律、法规的规定,但显然不符合社会常理更有违人伦,即使用人单位能够证明经过法定程序制定并向劳动者公示,但因其内容明显不合理,对劳动者也不具有约束力。

2015年《浙江省宁波市中级人民法院关于审理劳动争议案件若干疑难问题的解答(四)》第7条规定,用人单位规章制度明显不合理的规定不能作为解除劳动合同的依据。

所以,用人单位在建立、修订规章制度时,应将那些明显不合理的条款予以剔除。

# 第十二章

# 劳动报酬与福利内部控制

## 一、劳动报酬与福利概述

劳动报酬是劳动者付出体力脑力劳动所得的对价，体现的是劳动者创造的社会价值。劳动报酬包括三部分：货币工资、实物报酬、社会保险，其中货币工资包括工资、奖金、津贴、补贴、加班费等。实物报酬是用人单位免费或低于成本价提供给劳动者的各项服务和物品。社会保险是用人单位为劳动者向社会保险经办机构缴纳的基本养老、医疗、失业、工伤、生育等社会保险费用。

本章所述劳动报酬，仅指用人单位依据劳动合同的规定以货币形式支付给劳动者的工资报酬。

福利包括货币性福利和非货币性福利，主要有职工防暑降温费、职工困难补助等货币性福利；超过法定休假天数的假期、免费住房、住宿、免费工作餐等非货币性福利。

## 二、劳动报酬法律规定

### （一）工资总额

1990 年《国家统计局关于工资总额组成的规定》第 4 条规定，工资总额由下列六个部分组成：（1）计时工资；（2）计件工资；（3）奖金；（4）津贴和补贴；（5）加班加点工资；（6）特殊情况下支付的工资。

第 11 条规定，下列各项不列入工资总额的范围：有关劳动保险和职工福利方面的各项费用；劳动保护的各项支出；支付给参加企业劳动的在校学生的补贴。

另外，《最高人民法院关于审理拒不支付劳动报酬刑事案件适用法律若干问题的解释》（法释〔2013〕3 号）第 1 条规定，劳动者依照《劳动法》和《劳动合同法》等法律的规定应得的劳动报酬，包括工资、奖金、津贴、补贴、延长工作时间的工资报酬及特殊情况下支付的工资等，应当认定为《刑法》第 276 条之一第 1 款规定的“劳动者的劳动报酬”。

### （二）最低工资标准规定

《劳动法》第 48 条规定，国家实行最低工资保障制度。最低工资的具体标准由省、自治区、直辖市人民政府规定，报国务院备案。用人单位支付劳动者的工资不得低于当地最低工资标准。

《最低工资规定》（劳动和社会保障部令第 21 号）第 12 条规定，在劳动者提供正常劳动的情况下,用人单位应支付给劳动者的工资在剔除下列各项以后,不得低于当地最低工资标准:(1)延长工作时间工资;(2)中班、夜班、高温、低温、井下、有毒有害等特殊工作环境、条件下的津贴;(3)法律、法规和国家规定的劳动者福利待遇等。

如果地方性规定中有其他剔除项,也应一并予以剔除。如《四川省人民政府关于调整全省最低工资标准的通知》(川府规〔2022〕1号)规定,用人单位有条件为劳动者提供食宿的,在此支出之外支付给劳动者的工资也不能低于当地最低工资标准。

该规定有两层含义:第一,提供食宿的,单位可作为福利费用,不在劳动者工资中扣除;第二,单位不作为福利费用,可在劳动者工资中扣除,但扣除后的工资总额不得低于当地最低工资标准。

病假最低工资标准,《关于贯彻执行〈中华人民共和国劳动法〉若干问题的意见》(劳部发〔1995〕309号)第59条规定,职工患病或非因工负伤治疗期间,在规定的医疗期内由企业按有关规定支付其病假工资或疾病救济费,病假工资或疾病救济费可以低于当地最低工资标准支付,但不能低于最低工资标准的80%。

### (三)工资支付规定

1. 工资支付的基本规定

工资支付,根据《工资支付暂行规定》(劳部发〔1994〕489号)的相关规定,工资支付有以下基本规定:

工资应当以法定货币支付,不得以实物及有价证券替代货币支付。用人单位应将工资支付给劳动者本人。劳动者本人因故不能领取工资时,可由其亲属或委托他人代领。用人单位可委托银行代发工资。用人单位必须书面记录支付劳动者工资的数额、时间、领取者的姓名以及签字,并保存2年以上备查。用人单位在支付工资时应向劳动者提供一份其个人的工资清单。

工资必须在用人单位与劳动者约定的日期支付。如遇节假日或休息日,则应提前在最近的工作日支付。工资至少每月支付一次,实行周、日、小时工资制的可按周、日、小时支付工资。

2. 按时足额支付

《劳动法》第50条规定,工资应当以货币形式按月支付给劳动者本人。不得克扣或者无故拖欠劳动者的工资。

《劳动法》第91条规定,克扣或者无故拖欠劳动者工资的,由劳动行政部门责令支付劳动者的工资报酬、经济补偿,并可以责令支付赔偿金。

《工资支付暂行规定》第 9 条规定,劳动关系双方依法解除或终止劳动合同时,用人单位应在解除或终止劳动合同时一次付清劳动者工资。

工资支付是用人单位法定的无条件义务,如根据规章制度进行市场业务移交,待无其他遗留问题再发放工资或预留部分工资的行为,为违法行为,延迟发放已构成“无故拖欠”,承担不利法律后果。

(1)克扣的定义。

《对〈工资支付暂行规定有关问题〉的补充规定》(劳部发〔1995〕226 号)第 3 条规定,《工资支付暂行规定》第 15 条中所称“克扣”系指用人单位无正当理由扣减劳动者应得工资(在劳动者已提供正常劳动的前提下用人单位按劳动合同规定的标准应当支付给劳动者的全部劳动报酬)。不包括以下减发工资的情况:①国家的法律、法规中有明确规定的;②依法签订的劳动合同中有明确规定的;③用人单位依法制定并经职代会批准的厂规、厂纪中有明确规定的;④企业工资总额与经济效益相联系,经济效益下浮时,工资必须下浮的(但支付给劳动者工资不得低于当地的最低工资标准);⑤因劳动者请事假等相应减发工资等。

(2)无故拖欠的定义。

《对〈工资支付暂行规定有关问题〉的补充规定》第 4 条规定,《工资支付暂行规定》第 18 条所称“无故拖欠”系指用人单位无正当理由超过规定付薪时间未支付劳动者工资。不包括:①用人单位遇到非人力所能抗拒的自然灾害、战争等原因,无法按时支付工资;②用人单位确因生产经营困难、资金周转受到影响,在征得本单位工会同意后,可暂时延期支付劳动者工资,延期时间的最长限制可由各省、自治区、直辖市劳动行政部门根据各地情况确定。其他情况下拖欠工资的行为均构成“无故拖欠”。

比如,《深圳市员工工资支付条例》第 11 条、第 12 条规定,工资支付周期不超过 1 个月的,约定的工资支付日不得超过支付周期期满后第 7 日。用人单位因故不能在约定的工资支付日支付工资的,可以延期 5 日;因生产经营困难,需延期超过 5 日的,应当征得本单位工会或者劳动者本人书面同意,但是最长不得超过 15 日。

但劳动者以用人单位存在未及时足额支付劳动报酬为由提出解除劳动合同前,用人单位已经补正的,劳动者存在不能获得经济补偿的风险。

2019 年《山东省高级人民法院、山东省人力资源和社会保障厅关于审理劳动人事争议案件若干问题会议纪要》第 15 条规定,用人单位存在未及时足额支付劳动报酬或者未依法为劳动者缴纳社会保险费情形，但在劳动者以前述情形为由提出解除劳动合同前，用人单位已经补正的，劳动者要求用人单位支付解除劳动合同的经济补偿，不予支持。

克扣、拖欠工资的处理，如已形成工资克扣、拖欠，劳动者不可贸然提出被迫离职要求经济补偿。因为一旦劳动者提起仲裁要求用人单位支付工资，用人单位立即支付，其克扣、拖欠违法事实已不复存在。站在劳动者的角度，应在职讨薪，单位仍不支付，在固定单位拒不支付事实或证据后再申请仲裁，劳动者提出被迫解除劳动合同，单位一般要承担支付经济补偿责任。

（3）工资支付中“未及时、未足额”的地方性规定。

以下是几个如何认定“未及时、未足额”支付工资的地方性规定，用人单位可借鉴以应对劳动者相应诉求的处理：

《上海市高级人民法院关于适用〈劳动合同法〉若干问题的意见》（沪高法〔2009〕73号）规定，用人单位因主观恶意而未“及时、足额”支付劳动报酬，可以作为劳动者解除合同的理由。但对确因客观原因导致计算标准不清楚、有争议，导致用人单位未能“及时、足额”支付劳动报酬，不能作为劳动者解除合同的依据。

2012年《浙江省高级人民法院民一庭关于审理劳动争议纠纷案件若干疑难问题的解答》规定，用人单位因过错未及时、足额支付劳动报酬的，可以作为劳动者解除劳动合同的理由。但用人单位有证据证明确因客观原因导致计算标准不清楚、有争议，或确因经营困难、具有合理理由或经劳动者认可，劳动者以用人单位未“及时、足额”支付劳动报酬为由解除劳动合同，要求用人单位支付经济补偿的，不予支持。

《宁波市中级人民法院关于印发〈民事审判若干问题解答（第二辑）〉的通知》中规定，对《劳动合同法》第38条第1款第2项中的“未及时足额支付劳动报酬”，实践中应如何把握？答：如用人单位拖欠劳动报酬数额较少或者仅某一月份比合同约定迟发数日，显然未达到严重或重大之情节，用人单位的行为尚未构成“根本违约”，劳动者不能以此主张解除劳动合同后的经济补偿，否则不利于用人单位和劳动者双方利益平衡，也不符合《劳动合同法》通过该条保护劳动者基本和重要的生存权这一立法精神。

（4）按时足额支付的应对，用人单位可在劳动者手册或薪酬制度中规定，劳动者在收到当月工资时，对考勤时间和工资数额有异议的，在3个工作日内向单位提出书面申请，否则视为劳动者对以前的考勤及工资数额没有异议。这样，可促使劳动者及时对工资异议提出处理，用人单位也可规避工资支付举证责任法律风险。

3. 支付周期

《劳动法》第 50 条规定，工资应当以货币形式按月支付给劳动者本人。不得克扣或者无故拖欠劳动者的工资。

即工资支付周期为 30 天，正常情况下，从当月发放工资的考勤截止日第二日起至下月考勤截止日。如出现单位停工等特殊事由，从停工之日开始计算至下月同日止，为一个支付周期。

《人力资源和社会保障部、最高人民法院〈关于联合发布第一批劳动人事争议典型案例的通知〉》(人社部函〔2020〕62 号)案例 4 中，阐述了如何理解“一个工资支付周期”，正确发放未及时返岗劳动者工资待遇，明确了一个工资支付周期为 1 个月完整期间。

案例分析：本案的争议焦点是如何理解“一个工资支付周期”。《工资支付暂行规定》(劳部发〔1994〕489 号)第 12 条及《人力资源和社会保障部关于妥善处理新型冠状病毒感染的肺炎疫情防控期间劳动关系问题的通知》(人社厅明电〔2020〕5 号)均涉及“一个工资支付周期”，该周期的性质应属缓冲期，主要目的是体现风险共担和疫情期间对劳动者基本权益的保护，只有理解为一个时间长度，才符合相关规定的内涵。如果将“超过一个工资支付周期”理解为“跨越当前支付周期截止时间点”，则易引发用人单位停工时间相同，却仅因工资支付周期起算时间不同，而承担不同工资支付责任的问题。

离职工资支付处理：劳动者离职时用人单位应当及时支付离职工资，但难免会遇到不配合交接的劳动者，可在入离职流程或规章制度中规定，离职时最后 1 个月工资在办理工作交接时以现金方式支付，规避出现劳动者不辞而别、未办交接手续单位却必须支付工资的被动局面。

4. 特殊情况下支付的工资

(1)非因劳动者原因停工停产工资支付

《工资支付暂行规定》(劳部发〔1994〕489 号)第 12 条规定，非因劳动者原因造成单位停工、停产在一个工资支付周期内的，用人单位应按劳动合同规定的标准支付劳动者工资。超过一个工资支付周期的，若劳动者提供了正常劳动，则支付给劳动者的劳动报酬不得低于当地的最低工资标准；若劳动者没有提供正常劳动，应按国家有关规定办理。

(2)劳动者给单位造成损失赔偿扣款的例外

《工资支付暂行规定》(劳部发〔1994〕489 号)第 16 条规定，因劳动者本人原因给用人单位造成经济损失的，用人单位可按照劳动合同的约定要求其赔偿经济损失。经济损失的赔偿，可从劳动者本人的工资中扣除。但每月扣除的部分不得超过劳动者当月工资的20%。若扣除后的剩余工资部分低于当地月最低工资标准，则按最低工资标准支付。

如果劳动者给单位造成损失，但正处于离职阶段，如不全部扣除，单位权益将无法得到保障，此种情况下单位有权将所有损失全部扣除，如全部扣除工资后仍不足以弥补损失，单位有权要求劳动者在离职前补足损失差额。

（3）严冬酷暑特殊天气下工资支付

《关于印发防暑降温措施管理办法的通知》（安监总安健〔2012〕89号）第8条规定，在高温天气期间，用人单位应当根据生产特点和具体条件，采取合理安排工作时间、轮换作业、适当增加高温工作环境下劳动者的休息时间和减轻劳动强度、减少高温时段室外作业等措施：因高温天气停止工作、缩短工作时间的，用人单位不得扣除或降低劳动者工资。

（4）年度中途离职劳动者主张相应时间段年终奖的效力

劳动者在中途离职，在年后主张年度年终奖，主要看年终奖是否按惯例每年都发，或者有考核相关办法等成文规定，如有，应支付年终奖。

企业规章制度或考核制度明示的奖金属劳动报酬，对符合条件的离职劳动者未发放奖金，属克扣工资，可能支付离职补偿金。

如《四川省高级人民法院、四川省劳动人事争议仲裁委员会关于印发〈关于审理劳动争议案件有关问题的会议纪要〉的通知》（川高法〔2020〕39号）第13条规定，劳动者在劳动合同到期之前离职，主张用人单位以劳动者实际工作时间按比例支付其应得的年终奖励的，应予支持。但用人单位依法制定的规章制度规定或劳动合同约定不予发放的除外。

另外，2017年《天津法院劳动争议案件审理指南》等也有类似规定。

（5）限制或部分限制人身自由期间工资支付的探讨

因为企业强迫劳动，或其他“春节用工荒”期间扣留劳动者春节返乡形成限制或部分限制人身自由状态，其工资如何支付问题。笔者认为，如提供了正常劳动，按正常工作时间计算支付工资，未提供劳动的，可不支付工资。至于企业的强迫劳动行为，可申请由相关劳动行政部门予以处罚。

5. 关于同工同酬的理解与适用

《劳动法》第46条第1款规定，工资分配应当遵循按劳分配原则，实行同工同酬。

同工同酬是劳动法确立的一项工资支付基本规则，用人单位严格遵守。但由于劳动者存在个体差异，不能简单按所有劳动者在相同岗位拿相同酬劳处理，因劳动者的个人工作经验、工作技能、工作积极性等不同，应允许用人单位在相同工作岗位的劳动者在劳动报酬方面有所差别。用人单位在工资设计和应用时，对同岗位分档分级支付薪酬，与劳动者能力匹配，也是企业用工自主权的切实体现。

还有一个现实问题，机关、事业单位目前实行编制与非编制双轨制，同一用人单位内部呈现两种不同类型劳动者，存在同工不同酬现象。2011 年《辽宁省劳动人事争议仲裁委员会审理劳动人事争议案件若干问题的指导意见（一）》第 6 条规定，机关事业单位的编制外人员、用人单位体制外人员要求与用人单位编制内人员或体制内人员同工同酬的，一般不予支持。

6. 主张劳动报酬的期限

《劳动争议调解仲裁法》第 27 条规定，劳动争议申请仲裁的时效期间为 1 年。仲裁时效期间从当事人知道或者应当知道其权利被侵害之日起计算。

劳动关系存续期间因拖欠劳动报酬发生争议的，劳动者申请仲裁不受本条第 1 款规定的仲裁时效期间的限制；但是，劳动关系终止的，应当自劳动关系终止之日起 1 年内提出。

即追诉劳动报酬无时效限制，但能否真正无限期追诉劳动报酬，在法律层面和现实层面均困难重重。依据《工资支付暂行规定》（劳部发〔1994〕489 号）的规定，用人单位必须书面记录支付劳动者工资的数额、时间、领取者的姓名以及签字，并保存 2 年以上备查。即用人单位的工资支付资料保存义务为 2 年，换言之，用人单位的工资支付举证责任期为 2 年。超过 2 年的举证责任在劳动者一方，可以说，超过 2 年的工资追诉举证对劳动者来说举步维艰。

四川省的劳动报酬追诉时效规定在地方性法规中较有代表性：《四川省高级人民法院、四川省劳动人事争议仲裁委员会关于印发〈关于审理劳动争议案件有关问题的会议纪要〉的通知》（川高法〔2020〕39 号）第 10 条规定，劳动者与用人单位因劳动报酬产生争议的，自劳动者申请仲裁之日起向前推算 2 年内的劳动报酬情况由用人单位承担举证责任。超过 2 年的劳动报酬情况，由劳动者承担举证责任。

因近年农民工工资纠纷多发，影响较大，故国务院单独出台规定，以确保农民工权益不受侵害。

《保障农民工工资支付条例》（国务院令第 724 号）第 15 条第 1 款规定，用人单位应当按照工资支付周期编制书面工资支付台账，并至少保存 3 年。即农民工的工资追诉期为 3 年。

### (四)劳动者工资金额对用人单位经营成本的影响

单位劳动者工资高低,一般根据不同行业薪酬基数确定,高薪高奖当然是劳动者都渴望的,但企业能否持续高薪高奖,不但看盈利能力和现金流,还得看企业能否扛得住高薪高奖背后的社会保险等成本。企业是轮船,高薪是挂在桅杆上飘扬的亮丽旗帜,而海水底下我们看不到的是工资数字背后的隐性人力成本。以下为与工资有关的经营成本或企业违法成本:

1. 社会保险费用,按本单位上年度职工工资总额一定比例缴纳,包括基本养老保险、医疗保险、工伤保险、生育保险、失业保险,因各地规定不一,一般为工资总额的20% ~30%不等。调控文件为《社会保险法》。

2. 住房公积金,按职工上年度月平均工资的5% ~12%缴纳,最低不得低于5%。调控文件为《住房公积金管理条例》。

3. 加班工资,安排职工延时加班、休息日加班、法定节假日加班,按工资标准支付150%、200%、300%加班工资。调控文件为《劳动法》《工资支付暂行规定》等。

4. 未休年休假工资,按应休未休年休假天数,以日工资收入的300%支付未休年休假工资报酬(含已支付的1倍工资)。调控文件为《职工带薪年休假条例》《企业职工带薪年休假实施办法》。

5. 个税,职工工资收入为工资、薪金所得,达到应缴税所得额标准的,缴纳个税。调控文件为《个人所得税法》。

6. 未签书面劳动合同2倍工资差额,一般以劳动者离职前正常工作状态下12个月的应得工资为基数计算2倍工资差额。调控文件为《劳动合同法》。

7. 生育津贴,已经参加生育保险的,按照用人单位上年度职工月平均工资的标准由生育保险基金支付;对未参加生育保险的,按照女职工产假前工资的标准由用人单位支付(女职工原有工资标准超过当地平均工资3倍的情形时,按当地平均工资3倍支付)。调控文件为《女职工劳动保护特别规定》。

8. 工伤职工停工留薪期工资,职工因工作遭受事故伤害或者患职业病需要暂停工作接受工伤医疗的,在停工留薪期内,原工资福利待遇不变,由所在单位按月支付。调控文件为《工伤保险条例》。

9. 医疗期工资,职工患病或非因工负伤治疗期间,在规定的医疗期内由企业按有关规定支付其病假工资或疾病救济费,病假工资或疾病救济费可以低于当地最低工资标准支付,但不能低于最低工资标准的80%。调控文件为《关于贯彻执行〈中华人民共和国劳动法〉若干问题的意见》(劳部发〔1995〕309号)。

10. 违法约定试用期赔偿金，用人单位违反规定与劳动者约定试用期的，且已经履行的，由用人单位以劳动者试用期满月工资为标准，按已经履行的超过法定试用期的期间向劳动者支付赔偿金。调控文件为《劳动合同法》。

11. 代通知金，用人单位依照《劳动合同法》第 40 条的规定，选择不提前通知而额外支付劳动者 1 个月工资解除劳动合同的，按照该劳动者上 1 个月的工资标准支付。调控文件为《劳动合同法》《劳动合同法实施条例》。

12. 经济补偿，符合支付经济补偿条件的，按本单位工作的年限，每满 1 年支付 1 个月工资的标准向劳动者支付经济补偿。6 个月以上不满 1 年的，按 1 年计算；不满 6 个月的，向劳动者支付半个月工资的经济补偿。月工资是指劳动者在劳动合同解除或者终止前 12 个月的平均工资。调控文件为《劳动合同法》。

13. 违法解除或终止劳动合同的赔偿金，用人单位违法解除或终止劳动合同，按经济补偿标准的二倍向劳动者支付赔偿金。调控文件为《劳动合同法》。

14. 工伤职工一次性就业补助金、非法用工一次性赔偿金，均由用人单位承担，其计算基数与职工工资数额无关，按当地上年度职工平均工资计算。调控文件为《工伤保险条例》《非法用工单位伤亡人员一次性赔偿办法》。

15. 竞业限制补偿，用人单位与劳动者约定了竞业限制，但未约定解除或者终止劳动合同后给予劳动者经济补偿，劳动者履行了竞业限制义务，可以要求用人单位按照劳动者在劳动合同解除或者终止前 12 个月平均工资的 30% 按月支付。调控文件为《最高人民法院关于审理劳动争议案件适用法律问题的解释（一）》。

16. 残保金，企业有安置残疾人就业的义务，安置人数一般按企业在职职工总人数的 1.5% ~2% 的比例进行确定，残保金按各月未安置人数与企业上年度职工相应月份平均工资之积计算，各地区可能会有计算差异的规定，但大致政策相同。调控文件为《残疾人保障法》及各地残疾人相关保障条例。

17. 工会经费，企业按每月全部职工工资总额的 2% 计提工会经费，其中一部分（四川省为 57%）通过缴款书划入缴款单位工会账户，一部分（四川省为 43%）通过缴款书划入当地的税务部门代征工会经费集中账户。调控文件为《工会法》。

18. 职工教育经费，企业按工资薪金总额 8% 计提职工教育经费，用于职工劳动技能提高和其他教育相关支出。

19. 职工福利费，企业按工资、薪金总额的 14% 计提职工福利费，用于职工福利费支出。

### （五）拒不支付劳动报酬罪

我国从 2013 年出台拒不支付职工工资入刑规定，但时至今日，无论是企业经营主还是职工,甚至从事专业工作的人力资源 HR,对拒不支付工资入刑都没有概念。笔者接触到一家建筑企业劳动者讨薪劳动纠纷案件,企业里上至总经理下至钢筋工,没一个听说过拒不支付劳动报酬的可能会入刑,甚至该公司法务也支支吾吾语焉不详。在此,简略介绍一下拒不支付劳动报酬罪。

1. 拒不支付劳动报酬罪定义

《刑法》第 276 条【破坏生产经营罪;拒不支付劳动报酬罪】规定,以转移财产、逃匿等方法逃避支付劳动者的劳动报酬或者有能力支付而不支付劳动者的劳动报酬,数额较大,经政府有关部门责令支付仍不支付的,处 3 年以下有期徒刑或者拘役,并处或者单处罚金;造成严重后果的,处 3 年以上 7 年以下有期徒刑,并处罚金。

单位犯前款罪的,对单位判处罚金,并对其直接负责的主管人员和其他直接责任人员,依照前款的规定处罚。

有前两款行为,尚未造成严重后果,在提起公诉前支付劳动者的劳动报酬,并依法承担相应赔偿责任的,可以减轻或者免除处罚。

2. 符合定罪的情形

《最高人民法院关于审理拒不支付劳动报酬刑事案件适用法律若干问题的解释》(法释〔2013〕3 号)第 2 条规定,以逃避支付劳动者的劳动报酬为目的,具有下列情形之一的,应当认定为《刑法》第 276 条之一第 1 款规定的“以转移财产、逃匿等方法逃避支付劳动者的劳动报酬”:(1)隐匿财产、恶意清偿、虚构债务、虚假破产、虚假倒闭或者以其他方法转移、处分财产的;(2)逃跑、藏匿的;(3)隐匿、销毁或者篡改账目、职工名册、工资支付记录、考勤记录等与劳动报酬相关的材料的;(4)以其他方法逃避支付劳动报酬的。

该解释第 4 条规定,经人力资源和社会保障部门或者政府其他有关部门依法以限期整改指令书、行政处理决定书等文书责令支付劳动者的劳动报酬后,在指定的期限内仍不支付的,应当认定为《刑法》第 276 条之一第 1 款规定的“经政府有关部门责令支付仍不支付”,但有证据证明行为人有正当理由未知悉责令支付或者未及时支付劳动报酬的除外。

行为人逃匿,无法将责令支付文书送交其本人、同住成年家属或者所在单位负责收件的人的,如果有关部门已通过在行为人的住所地、生产经营场所等地张贴责令支付文书等方式责令支付,并采用拍照、录像等方式记录的,应当视为“经政府有关部门责令支付”。

2014 年《最高人民法院、最高人民检察院、人力资源和社会保障部、公安部关于加强涉嫌拒不支付劳动报酬犯罪案件查处衔接工作的通知》第 1 条第 2 项规定,行为人拖欠劳动者劳动报酬后，人力资源和社会保障部门通过书面、电话、短信等能够确认其收悉的方式，通知其在指定的时间内到指定的地点配合解决问题，但其在指定的时间内未到指定的地点配合解决问题或明确表示拒不支付劳动报酬的，视为《刑法》第276条之一第1款规定的“以逃匿方法逃避支付劳动者的劳动报酬”。但是，行为人有证据证明因自然灾害、突发重大疾病等非人力所能抗拒的原因造成其无法在指定的时间内到指定的地点配合解决问题的除外。

3. 构成拒不支付工资罪的量刑依据

（1）数额依据

《最高人民法院关于审理拒不支付劳动报酬刑事案件适用法律若干问题的解释》（法释〔2013〕3号）第3条规定，具有下列情形之一的，应当认定为《刑法》第276条之一第1款规定的“数额较大”：

①拒不支付1名劳动者3个月以上的劳动报酬且数额在5000～10,000元以上的；

②拒不支付10名以上劳动者的劳动报酬且数额累计在3万～10万元以上的。

各省、自治区、直辖市高级人民法院可以根据本地区经济社会发展状况，在前款规定的数额幅度内，研究确定本地区执行的具体数额标准，报最高人民法院备案。

（2）严重后果的认定

《最高人民法院关于审理拒不支付劳动报酬刑事案件适用法律若干问题的解释》（法释〔2013〕3号）第5条规定，拒不支付劳动者的劳动报酬，符合本解释第3条的规定，并具有下列情形之一的，应当认定为《刑法》第276条之一第1款规定的“造成严重后果”：

①造成劳动者或者其被赡养人、被扶养人、被抚养人的基本生活受到严重影响、重大疾病无法及时医治或者失学的；

②对要求支付劳动报酬的劳动者使用暴力或者进行暴力威胁的；

③造成其他严重后果的。

（3）从轻、从宽、免除情形认定

《最高人民法院关于审理拒不支付劳动报酬刑事案件适用法律若干问题的解释》（法释〔2013〕3号）第6条规定，拒不支付劳动者的劳动报酬，尚未造成严重后果，在刑事立案前支付劳动者的劳动报酬，并依法承担相应赔偿责任的，可以认定为情节显著轻微危害不大，不认为是犯罪；在提起公诉前支付劳动者的劳动报酬，并依法承担相应赔偿责任的，可以减轻或者免除刑事处罚；在一审宣判前支付劳动者的劳动报酬，并依法承担相应赔偿责任的，可以从轻处罚。

对于免除刑事处罚的，可以根据案件的不同情况，予以训诫、责令具结悔过或者赔礼道歉。

拒不支付劳动者的劳动报酬，造成严重后果，但在宣判前支付劳动者的劳动报酬，并依法承担相应赔偿责任的，可以酌情从宽处罚。

2014年《最高人民法院、最高人民检察院、人力资源和社会保障部、公安部关于加强涉嫌拒不支付劳动报酬犯罪案件查处衔接工作的通知》第1条第3项规定，企业将工程或业务分包、转包给不具备用工主体资格的单位或个人，该单位或个人违法招用劳动者不支付劳动报酬的，人力资源和社会保障部门应向具备用工主体资格的企业下达限期整改指令书或行政处罚决定书，责令该企业限期支付劳动者劳动报酬。对于该企业有充足证据证明已向不具备用工主体资格的单位或个人支付了劳动者全部的劳动报酬，该单位或个人仍未向劳动者支付的，应向不具备用工主体资格的单位或个人下达限期整改指令书或行政处理决定书，并要求企业监督该单位或个人向劳动者发放到位。

4. 拒不支付工资罪的责任主体

《最高人民法院关于审理拒不支付劳动报酬刑事案件适用法律若干问题的解释》（法释〔2013〕3号）第7条规定，不具备用工主体资格的单位或者个人，违法用工且拒不支付劳动者的劳动报酬，数额较大，经政府有关部门责令支付仍不支付的，应当依照《刑法》第276条之一的规定，以拒不支付劳动报酬罪追究刑事责任。

第8条规定，用人单位的实际控制人实施拒不支付劳动报酬行为，构成犯罪的，应当依照《刑法》第276条之一的规定追究刑事责任。

第9条规定，单位拒不支付劳动报酬，构成犯罪的，依照本解释规定的相应个人犯罪的定罪量刑标准，对直接负责的主管人员和其他直接责任人员定罪处罚，并对单位判处罚金。

5. 拒不支付工资罪的地方性规定

我国刑法在各地入刑认定、定罪数额标准等不一定完全一致，下面以四川省为例，粗略了解拒不支付工资罪的地方性量刑标准：

《四川省高级人民法院关于我省拒不支付劳动报酬罪具体数额执行标准的通知》（川高法〔2013〕330号）规定，根据《最高人民法院关于审理拒不支付劳动报酬刑事案件适用法律若干问题的解释》（法释〔2013〕3号），结合我省经济社会发展状况，现对我省拒不支付劳动报酬罪具体数额执行标准规定如下：（1）拒不支付1名劳动者3个月以上的劳动报酬且数额在1万元以上的；（2）拒不支付10名以上劳动者的劳动报酬且数额累计在5万元以上的。

6. 公务员体系被刑事处罚的工资待遇规定

公务员体系人员不作为劳动法相关法律调整范畴,但他们的劳动报酬,与千千万万各个家庭有着紧密关系。特别是公务员被刑事处罚的后果,作为律师或者法律工作者有必要作一个基本的了解。

《关于公务员被采取强制措施和受行政刑事处罚工资待遇处理有关问题的通知》(人社部发〔2010〕104号)规定,公务员在职被采取强制措施和受行政、刑事处罚的工资待遇处理:

(1)公务员被取保候审、监视居住、刑事拘留、逮捕期间,停发工资待遇,按本人原基本工资的75%计发生活费,不计算工作年限。

(2)公务员被刑事拘留在逃或批准逮捕在逃的,停发工资待遇。

(3)公务员被收容教育、强制隔离戒毒、劳动教养和行政拘留期间,未被开除的,停发工资待遇,按本人原基本工资的75%计发生活费,不计算工作年限。期满后的工资待遇,根据所受处分相应确定。

(4)公务员受到刑事处罚,处分决定机关尚未作出开除处分决定的,从人民法院判决生效之日起,取消原工资待遇。

(5)公务员受到刑事处罚,经再审宣告无罪或免予刑事处罚,原开除处分决定被撤销,不再给予处分的,从处分变更的次月起恢复工资待遇。原判期间和刑罚执行完毕至开除处分决定被撤销期间,被停发的工资由单位补发。达到国家规定的退休年龄以前,原判期间和刑罚执行完毕至开除处分决定被撤销期间计算工作年限。

(6)公务员受到刑事处罚,经再审宣告无罪或免予刑事处罚,原开除处分决定被变更的,根据变更后的处分相应确定工资待遇,从处分变更的次月起执行。原判期间和刑罚执行完毕至开除处分决定被变更期间,被多减发的工资由单位补发。达到国家规定的退休年龄以前,原判期间和刑罚执行完毕至开除处分决定被变更期间计算工作年限。

## 三、劳动者福利

我们经常说一个单位待遇怎样,其实就是说单位的工资福利待遇如何,而工资与福利紧密联系,有时彼此不分混为一谈,工资与福利其实是有一定区别的。

《个人所得税法实施条例》(国务院令第707号)第11条规定,《个人所得税法》第4条第1款第4项所称福利费,是指根据国家有关规定,从企业、事业单位、国家机关、社会组织提留的福利费或者工会经费中支付给个人的生活补助费;所称救济金,是指各级人民政府民政部门支付给个人的生活困难补助费。

我们再从下面规定中可看出福利的相关范围具体项目认定:

《国家税务总局关于企业工资薪金及职工福利费扣除问题的通知》(国税函〔2009〕3 号)第 3 条规定,关于职工福利费扣除问题,《企业所得税法实施条例》第 40 条规定的企业职工福利费,包括以下内容:

1. 尚未实行分离办社会职能的企业,其内设福利部门所发生的设备、设施和人员费用,包括职工食堂、职工浴室、理发室、医务所、托儿所、疗养院等集体福利部门的设备、设施及维修保养费用和福利部门工作人员的工资薪金、社会保险费、住房公积金、劳务费等。

2. 为职工卫生保健、生活、住房、交通等所发放的各项补贴和非货币性福利,包括企业向职工发放的因工外地就医费用、未实行医疗统筹企业职工医疗费用、职工供养直系亲属医疗补贴、供暖费补贴、职工防暑降温费、职工困难补贴、救济费、职工食堂经费补贴、职工交通补贴等。

3. 按照其他规定发生的其他职工福利费,包括丧葬补助费、抚恤费、安家费、探亲假路费等。

以上为福利性补贴。

而高空津贴、井下津贴、流动施工津贴、野外工作津贴、林区津贴、高温作业临时补贴、海岛津贴、艰苦气象台(站)津贴、微波站津贴、高原地区临时补贴、冷库低温津贴、基层审计人员外勤工作补贴、邮电人员外勤津贴、夜班津贴、中班津贴、班(组)长津贴、学校班主任津贴、三种艺术(舞蹈、武功、管乐)人劳动者种补贴、运动队班(队)干部驻队补贴、公安干警值勤岗位津贴、环卫人员岗位津贴、广播电视天线岗位津贴、盐业岗位津贴、废品回收人员岗位津贴、殡葬特殊行业津贴、城市社会福利事业用人单位岗位津贴、环境监测津贴、收容遣送岗位津贴等则属于《关于工资总额组成的规定》第 4 条第 4 项"津贴和补贴",属工资组成部分。

从上述规定中,基本可以分清福利性补贴与工资性补贴的范围和区别,在企业实务中,常有人提及区分福利与工资的认定方式,即看这些费用的支出时间,经常性、按月支出的为工资性支出,不定时的、时有时无或一年一次发放的为福利性支出,这种分类方法不严谨,简单举个例子,年终奖一年发一次,属于劳动报酬,不能因为发放的间隔时间长就认定为福利。但是,如果将不易区分的补贴或将福利性补贴作为劳动合同薪酬的一部分固定在工资中一同发放,或以工作量、出勤天数等方式进行计量发放,则福利补贴可能被认定为工资性补贴,计入工资总额。

以下为国家税务总局对此类费用发放的规范认定：

《国家税务总局关于企业工资薪金和职工福利费等支出税前扣除问题的公告》（国家税务总局公告2015年第34号）规定，根据《企业所得税法》及其实施条例的相关规定，现对企业工资薪金和职工福利费等支出企业所得税税前扣除问题公告如下：企业福利性补贴支出税前扣除问题，列入企业劳动者工资薪金制度、固定与工资薪金一起发放的福利性补贴，符合《国家税务总局关于企业工资薪金及职工福利费扣除问题的通知》（国税函〔2009〕3号）第1条规定的，可作为企业发生的工资薪金支出，按规定在税前扣除。

即符合规定的福利费，列入工资册与工资每月固定发放，其性质可能改变为工资性补贴而计入劳动者工资总额。企业在发放福利费时应注意方式的区别，以免福利费计入工资额而产生社会保险缴纳和其他额外成本负担。而一旦认定为工资性补贴，计算职工经济补偿或赔偿金时，将计入职工工资基数。

## 四、劳动报酬及福利内控措施

### （一）工资结构设计内控措施

企业工资结构的设计是个技术活，我们倾向于在工资构成上尽量细分，避免劳动者月薪3000元就在劳动合同中约定为“月工资3000元”的简单粗暴操作模式。因为工资结构涉及加班工资计算、违约金计算、经济补偿计算等一系列企业用工成本问题，是企业人资部门和企业法律顾问不能回避的重要课题。

1. 工资构成可拆分为基本工资、保密费、全勤奖、交通补贴、岗位工资等，除基本工资外，其他补贴均以考核或附条件的方式支付，规避长期病假、生育等人员未出勤却全薪的情况发生，让调岗时调薪处理更为顺畅。劳动合同约定工资额为基本工资，这样约定的目的，那些长期从事劳动争议纠纷处理的律师和法律顾问深有体会。

2. 保安等劳动者工资约定为值班制，按最低工资标准确定基本工资（加班费计算基数），超过部分为值班岗位津贴或加班工资，但法定节假日一般应另行单独计算加班工资。

3. 年终奖设计，在绩效考核制度中规定只有在发放时在岗才符合年终奖考核条件，中途离职不予计算；或直接改为稳岗福利，发放时在职人员才有资格享受。在一些地方性规定中，规章制度中有明确规定发放年终奖条件的，予以支持。另外，在月度工资与年终奖设计中，有条件的可适当提高年终奖额度而降低月度工资金额，这样操作的用途，一是延迟资金使用，全年总计支付给劳动者的薪酬不变，月度支付少了，自然减少了资金占用。二是社会保险按上年度劳动者工资额缴纳，年终奖在第二年度初支付，实际上这部分额度的社会保险缴纳延缓了一个年度。其他增加年终奖额度的用途如社会保险缴费基数核定等各地区各企业自行挖潜，见仁见智，笔者不再赘述。

### （二）保密费运用内控措施

保密是《劳动法》《劳动合同法》规定劳动者必须履行的法定义务，劳动者遵守用人单位保密义务，用人单位不需支付其保密费。而笔者建议在工资结构设计中设置保密费，目的有两个：一是单位没有法定义务为保密劳动者支付保密费，但为提高劳动者的保密意识及出于保密的需要，用人单位仍然可以支付保密费，强化劳动者保密意识，当然不是额外支付劳动者一部分保密费，而是在相关保密岗位工资结构设计时预留一部分保密费，总工资额并不增加。二是将保密费作为单独支付的费用，虽并入工资一同发放，但其性质不属于工资，用人单位可自主决定支付项目，可将其作为特殊补贴、特殊福利。

根据《国家统计局关于工资总额组成的规定》或其他相关规定，目前的法律法规均未对保密费的性质进行认定，笔者认为，保密费与工作时间、工作量、工作业绩无关，只与接触的商业机密相关，付出保守秘密不外泄的对价，无法用单位报酬进行计量，职工请假时并不按请假天数扣除保密费，没有薪酬收入的特性，不属于工资收入。

笔者在多起劳动争议纠纷中采用离职前12个月平均工资不包含保密费的策略及思路，均得到了仲裁庭和法院的支持。但用人单位在操作时注意两点：一是与劳动者签订保密协议，条款中明确保密费的性质不属于劳动报酬；二是在劳动者缺勤扣款时，不能把保密费纳入扣款项，以保持其特殊补贴与工时无关，与工作量无关的特性。

### （三）劳动者违纪扣罚工资的内控措施

《企业职工奖惩条例》（国发〔1982〕59号）已于2008年1月15日由国务院令516号废止，原企业的罚款权已消失，再行罚款不合法，属克扣劳动者工资行为。

罚款是国家行政机关的行政权力，企业对劳动者无罚款权，缺勤旷工可按时间扣除工资额度，但不可超出其标准工资计算的小时工资数；其他扣划工资充抵借款、罚款的做法即便有制度支撑，但与法律规定相悖的，将被认定为克扣工资，劳动者有权解除劳动合同并要求支付经济补偿，从而导致单位被动。

我们经常遇到企业单位的考勤制度或其他规章制度中有这样的规定：劳动者迟到 30 分钟，罚款 50 元，迟到 1 小时，罚款 100 元，迟到超过 1 小时扣除全天工资，旷工 1 天，扣罚 2 天工资等。如此规定虽然很有震慑性但不合法。

用人单位在处理迟到、旷工等扣款时，可在考勤制度或薪酬制度中规定，设全勤奖，满勤可领全额出勤补贴，以奖代罚，细化减发规则，如迟到一次按全额出勤补贴的 80% 发放，旷工一天按全额出勤补贴的 50% 发放等，其扣款实质与缺一罚二、旷一罚三等一样，但法律效果不同，以规避罚款无效或克扣劳动者工资的法律风险。

另一个扣罚工资的注意点是，劳动者给单位造成损失，按规定只能按劳动者月工资的 20% 进行扣款，笔者的建议是，不在工资中扣除，全额发放工资，让劳动者自行全额交纳损失款，以突破 20% 限额的限制。

### （四）特殊福利待遇的内控措施

一些企业因为其独特的地域优势或行业优势，为劳动者办理户口落户、享受购房资格等特殊福利待遇，如果企业有这样的优势，一方面利于招揽人才留住人才，另一方面能满足部分劳动者的特殊需要，于公于私都是好事。但如果企业遇到不讲信用的劳动者，过河就拆桥，企业紧缺名额资源没有了，劳动者也没了，落个人财两空。企业可事先与劳动者签署协议，约定服务期，但违反服务期履约保证的方式不得直接约定为违约金，可变更为违反合同的补偿金，赔偿单位损失，因损失难以计算，事先双方约定为固定数额，司法实践中，一般认定劳动者违反诚实信用原则予以肯定。如直接约定为违约金，《劳动合同法》仅规定专项培训及竞业限制可约定违约金，其他为非法，可能得不到支持。

### （五）劳动者工资收入证明开具的内控措施

职工因购房等需要，向单位申请开具收入证明，这是用人单位经常遇到的事务之一，用人单位应据实开具，如确因需要高开，单位可测算劳动者其他福利收入、非经常性补贴、年终奖等，将其他收入纳入劳动者总收入中，如与劳动者要求开具收入证明差距不大，可开具，如确实超出实际收入太多，应拒绝开具。

用人单位在劳动者要求开具收入证明时，应进行风险评估，由劳动者手书《关于出具收入证明的声明》后，谨慎开具。因为单位出具的正式的收入证明具有法律效力，开具高于实际工资的收入证明，相当于单位拖欠劳动者工资，劳动者可要求单位补齐工资差额，以拖欠工资为由提出离职，单位有支付经济补偿的可能。

另外,单位不允许出于好心帮忙,或碍于情面不好拒绝而对非单位劳动者出具收入证明。用人单位为非劳动者出具收入证明,等于直接证明双方存在事实劳动关系,用人单位可能承担支付工资、支付经济补偿等法律风险。

# 第十三章

# 培训、保密与违约金内部控制

## 一、培训与服务期、保密与竞业限制概述

《劳动合同法》第22条规定，用人单位为劳动者提供专项培训费用，对其进行专业技术培训的，可以与该劳动者订立协议，约定服务期。劳动者违反服务期约定的，应当按照约定向用人单位支付违约金。

第23条规定，用人单位与劳动者可以在劳动合同中约定保守用人单位的商业秘密和与知识产权相关的保密事项。对负有保密义务的劳动者，用人单位可以在劳动合同或者保密协议中与劳动者约定竞业限制条款，并约定在解除或者终止劳动合同后，在竞业限制期限内按月给予劳动者经济补偿。劳动者违反竞业限制约定的，应当按照约定向用人单位支付违约金。

培训服务期与保密竞业限制是《劳动法》《劳动合同法》中少有的保护用人单位的规定条款，服务期与竞业限制属用人单位与劳动者可约定的范畴，一旦约定合法有效，劳动者有义务承担相应的违约责任。

## 二、服务期、保密与竞业限制法律规定

### （一）服务期与违约金

1.服务期的期限

用人单位对劳动者进行专项培训，可以约定劳动者在单位服务一定的年限才能解除劳动合同，而具体约定服务多久，法律没有规定，假定用人单位花费1万元对劳动者进行专项培训，约定劳动者必须服务满10年才能离职，期限过长，可能因显失公平而得不到支持。所以服务期约定不能过“度”。

在实践中，经常发生用人单位出资对职工进行各类技术培训，但未约定服务期，职工提出与单位解除劳动关系的，可参照以下方式确定服务期及违约金计算：

（1）试用期培训，不得要求劳动者承担培训费；

（2）没约定服务期的，按劳动合同期等分出资金额，以职工已履行的合同期限递减支付；

（3）没有约定合同期的（或签订无固定期限劳动合同的），酌按5年服务期等分出资金额，以职工已履行的服务期限递减支付；

（4）如果合同期满，而用人单位没有约定服务期的，职工要求终止合同，则用人单位不得要求劳动者支付该项培训费用。

2. 服务期违约金的确定

《劳动合同法》第 22 条规定,劳动者违反服务期约定的,应当按照约定向用人单位支付违约金。违约金的数额不得超过用人单位提供的培训费用。用人单位要求劳动者支付的违约金不得超过服务期尚未履行部分所应分摊的培训费用。

即服务期违约金以培训额为限,按服务期年限进行折抵。一些地方性规定中还明确了培训费的具体项目,如《四川省高级人民法院、四川省劳动人事争议仲裁委员会关于印发〈关于审理劳动争议案件有关问题的会议纪要〉的通知》(川高法〔2020〕39 号)第 14 条第 3 款规定,专项培训费用包括用人单位为了对劳动者进行专业技术培训而支付的有凭证的培训费用、培训期间的差旅费用以及因培训产生的用于该劳动者的其他直接费用,但不包括用人单位在劳动者培训期间支付的劳动报酬。

3. 劳动者解除劳动合同赔付服务期违约金的例外

劳动者因用人单位违反法律规定而被迫解除劳动合同的,可不支付服务期违约金。《劳动合同法实施条例》第 26 条第 1 款规定,用人单位与劳动者约定了服务期,劳动者依照《劳动合同法》第 38 条的规定解除劳动合同的,不属于违反服务期的约定,用人单位不得要求劳动者支付违约金。

### (二)保密与竞业限制法律规定

《劳动合同法》第 23 条规定,用人单位与劳动者可以在劳动合同中约定保守用人单位的商业秘密和与知识产权相关的保密事项。对负有保密义务的劳动者,用人单位可以在劳动合同或者保密协议中与劳动者约定竞业限制条款,并约定在解除或者终止劳动合同后,在竞业限制期限内按月给予劳动者经济补偿。劳动者违反竞业限制约定的,应当按照约定向用人单位支付违约金。从事同类业务的竞业限制期限,不得超过 2 年。

1. 商业秘密的定义

商业秘密是不为公众所知悉能够为权利人带来经济利益,具有实用性,并经权利人采取保密措施的技术信息和经营信息。

商业秘密的特征:

秘密性:不为公众所知悉且该信息不能从公开渠道直接获取。

价值性:指与商业秘密的获取、使用、披露有关的经济利益。可用权利人的损失衡量:直接损失、间接损失。

管理性:权利人根据具体的方法对商业秘密采取了保护措施。

保密义务的法定和约定：根据《公司法》的规定，董事、高级管理人员等不得有“擅自披露公司秘密”的行为。这是对企业高级管理人员的法定义务。对普通劳动者的保密义务，主要依据《劳动合同法》由用人单位与涉密岗位劳动者进行劳动合同约定或单独签署保密协议进行约定。保守秘密可以约定支付对价，也可根据法规强制义务遵守。

2. 商业秘密的保护措施

对商业秘密的保护，用人单位可用以下方式进行保护：

商业秘密协议：用人单位可与管理人员签订《经营秘密协议》，与技术人员或其他接触机密的人员签订《技术秘密协议》或《商业秘密协议》。

规章制度：用保密制度、企业奖惩措施对单位秘密进行保护。

竞业限制协议：离职后的保护措施

脱密期：目前无法定，可约定最长6个月的脱密期，调离原岗位。

物理保密：单位对保密资料划定密级，实行分级管理，单位还可对商业秘密资料以密码锁、保险柜、多人分开保管等措施加强保护。

商业保险：向商业保险公司购买雇员忠诚保险，一旦泄密事件发生，由商业保险公司进行核实查办，借助专业机构的力量对劳动者泄密形成威慑，也可快速对泄密事件进行处理，减轻企业压力。

3. 劳动者违反保密规定的救济措施

关于劳动者违反单位保密规定的处理，可从下述法律规定中进行探寻：

《劳动合同法》第23条规定，用人单位与劳动者可以在劳动合同中约定保守用人单位的商业秘密和与知识产权相关的保密事项。对负有保密义务的劳动者，用人单位可以在劳动合同或者保密协议中与劳动者约定竞业限制条款……劳动者违反竞业限制约定的，应当按照约定向用人单位支付违约金。

从该条规定来看，单位对劳动者违反保密义务的，只能通过竞业限制条款进行，不可直接约定违约金。

《劳动合同法》第25条规定，除本法第22条（编者注：培训服务期）和第23条（编者注：竞业限制）规定的情形外，用人单位不得与劳动者约定由劳动者承担违约金。

从该条规定来看，单位只能对劳动者违反培训服务期和竞业限制约定违约金，对违反保密义务的，不能约定违约金。

《劳动合同法》第90条规定，劳动者违反本法规定解除劳动合同，或者违反劳动合同中约定的保密义务或者竞业限制，给用人单位造成损失的，应当承担赔偿责任。

综上,劳动者违反保密义务,只能通过侵权诉讼要求赔偿损失,不能直接以违约金方式进行处理。这里要特别注意,如用人单位以劳动者的行为违反劳动合同约定的保密义务提起违约之诉,应按劳动争议案件处理。如用人单位对劳动者的行为提起商业秘密侵权、不正当竞争之诉,则按民事案件程序处理。

4. 竞业限制法律规定

(1)竞业限制的经济补偿和违约金

根据《劳动合同法》第23条第2款的规定,用人单位与劳动者约定了竞业限制条款,在解除或者终止劳动合同后,在竞业限制期限内按月给予劳动者经济补偿。劳动者违反竞业限制约定的,应当按照约定向用人单位支付违约金。

(2)竞业限制的人员范围和竞业期限,竞业限制的人员,限于用人单位的高级管理人员、技术人员和其他负有保密义务的人员。竞业限制期限不得超过2年。

(3)竞业限制经济补偿数额的确定,目前无相关法规具体规定竞业限制经济补偿数额,应根据企业情况和竞业限制的时间、范围具体分析,应以企业实际损失为宜,不得约定过高或过低。《全国民事审判工作会议纪要》(法办〔2011〕442号)第56条规定,用人单位和劳动者在竞业限制条款中约定的违约金过分高于或者低于实际损失,劳动者或用人单位请求调整违约金数额的,可予支持。

(4)竞业限制协议未约定补偿金标准的处理,如果双方有约定,依约定,没有约定的,按以下司法解释处理:《最高人民法院关于审理劳动争议案件适用法律问题的解释(一)》(法释〔2020〕26号)第36条规定,约定了竞业限制,但未约定解除或者终止劳动合同后给予劳动者经济补偿,劳动者履行了竞业限制义务,要求用人单位按照劳动者在劳动合同解除或者终止前12个月平均工资的30%按月支付经济补偿的,人民法院应予支持。前款规定的月平均工资的30%低于劳动合同履行地最低工资标准的,按照劳动合同履行地最低工资标准支付。

(5)竞业限制协议的解除

①劳动者请求解除:《最高人民法院关于审理劳动争议案件适用法律问题的解释(一)》(法释〔2020〕26号)第38条规定,因用人单位的原因导致3个月未支付经济补偿,劳动者请求解除竞业限制约定的,人民法院应予支持。

②用人单位请求解除:《最高人民法院关于审理劳动争议案件适用法律问题的解释(一)》(法释〔2020〕26号)第39条第1款规定,在竞业限制期限内,用人单位请求解除竞业限制协议的,人民法院应予支持。

③竞业限制解除时劳动者的救济渠道:无论劳动者因用人单位不支付补偿金

而请求解除，还是用人单位提出请求解除，在解除竞业限制协议时，劳动者请求用人单位额外支付劳动者3个月的竞业限制经济补偿的，人民法院应予支持。

④竞业限制协议的提前解除：用人单位解除或终止劳动者劳动合同时，用人单位就明确提出解除竞业限制协议的，协议即时解除，用人单位一般不需支付竞业补偿金。

（6）竞业限制协议不得以劳动者支付违约金而自动解除：《最高人民法院关于审理劳动争议案件适用法律问题的解释（一）》（法释〔2020〕26号）第40条规定，劳动者违反竞业限制约定，向用人单位支付违约金后，用人单位要求劳动者按照约定继续履行竞业限制义务的，人民法院应予支持。（只要用人单位不同意解除，劳动者支付违约金后同样履行竞业限制协议，不得解除）

5. 竞业限制常见问题实务处理

（1）竞业限制协议约定了职工的竞业限制义务，但未约定竞业限制补偿金，是否违反法律强制规定而无效？

竞业限制协议有效，协议存在瑕疵，但可通过法释〔2020〕26号第36条等规定予以弥补，不影响协议的效力。

（2）竞业限制协议约定了竞业补偿金，但单位未向劳动者支付，协议是否有效？

竞业限制协议有效，单位未向劳动者支付竞业补偿金，劳动者可按法释〔2020〕26号第38条申请解除限制协议，并要求补付所欠竞业补偿金，但需单位未支付竞业补偿金达到3个月才能行使。

（3）劳动者被迫解除劳动合同时，是否仍需遵守限制协议？

劳动者因用人单位违法而被迫解除劳动合同，可不再遵守培训服务期约定，但竞业限制协议仍然有效，需要遵守，劳动合同解除与竞业限制属两个不同的法律关系，不因合同解除的原因而改变。

（4）竞业限制协议在职有效还是离职生效？

竞业限制协议签署生效。如单位对劳动者在职时就签署竞业限制协议，劳动者在职期间需遵守协议规定，离职开始支付补偿金仅是劳动者履行竞业限制择业受限的补偿款，与在职履行竞业协议不矛盾。即便劳动者在职时未签署竞业限制协议，劳动者也应遵守劳动合同附随的忠实义务。

（5）用人单位主张劳动报酬中包含竞业限制补偿金，是否可予支持？

竞业限制补偿金从劳动者解除或终止劳动合同时开始计算支付，可在约定期限内按月支付，也可在解除或终止劳动合同时一次性总额支付，但主张在职时并入劳动报酬发放或劳动报酬中已经包含竞业补偿金的，不予支持。

(6)劳动者退休终止劳动合同，其竞业限制协议是否仍然有效？

竞业限制协议是对劳动者解除或终止劳动合同后对保密义务和经营、从事同类业务的限制条款，不因劳动者离职原因、离职方式而解除或终止，劳动者达到退休年龄劳动合同终止，仍然应遵守竞业限制协议，仍然可获得用人单位的竞业经济补偿。以广州相关规定作为参考：

2014 年《广州市劳动人事争议仲裁院与广州市中级人民法院关于审理劳动人事争议案件若干问题的研讨会纪要》第 15 条规定，劳动者达到法定退休年龄导致劳动合同终止，劳动合同中的竞业限制条款对退休后的劳动者仍有约束力，履行了竞业限制义务的劳动者，仍然有权获得竞业限制补偿。

### (三)商业秘密与专利、竞业限制与竞业禁止等相关概念及延伸理解

1. 保密与竞业限制的区别

功能目的不同：保密主要目的是保护商业秘密不泄露，竞业限制是为了防止不正当竞争。

法律基础不同：保密属法定(签协议为特别提醒)，竞业限制为约定。

履约期限不同：保密从接触秘密至商业秘密公开，竞业限制在职及离职后 2 年内。

义务主体不同：保密的责任主体可以是法人，也可以是个人，竞业限制责任主体为个人。

对价补偿不同：保密是法定义务，可无对价，竞业限制是约定义务，需支付履行对价。

法律责任不同：违反保密义务，负民事、行政甚至刑事责任，竞业限制为民事责任。

2. 专利与商业秘密的区别

专利是指受到专利法保护的发明创造，即专利技术，是受国家认可并在公开的基础上进行法律保护的专有技术。

专利的种类，我国《专利法》规定分为发明专利、实用新型专利和外观设计专利。专利与商业秘密有以下区别：

呈现方式不同：专利以公开的方式呈现，商业秘密以非公开的方式呈现。

保护渠道不同：专利借助《专利法》等公力保护，商业秘密以自力保护。

保护期限不同：根据《专利法》的相关规定，发明专利权的期限为 20 年，实用新型专利权的期限为 10 年，外观设计专利权的期限为 15 年，均为短期，商业秘密只要

不泄密,可长期保护甚至永久保护。

3. 竞业禁止与竞业限制的区别

竞业禁止是《公司法》对董事、高级管理人员“与本公司订立合同或者进行交易”“自营或者为他人经营与所任职公司同类的业务”等所作出的禁止性规定,与竞业限制主要有以下区别:

(1)竞业禁止与竞业限制的性质不同

竞业禁止是公司法对董事、高级管理人员规定应承担的忠实义务,属于法定义务。竞业限制是用人单位对负有保密义务的劳动者设立的约定义务,双方通过劳动合同或者保密协议与劳动者约定竞业限制条款,对竞业限制的范围、地域、期限进行约定,属于约定义务。

(2)限制的对象不同

竞业禁止的对象是公司董事、高级管理人员。竞业限制的对象是用人单位的管理人员、技术人员和其他负有保密义务的人员,同时上述人员与用人单位有劳动关系。

(3)依据的法律不同

竞业禁止依据的是《民法典》《公司法》的规定。竞业限制依据的是《劳动法》《劳动合同法》等。

## 三、培训、保密与竞业限制内控措施

### (一)培训风险点控制

1. 未与提供专项培训的劳动者签订培训协议约定服务期,劳动者提出解除或终止劳动合同,单位付出的培训费将无法得到保障。

2. 对职工的入职培训、免费培训等义务性培训设定服务期,对试用期内劳动者进行专项培训,服务期约定无效。

3. 服务期期限过长,目前无法律规定具体服务期时长,但仲裁庭及法院可行使自由裁量权缩短服务期。

4. 将工资等其他费用计入培训费用,超出培训直接费用部分将认定为无效。

5. 单位未保存劳动者专项培训费用的相关票据,无法认定培训费用。

6. 用人单位违反法律规定,出现《劳动合同法》第 38 条规定情形迫使劳动者被迫解除劳动合同的,劳动者将零风险解除劳动合同,服务期约定将不再适用劳动者。

7. 约定服务期违约金过高,将认定为无效。

8. 约定服务期违约金过低,劳动者主动离职,以违约金为代价放弃履行服务期,用人单位将没有其他救济渠道。

## (二)解除约定服务期劳动者内控措施

劳动者有《劳动合同法》第39条规定的情形,用人单位过失性辞退劳动者,单方与服务期劳动者解除劳动合同时,劳动者将承担服务期违约金。除此而外,用人单位因《劳动合同法》第40条无过失性辞退、第41条经济性裁员等单方解除劳动者劳动合同,或单方终止劳动者到期劳动合同,将丧失要求劳动者履行服务期义务的权利。对单方解除此类劳动者劳动合同,用人单位应进行培训费投入与劳动者履行服务期合同之间利弊分析,再进行取舍。不得既要求劳动者离职,又要求劳动者承担服务期违约金。

## (三)无关人员竞业限制的内控措施

竞业限制的范围,限于用人单位的高级管理人员、核心技术人员和其他负有保密义务的人员,以及有能力经营与用人单位同业竞争业务的人员。无限扩大人员范围将致使单位承担额外竞业限制补偿。签订了竞业限制协议,单位想解除,须额外支付竞业补偿金。

《最高人民法院关于审理劳动争议案件适用法律问题的解释(一)》(法释〔2020〕26号)第36条规定,当事人在劳动合同或者保密协议中约定了竞业限制,但未约定解除或者终止劳动合同后给予劳动者经济补偿,劳动者履行了竞业限制义务,要求用人单位按照劳动者在劳动合同解除或者终止前12个月平均工资的30%按月支付经济补偿的,人民法院应予支持。前款规定的月平均工资的30%低于劳动合同履行地最低工资标准的,按照劳动合同履行地最低工资标准支付。

普通管理人员、普通劳动者不属于签订竞业限制协议范畴,笔者见过连保安都签订了竞业限制协议的用人单位,如此草木皆兵,没有必要。如用人单位已经全员签署了竞业限制协议,可进行在职劳动者分类,将没必要签订的人员召集,统一签订原协议废止的协议,或制作协议终止的表格,统一由劳动者签字,确认原协议终止,不再履行。再有就是等无关人员离职时,同时告知不再履行竞业限制协议,免除后续纠纷。

## (四)用人单位与劳动者约定违约金的内控措施

《劳动合同法》规定用人单位与劳动者约定违约金,只能在培训服务期和竞业限制两个项目中可以设定,其他约定无效。用人单位在劳动合同履行期限、离职交接、违反单位制度、入职落户、免费住房招揽人才、兼职行为等约定违约金,不符合法律规定,属无效约定。且一旦发生纠纷,对劳动者不利的,仲裁、法院不予采纳,但对劳动者有利的,可能被采纳,对单位不利。如确有入职落户等特殊福利待遇约定服务期,劳动者违反相关责任应表述为损失赔偿、返利财产等,避免违约金表述被认定为无效。

### (五)竞业限制违约金与损害赔偿责任的竞合处理

如劳动者离职后,违反竞业限制协议,给用人单位造成重大损失,此时发生违约与损害的赔偿竞合,用人单位可双向主张,但司法实践中仍以“填平”原则以实际损失为限进行赔偿,下面以四川省的规定为参考:

《四川省高级人民法院民一庭关于审理劳动争议案件若干疑难问题的解答》(川高法民一〔2016〕1 号)第 33 条规定,竞业限制违约责任与侵权损害赔偿责任发生竞合时,如果双方约定有违约金的,应首先适用违约金条款,如该违约金低于或高于实际损失 30% 的,可适当予以调整。双方未约定违约金的,按实际损失确定赔偿责任。

另外,广州等地区也有类似规定。

### (六)劳务派遣用工单位与劳动者约定培训服务期协议的内控措施

在劳务派遣过程中,用工单位为提高劳动效率或劳动者技能,可以对劳动者进行专项技术培训,从而与劳动者签订培训服务期协议。但用工单位与劳动者之间毕竟只是一种单纯的用工关系,劳动者与劳务派遣单位才是劳动合同关系。故用工单位与劳动者签订的服务期协议效力待定,未征得劳务派遣单位同意,该服务期协议无效,用工单位对派遣劳动者的培训投入应慎重,保险的做法是对劳动者培训前应征得劳务派遣单位的同意。相关指导意见如下述地方性规定:

2014 年《浙江省高级人民法院民事审判第一庭、浙江省劳动人事争议仲裁院关于审理劳动争议案件若干问题的解答(二)》第 17 条规定,劳务派遣单位对服务期约定予以认可的,该约定有效,服务期超过劳动合同期限的,劳动合同应当顺延至服务期满。劳务派遣单位对服务期约定不予认可的,该服务期约定无效。

第十四章

# 劳动关系解除与终止内部控制

## 一、劳动关系解除与终止概述

劳动关系是用人单位获得劳动力的主要方式，也是劳动者取得劳动报酬的来源基础，用人单位与劳动者都极力促成劳动关系的维系。劳动合同的解除是劳动合同效力的提前终结，往往是发生了双方当事人都无法预料的突发事件，使劳动合同中一方不再符合维持劳动关系的基本条件以及继续用工或继续提供劳动力的意愿。劳动合同的终止是双方约定的劳动合同期限届满，是双方可以预见的劳动合同效力终结。

用人单位与劳动者解除或终止劳动合同的方式：劳动者提出解除劳动合同、用人单位提出解除劳动合同、双方协商解除劳动合同、劳动合同终止。

## 二、劳动合同解除法律规定

### （一）劳动者辞职

1. 正常辞职

（1）正常辞职的基本规定

劳动者辞职的基本条件：试用期提前 3 天，其他期间提前 30 天书面辞职，期满不需审批无条件离职。

《劳动合同法》第 37 条规定，劳动者提前 30 日以书面形式通知用人单位，可以解除劳动合同。劳动者在试用期内提前 3 日通知用人单位，可以解除劳动合同。

用人单位常认为被迫辞职需要劳动者提前 30 天提出申请，但依《劳动合同法》第 38 条的规定，若用人单位未及时足额支付劳动报酬、未依法为劳动者缴纳社会保险费，以及以暴力、威胁或者非法限制人身自由的手段强迫劳动者劳动，或者违章指挥、强令冒险作业等危及劳动者人身安全，劳动者有权立即解除劳动合同，仅履行通知义务，不需提前 30 日预告解除。

（2）解除劳动者劳动合同或劳动者辞职后的反悔、撤销

单位解除劳动者劳动合同或劳动者提出解除劳动合同事由，一经送达对方，一般不可事后反悔、撤销或增补，因为解除权或辞职权属民事权利中的形成权，送达即生效，不可撤回或者增补。当然，如遇工伤等特殊情况，可延续至相应情形消失。

劳动者提前 30 日预告离职是劳动者义务，非单位义务，单位不必等到 30 日期

满才办理离职手续,收到离职申请第二天即可办理。但如果劳动者离职报告中明确说明离职日期为第30日的某月某日,则双方并未达成合意,单位提前让劳动者离职非法。

如果单位提前让劳动者离职,劳动者也办理了离职手续,劳动者又因未到离职期要求撤销离职的,一般不予支持。

《四川省高级人民法院民一庭关于审理劳动争议案件若干疑难问题的解答》(川高法民一〔2016〕1号)第25规定,劳动者依据《劳动合同法》第37条的规定书面通知用人单位解除劳动合同的,用人单位已与劳动者办理工作交接手续,并免除了劳动者提前30日通知义务,劳动者要求撤销解除劳动合同的通知的,除用人单位同意的外,一般不予支持。

劳动合同终止或提交辞职报告的撤回,单位没有义务必须同意撤回,撤回的同意权在单位。如出现生病、工伤、怀孕等,单位可选择同意撤回,也可不予同意撤回,但有义务延续合同至法定情形消失,再行终止或解除劳动合同。

比如怀孕情形,女工须证明,怀孕时点在提交辞职报告时点之前,或离合同终止日超过1个月,怀孕在后的,单位可不同意撤回。

在离职预告期发生工伤、非因工负伤、患病的,仍然享有医疗期待遇,用人单位应以书面的方式告知劳动者,劳动合同延续至生育待遇期满或医疗待遇期满。

2016年《浙江省高级人民法院民事审判第一庭、浙江省劳动人事争议仲裁院关于审理劳动争议案件若干问题的解答(四)》第8条规定,用人单位以《劳动合同法》第40条规定解除了与女职工的劳动合同,女职工现以怀孕期间不能解除劳动合同为由,要求恢复劳动关系,是否支持?如其要求支付违法解除劳动合同的赔偿金,是否支持?

答:用人单位以《劳动合同法》第40条规定解除了与女职工的劳动合同,女职工现以怀孕期间不能解除劳动合同为由,要求恢复劳动关系的,应当予以支持;不要求恢复劳动关系但要求支付违法解除劳动合同赔偿金的,应举证证明在解除劳动合同前其已告知用人单位怀孕的事实。

(3)主动离职的其他情形

①提交辞职报告后并未离职继续履行劳动合同的处理

劳动者个人单方提出解除劳动合同的预告期为30天,如劳动者提出解除劳动合同,但继续履行超过30天,其申请已超过时限,为失效申请,劳动者个人不得再以原理由离职,单位也不得以原申请为其办理离职,否则视为违法解除劳动合同,除非双方在30天内协商延期离职或在30天后达成新的离职协议。

②辞职信与辞职申请的区别

辞职信为确切的离职通知，一经送达即生效，最迟1个月劳动者可离职；而辞职申请有待单位对离职日期的明确同意，属协商过程，如果劳动者提交辞职申请后未经单位同意离职，属擅自离职。但单位应及时回复劳动者辞职意见，超过1个月仍不回复的，劳动者可予离职。

③提交报告不到30天劳动者离职或未提交报告离职的处理

劳动者递交离职报告后，未到30天离职，单位可要求赔偿，但必须量化损失，且不得扣罚工资。

劳动者不提交报告不办交接径自离职的，按规章制度中考勤办法走程序以旷工为由解除劳动合同，给单位造成损失的，可要求赔偿。

④劝辞与主动辞职

单位劝辞的，劳动者可无经济补偿主动辞职。如有经济补偿按单位提出协商一致解除劳动合同处理，签协议给付经济补偿。

2. 限制性辞职

劳动者与单位约定培训服务期或负有保密义务脱密期的，提前解除劳动合同的，为限制性辞职。劳动者在约定的服务期或者脱密期期满前不得辞职。约定脱密期的，按约定执行；未约定脱密期的，一般按最长6个月的脱密期执行。脱密期，是指用人单位在劳动合同终止前提前让劳动者脱离保密岗位的时间，或劳动者提前超过正常离职30天向用人单位申请离职的时间，非指劳动合同期届满或超过脱密期后再申请离职。

在限制离职适用过程中，常有单位与劳动者约定除培训服务期和脱密期以外的服务期限，一方违反的，给付另一方违约金。《劳动合同法》规定单位对劳动者约定违约金仅限培训服务期及竞业限制两种情况。其他对劳动者的违约金约定无效，但其中对劳动者有利的违约金条款有效。

举例说明，用人单位与劳动者双方签订劳动合同，因该劳动者对单位极其重要，故入职时另行签订劳动合同期限协议，双方约定劳动合同期为5年，如一方提前解除合同，每年支付违约金1万元，劳动者在单位服务满2年，假定劳动者提前辞职，用人单位按约定要求劳动者承担违约金3万元，这种情况一般得不到支持。假定单位在使用劳动者2年后解除与劳动者的劳动合同，劳动者要求单位支付3万元违约金，一般会得到支持。

3. 被迫辞职

（1）被迫辞职法律规定，《劳动合同法》第38条规定：

①未按照劳动合同约定提供劳动保护或者劳动条件的；

②未及时足额支付劳动报酬的；

③未依法为劳动者缴纳社会保险费的；

④用人单位的规章制度违反法律、法规的规定，损害劳动者权益的（如单位制度中按老规定产假90天，劳动者期满未上班按事假处理）；

⑤因本法第26条第1款规定的情形致使劳动合同无效的；

⑥法律、行政法规规定劳动者可以解除劳动合同的其他情形。

用人单位以暴力、威胁或者非法限制人身自由的手段强迫劳动者劳动的，或者用人单位违章指挥、强令冒险作业危及劳动者人身安全的，劳动者可以立即解除劳动合同，不需事先告知用人单位。

《最高人民法院关于审理劳动争议案件适用法律问题的解释（一）》（法释〔2020〕26号）第45条规定，用人单位有下列情形之一，迫使劳动者提出解除劳动合同的，用人单位应当支付劳动者的劳动报酬和经济补偿，并可支付赔偿金：

①以暴力、威胁或者非法限制人身自由的手段强迫劳动的；

②未按照劳动合同约定支付劳动报酬或者提供劳动条件的；

③克扣或者无故拖欠劳动者工资的；

④拒不支付劳动者延长工作时间工资报酬的；

⑤低于当地最低工资标准支付劳动者工资的。

（2）未依法为劳动者缴纳社会保险的适用问题

“未依法为劳动者缴纳社会保险费的”，从字面理解，未缴纳社会保险、未足额缴纳社会保险、未及时缴纳社会保险，均为未依法为劳动者缴纳社会保险费。但限于我国劳动用工实际情况和社会保险历史遗留问题，“未依法为劳动者缴纳社会保险费”在我国司法实践中大部分地区认定为“未缴纳社会保险”。详见下列各地相关规定：

2012年《广东省关于审理劳动人事争议案件若干问题的座谈会纪要》规定，用人单位与劳动者约定无须办理社会保险手续或将社会保险费直接支付给劳动者，劳动者事后反悔并明确要求用人单位为其办理社会保险手续及缴纳社会保险费的，如用人单位在合理期限内拒不办理，劳动者以此为由解除劳动合同并请求用人单位支付经济补偿，应予支持。

《关于印发关于劳动人事争议案件处理若干问题的意见的通知》（武人社发〔2016〕18号）第3条规定，当事人对社会保险费基数核定、工作与休息休假时间统计、劳动报酬计算等存在分歧，劳动者未事先向用人单位主张该项权利、处理分歧，而径行行使解除权的，应不予支持。

《关于印发〈关于进一步规范劳动合同管理有关问题的指导意见〉的通知》（新人社发〔2014〕36号）第11条规定，用人单位应当按照法律规定为劳动者缴纳社会保险费，因用人单位原因导致未缴纳或未足额缴纳社会保险费的，劳动者可以依据《劳动合同法》第38条的规定解除劳动合同，并要求用人单位支付经济补偿。

用人单位与劳动者约定不缴纳或少缴纳社会保险费的，双方约定无效，应视为因用人单位原因导致未缴纳或未足额缴纳社会保险费。

《四川省高级人民法院民一庭关于审理劳动争议案件若干疑难问题的解答》（川高法民一〔2016〕1号）第8条规定，用人单位与劳动者约定，工资中包括应由用人单位负担的养老、医疗、失业等社会保险金或者劳动者单方承诺自愿放弃社会保险的，应认定此类约定或承诺无效。

劳动者明确要求用人单位为其办理社会保险手续及缴纳社会保险费的，如用人单位在合理期限内拒不办理，劳动者以此为由解除劳动合同并要求用人单位支付解除劳动合同经济补偿的，人民法院应予支持。

（3）劳动者被动辞职与单位单方解除劳动合同的博弈

如涉及具体某一事项，单位认为劳动者违反《劳动合同法》第39条的规定，行使劳动合同解除权，单方解除与劳动者劳动合同关系。而劳动者认为单位违反《劳动合同法》第38条的规定，侵害其合法权益，被迫行使解除权。

此时单位应谨慎权衡是否率先行使解除权，如规章制度规定或劳动者过错事实不足以让单位获得胜算，可以等待劳动者率先行使解除权。因为一旦单位单方解除被认定违法，则代价是赔偿金即2N，而劳动者的被迫离职最坏结果是经济补偿即N。如果劳动者不占理，其提出的“被迫离职”理由不成立，与单位单方解除劳动合同效果相同，劳动者率先提出解除劳动合同，正好达到单位目的。此时单位没必要在“谁先甩了谁”上意气行事，相较而言，等待劳动者率先提出离职的风险明显低得多。

4. 自动离职——擅自离职

（1）擅自离职定义

劳动者未经单位同意也未办理离职手续而离开单位，称擅自离职。

擅自离职在实际用工过程中俗称自动离职，但《关于自动离职与旷工除名如何界定的复函》（劳办发〔1994〕48号）文件失效后，在司法实践中已没有“自动离职”的称谓。用人单位对擅自离职员工不闻不问，按“自动脱离单位”的“放敞式”管理有风险，认为员工自动离职已无劳动关系的旧观念必须改变。

(2)劳动者擅自离职举证责任

《最高人民法院关于审理劳动争议案件适用法律问题的解释(一)》(法释〔2020〕26号)第44条规定,因用人单位作出的开除、除名、辞退、解除劳动合同、减少劳动报酬、计算劳动者工作年限等决定而发生的劳动争议,用人单位负举证责任。即劳动者擅自离职,单位是否已解除劳动合同,应由单位举证证明,无法证明的,劳动者与用人单位的劳动关系仍然存在。

(3)劳动者擅自离职的工资给付

自动离职劳动者未发放的工资是否可以按旷工罚款(旷一罚三等)进行冲抵?①企业无罚款权,旷一罚三等规定不合法。②旷工可以被单位解除劳动合同,但有应付工资必须给付,否则属克扣劳动者工资,存在被诉经济补偿风险。

《工资支付暂行规定》第9条规定,劳动关系双方依法解除或终止劳动合同时,用人单位应在解除或终止劳动合同时一次性付清劳动者工资。

(4)目前企业自动离职的常见规定乱象

在企业中有些规定不符合法律规定,但确实很常见,如旷工5天,视为自动离职;入职签订"不孕承诺书"2年内怀孕,视为自动离职;销售目标承诺书,年度任务分阶段考核,每季度未完成目标,视为自动离职;劳动者被发现文身,视为自动离职;单位内劳动者发展为恋人、夫妻,其中一人必须自动离职等,一旦劳动者不同意离职,单位将按"规章制度"单方解除劳动者劳动合同,如此操作很容易被诉违法解除劳动合同而给付赔偿金,企业应自查自纠。

### (二)用人单位单方面解除劳动合同

用人单位单方解除劳动合同的三种方式:过失性解除,无过失性解除,集体性裁员。用人单位单方解除劳动合同主要依据《劳动合同法》第39条"过失性解除"、第40条"无过失性解除"、第41条"经济性裁员"以及没有法律依据的"单方违法解除"。下面分述用人单位单方解除劳动合同的主要情形。

1. 过失性解除

过失性解除,主要是指劳动者在履行劳动合同过程中,触犯单位相关规定或触犯国家相关刑事法规而有过失,被单位解除劳动合同。

(1)试用期解除:不符合录用条件

①试用期劳动者不符合录用条件的主要表现:

·违反诚信;劳动者的虚假陈述、提交虚假材料(主要包含应聘入职时提供的材料:学历学位证书、工作经历、教育经历、体检证明材料等),公司认为必要可针对上述情况进行调查。

·双重劳动关系；与原单位尚未解除或终止劳动关系，不能办理用工手续及社会保险手续的属于不符合录用条件。

·被投诉；若试用期内客户口头投诉达到规定次数或书面投诉达到规定次数，可认定为不符合录用条件。

·考核不合格；销售类岗位每月应达指定的销售目标，未达销售目标的，视为试用期不符合录用条件；非销售类岗位的劳动者，试用期内出现工作过错或失职行为达到规定次数。

·被追究刑事责任；被依法追究刑事责任的，属于不符合录用条件。

②用人单位试用期解除劳动合同败诉的主要原因：

·无录用条件或口头约定录用条件，劳动者口头承诺，无岗位录用条件确认书；

·录用条件是主观臆断还是客观考评，如录用为主观条件，极易形成纠纷点被判解除劳动合同违法；

·录用条件不明确或模棱两可，未能量化；

·规章制度不适用新的劳动者，劳动者入职时未将规章制度告知劳动者，或告知劳动者但未保留签字确认、培训记录等证据；

·解除试用期劳动者劳动合同未通知工会，凡是单位单方解除劳动合同，均应通知工会；

·不符合录用条件解除劳动合同的，必须在试用期内作出，超过期限的，不得再以试用期不符合录用条件解除。

1995 年《劳动部办公厅对〈关于如何确定试用期内不符合录用条件可以解除劳动合同的请示〉的复函》规定，对试用期内不符合录用条件的劳动者，企业可以解除劳动合同；若超过试用期，则企业不能以试用期内不符合录用条件为由解除劳动合同。

③试用期内用人单位解除劳动者劳动合同的限制

解除试用期劳动者劳动合同属法定情形，单位不得随意辞退试用期劳动者。

《劳动合同法》第 21 条规定，在试用期中，除劳动者有本法第 39 条和第 40 条第 1 项、第 2 项规定的情形外，用人单位不得解除劳动合同。

即客观情况发生重大变化、经济性裁员等不能解除试用期劳动者，否则属违法解除，承担赔偿责任。

（2）严重违反公司规章制度解除（行为定性）

从《劳动法》到《劳动合同法》的相关规定看变迁：

《劳动法》第25条第2项规定,严重违反劳动纪律或者用人单位规章制度的;

《劳动合同法》第39条第2项规定,严重违反用人单位的规章制度的;

《劳动合同法》删除"违反劳动纪律"规定,劳动纪律可以是部门性的或口头性的规定,制度必须经职代会等企业行为认定,相较《劳动法》,《劳动合同法》规定更严谨。根据相关司法解释,司法实践中将殴打领导、工作场所工作时间扩大到因工作原因,现行的严重违反规章制度比之前认定更宽泛,更有利于企业用工管理。

用人单位制度中未规定,但确系严重违反基本纪律的,可依据《劳动法》第25条解除劳动合同,但解除通知书理由不能列明违反《劳动合同法》,因为《劳动合同法》没有相关劳动纪律的规定。

严重违反用人单位规章制度解除劳动合同的程序:

①先核查(劳动者本人陈述、其他证人证言);

②书面确认(检讨书、处罚通知书等);

③比对规章制度(必须具体到违反哪一条哪一款);

④下达处罚决定(劳动者签字确认,留底保存)。

(3)严重失职,营私舞弊,给用人单位造成重大损害的解除(结果定性)

由用人单位证明行为严重,证明损害重大(事前的相关量化规定),证明损害与行为间有因果关系(重大的量化:一般情况3000~5000元)。

(4)双重劳动关系的解除

劳动者同时与其他用人单位建立劳动关系,对完成本单位的工作任务造成严重影响,或者经用人单位提出,拒不改正的,予以解除劳动合同。该规定表述相对简单,但用人单位的举证责任并不轻。首先劳动者与其他单位建立劳动关系这一关非常不好过,证据难取,无法取得双重劳动关系证据,后面的一切解除等都无法实现。其次是对单位造成严重影响,事先是否量化标准,没标准无法证明达到严重程度。最后是否经过用人单位提出而劳动者拒不改正,这也要固定证据,口头的难以举证。建议直接在规章制度中将与其他单位建立劳动关系、兼职获取报酬等行为直接归入严重违反单位规章制度条款,将结果定性转化为行为定性,用人单位要解除劳动者劳动合同就相对轻松得多。

(5)欺诈致劳动合同无效而解除

因《劳动合同法》第26条第1项规定的情形致使劳动合同无效的,需注意以下几个关键点:

①与工作无关的承诺,如隐瞒婚姻状况、生育状况等不能作为欺诈认定;

②只在签订劳动合同时存在欺诈才符合该规定,履行劳动过程中欺诈不能认

定劳动合同无效，只能按规章制度予以处理；

③劳动合同的无效，由劳动争议仲裁委员会或者人民法院确认，用人单位只能申请劳动合同无效的认定，不得自行作出无效的认定；

④欺诈致使合同无效的，自始无效，但应按真实身份或实际情况支付工资，退回多支付的，不能全额退还，甚至要求劳动者倒给用人单位损失。

（6）被依法追究刑事责任的解除

劳动者被限制人身自由、被拘留起诉等的，不能直接以“被追究刑事责任”解除劳动合同，也不能以无故旷工为由解除劳动合同，只能暂停、中止劳动合同，待刑事处理结果再作决定。

《关于贯彻执行〈中华人民共和国劳动法〉若干问题的意见》（劳部发〔1995〕309 号）第 28 条规定，劳动者涉嫌违法犯罪被有关机关收容审查、拘留或逮捕的，用人单位在劳动者被限制人身自由期间，可与其暂时停止劳动合同的履行。暂时停止履行劳动合同期间，用人单位不承担劳动合同规定的相应义务。劳动者被错误限制的，相关损失依据《国家赔偿法》赔偿。

该意见第 29 条规定，本条中“被依法追究刑事责任”具体指：①被人民检察院免予起诉的；②被人民法院判处刑罚（刑罚包括：主刑即管制、拘役、有期徒刑、无期徒刑、死刑；附加刑即罚金、剥夺政治权利、没收财产）的；③被人民法院依据《刑法》第 32 条免予刑事处分的。

劳动者被拘留、被逮捕，不能认定为被依法追究刑事责任，必须等判决书生效才能认定。即便一审判决后，在上诉期内及二审期间，也不能认定为“被依法追究刑事责任”，二审判决生效后，在法定期间内申请申诉的，在申诉阶段，可认定“被依法追究刑事责任”，因为我国实行二审终审制的审判制度，且申诉期间不停止执行生效判决。

对涉诉劳动者的处理和预防：

①如果劳动者的违法行为同时构成违反用人单位规章制度的行为，用人单位有权以其“严重违反规章制度”为由解除劳动合同；但是尽量不要找旷工的理由，因为已被限制人身自由客观上无法来上班，不属于旷工。在规章制度设计时应事先将该情形列入严重违反规章制度。

②如果劳动者的违法行为同时构成严重失职，营私舞弊，给用人单位造成重大损害，用人单位有权依据职务侵占、严重失职等理由解除劳动合同。

③对涉诉劳动者，单位应让劳动者签署《劳动关系中止协议书》，约定中止期间的工资、五险一金、工龄等各自的权利和义务。

④如果因劳动者被控制，无法见面或无法与外界取得联系等，实在无法协商签署中止协议书，用人单位有必要单方面向劳动者有效送达地址邮寄或邮箱发送《劳动关系中止通知书》。

⑤在劳动合同中事前约定：因劳动者原因脱岗、被拘留、失踪等未提供劳动的，单位有权中止劳动合同的履行，停止工资支付、社会保险缴纳等，做好事前预防。

另外，单位对被依法追究刑事责任的劳动者行使解除权，需在劳动者被处刑事处罚期间，超过期限未行使的，视为放弃行使解除权。劳动者已服刑期满，单位再以被依法追究刑事责任为由解除劳动合同的，解除决定可能被认定为无效而被撤销，甚至可能被认定违法解除而向劳动者支付赔偿金。

2. 无过失性解除

(1)劳动者患病或非因工负伤解除

《劳动合同法》第40条第1项规定，劳动者患病或者非因工负伤，在规定的医疗期满后不能从事原工作，也不能从事由用人单位另行安排的工作的。

用人单位辞退患病或非因工负伤劳动者，需要满足医疗期已满。医疗期一般为3～24个月，主要以劳动者累计工龄和在本单位的工作年限作为确定医疗期依据。医疗期满后还需要证明劳动者不能从事原工作，也不能从事用人单位另行安排的工作。用人单位如建立了工会，将解除的理由提前通知工会，如未建立工会，全国有些地方也需要将辞退理由通知用人单位所在地工会或上一级工会，并提前1个月通知或额外支付1个月工资方可辞退，否则，属于违法辞退，存在支付赔偿金或继续履行劳动合同的法律风险。

因劳动者患病或非因工负伤解除劳动合同的标准流程：

①医疗期已满；②通知患病劳动者或非因工负伤劳动者复岗；③劳动者不能复岗，通知调岗；④经调岗后也不能从事另行安排的工作，制作解除劳动合同通知书；⑤将辞退理由通知本单位工会或者单位所在地工会或上一级工会或者职工代表(根据当地规定)；⑥工会对辞退的行为有异议，将处理结果书面回函告知工会；⑦提前30天通知或额外支付1个月工资；⑧将解除劳动合同通知书有效送达给劳动者；⑨向劳动者出具解除劳动合同证明书；⑩办理社会保险、档案转移手续。

(2)不能胜任工作解除

《劳动合同法》第40条第2项规定，劳动者不能胜任工作，经过培训或者调整工作岗位，仍不能胜任工作的。

不能胜任工作的定义：

劳动部办公厅印发《关于〈劳动法〉若干条文的说明》的通知(劳办发〔1994〕

289号)第26条规定,“不能胜任工作”,是指不能按要求完成劳动合同中约定的任务或者同工种、同岗位人员的工作量。用人单位不得故意提高定额标准,使劳动者无法完成。

不能胜任工作解除劳动合同的要点:劳动者被认定为不能胜任工作,经过培训或者调整工作岗位后,经考核仍不能胜任工作。

单位将不能胜任工作的劳动者辞退,但在仲裁或诉讼过程中往往败诉,主要原因如下:

①无证据证明双方事先约定了工作任务或同工种同岗位人员的工作量标准。

②没有不能胜任的证据,需要2次不能胜任的证据支撑(调岗或培训后仍不能胜任)调岗的原因必须是因不能胜任工作而调岗,培训资料必须保存。

③考核标准不具有客观公正性,全是人为定性和主观判断。

④解除未通知工会,通知工会是用人单位单方解除劳动合同必备流程(单位没有工会的,看当地是否规定向工会组织递交通知)。

不能胜任工作的考核结果必须经劳动者确认,劳动者有申诉的权利和渠道,并给予申诉期限。

不能胜任工作的考核对象不包括女工三期劳动者、医疗期、离退休不足5年等特殊劳动者。

劳动者不能胜任工作时,单位可对其进行调岗处理,此种情形的调岗属用人单位单方调岗,不需双方协商一致。

劳动者不能胜任工作拒绝调岗的,用人单位可按制度作旷工处理,当然,规章制度需有此类情形的明确规定。

企业在用工过程中,根据自身情况,可在劳动合同中约定或在规章制度中规定下列情形属于不能胜任工作:

缺岗时间:持续在岗履行岗位职责是确保用人单位正常经营的重要因素之一,非法定休假达到一定数量,可定义为不能胜任工作。

工作失职:达到一定限度或事先规定的情形,可定义为不能胜任工作。

未通过用人单位有明文规定的考核:直接可认定为不能胜任工作。

竞聘落选:为不能胜任工作情形,可进行调岗处理。

资质能力:特殊岗位证照过期或不具备国家新规定资质,可认定为不能胜任工作。如特殊车辆驾驶证、压力容器操作证等被注销的,可认定为不能胜任工作。

在司法实践中,仲裁庭、法院审理不能胜任工作解除劳动合同,主要看事前是否有规定、操作流程是否规范合规,具体考核内容和考核标准一般不作过多干涉。

以程序审查为原则,实体审查为补充。

末位淘汰、竞争上岗的适用问题:《四川省高级人民法院民一庭关于审理劳动争议案件若干疑难问题的解答》(川高法民一〔2016〕1号)第24条第2款规定,企业规章制度中约定"末位淘汰"或"竞争上岗",用人单位以此为由解除劳动合同的,应认定为解除违法。另外,广东省、深圳市也有类似规定。

以末位淘汰与竞争上岗为由解除劳动合同属违法解除,但并不意味着不能调岗。劳动者在适度的压迫感和紧张感中更能挖掘自身潜力。对管理岗位劳动者,在有合规制定的竞聘制度支撑条件下,实行能上能下的竞争选取优秀管理人员,符合用工自主权,可对竞聘落选人员按相关规定进行调岗。对业绩末位人员也同理可进行调岗处理。当然,如果单位对业绩是否胜任有明确规定的,即便劳动者业绩为最后一名,但仍然达到或超过业绩规定最低限,不能以此为由进行调岗处理。

(3)情势变更解除

《劳动合同法》第40条第3项规定,劳动合同订立时所依据的客观情况发生重大变化,致使劳动合同无法履行,经用人单位与劳动者协商,未能就变更劳动合同内容达成协议的。

情势变更主要情形如下:

①企业迁移、资产并购或重组;

②法律变化或国家政策调整;

③退出特定市场或转变经营方式;

④主要合作项目或合同关系发生重大变化或终止;

⑤撤销柜台、门店、办事处或分公司;

⑥组织架构调整。

用人单位以客观情况发生重大变化为由解除劳动合同,需要提供证据证明客观情况发生变更,主要包括企业迁移、被兼并、企业资产转移等情形,而单位为实现辞退某单一劳动者目的而炮制的部门撤销、岗位取消等情形,在司法实务中通常是不能被认定为客观情况发生重大变化。甚至在辞退某劳动者后,立即又恢复该部门、该岗位的正常运作。另外,还需要举证证明劳动合同无法履行,比如,因为企业被兼并、重组,当初签订劳动合同对应的部门、岗位被取消。最后,需要证明和劳动者就变更劳动合同内容,如书面通知劳动合同变更或通过谈话(有监控、录音等)的方式通知劳动者到其他岗位上班,在协商无果的情况下才能够辞退。单位未按照以上规定操作,存在支付赔偿金或继续履行劳动合同的法律风险。

关于变更合同应书面通知对方限期作出答复的规定,在地方司法中有不同的

标准,甚至相反的规定,在实践中密切关注当地政策性规定:

拉萨市、辽宁省规定,15 日内作出书面答复,逾期未答复的,视为同意变更劳动合同。北京市、江苏省规定,15 日内未作出书面答复的,视为不同意变更劳动合同。

3. 经济性裁员

《劳动合同法》第 41 条规定,有下列情形之一,需要裁减人员 20 人以上或者裁减不足 20 人但占企业职工总数 10% 以上的,用人单位提前 30 日向工会或者全体职工说明情况,听取工会或者职工的意见后,裁减人员方案经向劳动行政部门报告,可以裁减人员:(1)依照企业破产法规定进行重整的;(2)生产经营发生严重困难的;(3)企业转产、重大技术革新或者经营方式调整,经变更劳动合同后,仍需裁减人员的。

(1)经济性裁员解除劳动合同的流程控制

①列举经济性裁员客观事实(破产重整;经营严重困难;转产技术革新;所依据的客观经济情况发生重大变化等)。

②裁减人数条件:裁员 20 人以上或总人数 10% 以上。

③提前 1 个月向工会或全体劳动者告知情况。

④裁员方案报劳动行政部门(非审批)。

⑤解除劳动合同,支付经济补偿(已告知裁员的情况下,无须再提前 1 个月或支付代通知金)。

⑥下列人员优先留用:与本单位订立较长期限的固定期限劳动合同的;与本单位订立无固定期限劳动合同的;家庭无其他就业人员,有需要扶养的老人或者未成年人的。

⑦不得裁员解除的:试用期的,在本单位连续工作满 15 年,且距法定退休年龄不足 5 年的,医疗期、孕产期、哺乳期等《劳动合同法》第 42 条规定不得解除劳动合同人员。否则属违法解除。

(2)国有企业职工代表大会在裁员过程中的职能

《企业民主管理规定》(总工发〔2012〕12 号)第 14 条第 2 项规定,国有企业和国有控股企业职工代表大会除按第 13 条规定行使职权外,行使下列职权:审议通过企业合并、分立、改制、解散、破产实施方案中职工的裁减、分流和安置方案。

如企业有职工代表大会,应充分发挥职代会的功效,在裁员过程中增加沟通效率,减少情绪对立,有利于裁员过程顺利进行。

(3)经济性裁员的劳动者安置途径

在经济性裁员中,用人单位要对整个流程进行全程把控,一一列出裁员过程中可能遇到的难点,统一补偿标准,事先模拟处理环节,参与人员统一口径,避免处理部门各自为政。在裁员过程中,对被裁劳动者的直接主管要予以特别关注,其所起的积极还是消极作用可能是解决问题的关键所在。对被裁劳动者的安置途径,可选择下述方式进行:

创业推荐:鼓励劳动者自主创业,或变身为业务合作伙伴,如劳动者有一技之长,向双选会、人才中心猎头招募、分公司或子公司推荐,让劳动者尽量找到新的工作岗位。

解除劳动关系:劳动者同意解除劳动关系的,可协商解除、劳动者辞职、公司辞退等方式解除劳动合同。

保留劳动关系不解除:将劳动者外派,待岗发放最低生活保障,与其他单位双重雇佣或新形式灵活用工,调岗降薪保留劳动关系降低用工成本。

(4)经济性裁员的变通处理

单位经济性裁员的硬性条件:裁员 20 人以上或总人数 10% 以上,但很多时候企业确实不景气,生存压力大,必须裁减人员,但又达不到经济性裁员的人数硬性要求。用人单位可绕开经济性裁员的前置限制和人员规模要求,以《劳动合同法》第 36 条双方协商一致解除劳动合同,适当提高解除条件,先期解决掉大部分劳动者离职问题。对达不成一致意见的劳动者,确因生产任务不饱和等,安排劳动者长期领生活费待岗。

4. 企业单方面解除劳动合同的重点环节

(1)未通知工会解除劳动合同的效力

企业单方解除劳动者劳动合同,未通知工会或企业未建立工会组织,是否通知所在地工会或者行业工会为解除必经程序,在司法实践中各地有不同规定,请参照劳动纠纷当地规定执行,下列为不同地区的“合法解除”“违法解除”“解除无效”等不同规定范本:

2002 年《上海市高级人民法院民一庭关于审理劳动争议案件若干问题的解答》第 17 项规定,用人单位单方面解除劳动合同时,应当依《工会法》的规定,事先将解除理由通知工会或职工代表,未经上述程序,用人单位单方解除的行为无效。

2017 年《天津法院劳动争议案件审理指南》第 21 条第 1 款第 5 项规定,已经建立工会的用人单位根据《劳动合同法》第 39 条、第 40 条的规定解除劳动合同,事先已经通知工会;或者虽未通知工会,但是在起诉前已经补正有关程序。

未建立工会的用人单位根据《劳动合同法》第 39 条、第 40 条的规定解除劳动合同,劳动者以用人单位未通知所在地工会或者行业工会为由主张违法解除劳动合同的,不予支持。

即单位建立工会的,应通知工会,未通知解除属违法解除;未建立工会的,可不通知所在地工会或行业工会。

根据2015年《宁波市中级人民法院关于审理劳动争议案件若干疑难问题的解答(三)》第5条的规定,对于尚未建立工会组织的用人单位作出解除劳动合同决定的,从《劳动合同法》第43条避免用人单位随意解除劳动合同、保障职工劳动权利和生存权利的立法意旨来看,即使用人单位尚未建立基层工会,也可通过告知并听取职工代表意见或者向当地工会组织(行业工会组织)征求意见等变通方式来履行告知义务,否则就会助长用人单位抵制成立工会之风,对已经成立工会的用人单位也不公平。

通知工会属程序性要求,用人单位应完善通知手续,不留后患。虽然法律规定未通知工会的在诉讼前可以进行补正,但如果仲裁结果为一裁终局的,补正的机会已丧失。

(2)关于代通知金的具体运用

代通知金并不是法律层面的规范称谓,而是法律运用中的通俗说法。代通知金仅在下列三种情况下企业单方解除劳动者劳动合同时适用:

①患病或非因工负伤:劳动者患病或者非因工负伤,在规定的医疗期满后不能从事原工作,也不能从事由用人单位另行安排的工作的;

②不能胜任工作:劳动者不能胜任工作,经过培训或者调整工作岗位,仍不能胜任工作的;

③客观情况发生重大变化:劳动合同订立时所依据的客观情况发生重大变化,致使劳动合同无法履行,经用人单位与劳动者协商,未能就变更劳动合同内容达成协议的。

北京市特殊规定,北京市按延迟天数计算代通知金,不以整月计算,而是按天计算。《北京市劳动合同规定》第47条规定,用人单位违反本规定第40条的规定,终止劳动合同未提前30日通知劳动者的,以劳动者上月日平均工资为标准,每延迟1日支付劳动者1日工资的赔偿金。

代通知金的计算基数:《劳动合同法实施条例》第20条规定,用人单位依照《劳动合同法》第40条的规定,选择额外支付劳动者1个月工资解除劳动合同的,其额外支付的工资应当按照该劳动者上1个月的工资标准确定。

该工资标准非离职前12个月平均工资标准,也无超过用人单位所在地直辖市、设区的市级人民政府公布的本地区上年度职工月平均工资3倍的限制,按实际应付工资总额支付,也不存在社会保险住房公积金等扣除项,但应纳入离职取得的一次性收入总额按相关规定计征个人所得税。

(3)企业单方解除劳动合同的限制

企业不得在《劳动合同法》第40条、第41条无过错、经济性裁员时解除下列劳动者劳动合同:

①从事接触职业病危害作业的劳动者未进行离岗前职业健康检查,或者疑似职业病病人在诊断或者医学观察期间的;

②在本单位患职业病或者因工负伤并被确认丧失或者部分丧失劳动能力的;

③患病或者非因工负伤,在规定的医疗期内的;

④女职工在孕期、产期、哺乳期的;

⑤在本单位连续工作满15年,且距法定退休年龄不足5年的;

企业在单方解除劳动合同时,要特别针对上述情况进行核对,避免违法解除承担支付赔偿金的法律责任。

(4)单方解除劳动合同文书的送达方式

单方解除劳动合同文书的送达是解除程序中非常重要的一环。如果没有证据证明该解除通知书已送达劳动者,如长期"失联"劳动者,虽然失联期间互不负劳动合同权利义务,但单位与劳动者劳动关系依然存在,不因劳动者离开单位时间长就不再存在劳动关系。

关于劳动合同文书的送达,《劳动部办公厅关于通过新闻媒介通知职工回单位并对逾期不归者按自动离职或旷工处理问题的复函》(劳办发〔1995〕179号)文件规定比较详细,虽被人社部发〔2017〕87号文件废止,但该文件的文书送达相关规定现今仍有很多地方依旧适用:

企业对有旷工行为的职工做除名处理,必须符合规定的条件并履行相应的程序。因此,企业通知请假、放长假、长期病休职工在规定时间内回单位报到或办理有关手续,应遵循对职工负责的原则,以书面形式直接送达职工本人;本人不在的,交其同住成年亲属签收。

直接送达有困难的可以邮寄送达,以挂号查询回执上注明的收件日期为送达日期。

只有在受送达职工下落不明,或者用上述送达方式无法送达的情况下,方可公告送达,即张贴公告或通过新闻媒介通知。自发出公告之日起,经过30日,即视为送达。

在此基础上,企业方可对旷工和违反规定的职工按上述法规做除名处理。能用直接送达或邮寄送达而未用，直接采用公告方式送达，视为无效。

至2017年，我国新增电子等有效送达方式：《关于进一步加强民事送达工作的若干意见》（法发〔2017〕19号）第2条规定，当事人提供的送达地址应当包括邮政编码、详细地址以及受送达人的联系电话等。同意电子送达的，应当提供并确认接收民事诉讼文书的传真号、电子信箱、微信号等电子送达地址（以法律的方式明确电子送达有效）。

《劳动合同法》第4条第4款规定，用人单位应当将直接涉及劳动者切身利益的规章制度和重大事项决定公示，或者告知劳动者。

用人单位单方行使劳动合同解除权，属于涉及劳动者重大权益事项，应当依据《劳动合同法》第4条的规定，有效履行向劳动者的告知送达义务。未能有效履行告知送达义务的，属于违法解除劳动合同。

5. 企业违法解除

企业与劳动者之间有时会发生"顶牛"的僵持状态，企业想尽一切办法要解除劳动者的劳动合同，而劳动者却不同意。企业是否可以直接支付N+1或2N强制解除劳动关系？

《劳动合同法》第48条规定，用人单位违反本法规定解除或者终止劳动合同，劳动者要求继续履行劳动合同的，用人单位应当继续履行；劳动者不要求继续履行劳动合同或者劳动合同已经不能继续履行的，用人单位应当依照本法第87条的规定支付赔偿金。

即企业无理由或理由不充分强行解除劳动者劳动合同，劳动者仲裁要求继续履行劳动合同的，企业解除无效，且企业支付被违法解除期间劳动者工资。

有一种比较特殊的极端情形，如单位违法解除劳动关系，劳动者在离解除合同近1年抵近仲裁时效期间才去仲裁要求恢复劳动关系，假定仲裁、诉讼都支持劳动者恢复劳动关系，此时单位的损失可大了，支付近1年的劳动者工资不说，还要接受劳动者返岗的尴尬境遇，赔了夫人又折兵。

如确实无法继续履行，比如岗位都不在了，企业可支付赔偿金解除劳动合同，也不再支付仲裁诉讼期间工资。因为单位违法解除之日，已经不再存在劳动关系，且单位已经承担2N赔付。

综上，企业违法解除劳动合同，被判继续履行的，一般补付仲裁诉讼期间工资，被判赔偿金的，一般不再补付仲裁诉讼期间工资。

### （三）协商一致解除劳动合同

在企业与劳动者解除劳动合同时，特别是企业方，如有可能，尽量促成协商一致解除劳动合同,一为免除后患纠纷,二为可建立和谐社会关系,三为避免产生被诉劳动仲裁诉讼案件的不良社会影响,对劳动者来说协商一致解除合同也有很多积极意义,不会对日后另寻工作产生劳动纠纷案底等障碍。

协商一致解除劳动合同,必须书面形式签订协商解除劳动关系合同书。除工伤一级至四级外,女工三期、医疗期、培训服务期等均可协商解除劳动关系。

协商一致解除劳动关系经济补偿支付的一般规则:如是单位提出,单位应支付经济补偿;如是劳动者提出,一般无经济补偿。协议中看不出谁是提议主体,或未签协议解除劳动合同但谁也说不清楚劳动者的离职原因,视为单位提出。

劳动者与用人单位均无法证明劳动者的离职原因,可视为用人单位提出且经双方协商一致解除劳动合同,用人单位应依照《劳动合同法》第47条之规定向劳动者支付经济补偿。

如劳动者因用人单位各种违规,被迫解除劳动合同,办理离职手续时却以其他理由如主动辞职、家中有事等方式离职,后又申请仲裁要求单位支付经济补偿,基本无可能获得支持。

《四川省高级人民法院民一庭关于审理劳动争议案件若干疑难问题的解答》(川高法民一〔2016〕1号)第26条第1款规定,劳动者以其他理由辞职后,又以用人单位存在《劳动合同法》第38条所列情形迫使其辞职为由,要求用人单位支付经济补偿或赔偿金的,一般不予支持。

协商解除劳动合同时,双方可对经济补偿标准进行协商,不显著低于法定标准有效。为防止反悔,技巧是协议中明确法律明文规定,经双方协商,一致同意该协议金额。

## 三、劳动用工关系终止法律规定

### (一)劳动合同终止

2008年《劳动合同法实施条例》实施前,用人单位与劳动者双方可以约定终止劳动合同,2008年后,劳动合同终止情形为法定,不可约定。

《劳动合同法实施条例》第13条规定,用人单位与劳动者不得在《劳动合同法》第44条规定的劳动合同终止情形之外约定其他的劳动合同终止条件。

《劳动合同法》第44条规定,有下列情形之一的,劳动合同终止:

(1)劳动合同期满的;(2)劳动者开始依法享受基本养老保险待遇的;(3)劳动者死亡,或者被人民法院宣告死亡或者宣告失踪的;(4)用人单位被依法宣告破产的;(5)用人单位被吊销营业执照、责令关闭、撤销或者用人单位决定提前解散的;

(6)法律、行政法规规定的其他情形。

以完成一定工作任务为期限的劳动合同终止:《劳动合同法实施条例》第22条规定,以完成一定工作任务为期限的劳动合同因任务完成而终止的,用人单位应当依照《劳动合同法》第47条的规定向劳动者支付经济补偿。

劳动合同到期,劳动合同应该终止,但在法定续订和法定续延的情形下,劳动关系仍然存续:

法定续订:根据《劳动合同法》第14条的规定,劳动者在该用人单位连续工作满10年的,属法定续订且应订立无固定期限劳动合同;连续订立二次固定期限劳动合同,且劳动者没有本法第39条和第40条第1项、第2项规定的情形,续订劳动合同的,为法定续订且应订立无固定期限劳动合同。

法定延续:劳动合同到期,但有法定续延情形的,劳动合同继续有效,顺延至相应情形消失再行终止:

《劳动合同法》第42条规定,劳动者有下列情形之一的,用人单位不得依照本法第40条、第41条的规定解除劳动合同:(1)从事接触职业病危害作业的劳动者未进行离岗前职业健康检查,或者疑似职业病病人在诊断或者医学观察期间的;(2)在本单位患职业病或者因工负伤并被确认丧失或者部分丧失劳动能力的;(3)患病或者非因工负伤,在规定的医疗期内的;(4)女职工在孕期、产期、哺乳期的;(5)在本单位连续工作满15年,且距法定退休年龄不足5年的;(6)法律、行政法规规定的其他情形。

培训服务期未满:《劳动合同法实施条例》第17条规定,劳动合同期满,但是用人单位与劳动者依照《劳动合同法》第22条的规定约定的服务期尚未到期的,劳动合同应当续延至服务期满;双方另有约定的,从其约定(有约定从约定,即单位可放弃服务期)。

工会主席、副主席延续:根据《工会法》的相关规定,专职主席、副主席、委员,任期劳动合同期限计算中止;非专职主席、副主席、委员,劳动合同期满续延至任期期满。

职工代表延续:2004年《集体合同规定》(劳动和社会保障部令第22号)第28条规定,职工代表劳动合同续延至任期期满。

劳动合同法定延续时,用人单位可以不另行签订劳动合同(另签合同有被认定为签订另一次劳动合同的风险),但尽量签署补充协议或以书面、邮箱等方式履行延续告知义务,延续协议无合同到期的具体日期,直接表述为延续至某种情形消失为止。

## (二)劳动关系终止

在某种情形下,用工单位与劳动者已形成实际用工,单位也履行工资支付义务,但双方未签订劳动合同,形成事实劳动关系,对此种劳动关系的终止,详见下述相关规定:

1.《劳动合同法实施条例》第5条规定,自用工之日起1个月内,经用人单位书面通知后,劳动者不与用人单位订立书面劳动合同的,用人单位应当书面通知劳动者终止劳动关系。

2.《劳动合同法实施条例》第6条第1款规定,用人单位自用工之日起超过1个月不满1年未与劳动者订立书面劳动合同的,应当依照《劳动合同法》第82条的规定向劳动者每月支付两倍的工资,并与劳动者补订书面劳动合同;劳动者不与用人单位订立书面劳动合同的,用人单位应当书面通知劳动者终止劳动关系,并依照《劳动合同法》第47条的规定支付经济补偿。

3.《最高人民法院关于审理劳动争议案件适用法律问题的解释(一)》(法释〔2020〕26号)第34条规定,劳动合同期满后,劳动者仍在原用人单位工作,原用人单位未表示异议的,视为双方同意以原条件继续履行劳动合同。一方提出终止劳动关系的,人民法院应予支持。

根据《劳动合同法》第14条的规定,用人单位应当与劳动者签订无固定期限劳动合同而未签订的,或者用人单位自用工之日起满1年不与劳动者订立书面劳动合同的(包括原劳动合同期满未续订劳动合同而继续用工的),视为用人单位与劳动者已订立无固定期限劳动合同。人民法院可以视为双方之间存在无固定期限劳动合同关系,并以原劳动合同确定双方的权利义务关系。

此处需注意,劳动合同期满继续用工的1年内,一方提出终止的,为终止劳动关系,如继续用工超过1年,则已经视为签订无固定期限劳动合同,此时一方提出解除的,为解除劳动合同关系。再则,如本应签订无固定期限而没有签订书面劳动合同的,视为双方之间存在无固定期限劳动合同关系,一方提出解除的,为解除劳动合同关系。

用工单位在解除此类劳动者的劳动关系时,应予以特别注意:在规定时限内(继续用工1年内)行使解除权的,为终止劳动关系,而超过时限再行使解除权,此时为解除无固定期限劳动合同,操作不慎,很可能形成违法解除劳动合同,按《劳动合同法》第87条的规定承担赔偿责任。

## (三)解除或终止劳动合同的后续事项

用人单位和劳动者单方、协商解除劳动合同或劳动合同终止,双方必须履行离职后的退工手续,整个离职流程才算完结。

《劳动合同法》第 50 条规定,用人单位应当在解除或者终止劳动合同时出具解除或者终止劳动合同的证明,并在 15 日内为劳动者办理档案和社会保险关系转移手续。劳动者应当按照双方约定,办理工作交接。用人单位依照本法有关规定应当向劳动者支付经济补偿的,在办结工作交接时支付。用人单位对已经解除或者终止的劳动合同的文本,至少保存 2 年备查。

过失性解除、无过失性解除、经济性裁员三种方式均需出具解除劳动合同证明书! 解除劳动合同通知书不能代替离职证明。

解除劳动合同证明书必备内容:

《劳动合同法实施条例》第 24 条规定,用人单位出具的解除、终止劳动合同的证明,应当写明劳动合同期限、解除或者终止劳动合同的日期、工作岗位、在本单位的工作年限。

日常事务中,单位人力资源部门经常以《解除劳动合同通知书》《辞退书》《开除公开信》《对某某的处理决定书》等代替《解除或终止劳动合同证明书》,此类通知书并非法定的劳动者离职证明文件,易引起后续纠纷。

《解除或终止劳动合同通知书》与《解除或终止劳动合同证明书》的区别:通知书仅在单位内部起相关离职等明示作用,一般不对外产生法律效力,内容及格式均没有具体要求。而证明书是法律规定的要式文件,对外产生法定证明力,内容必须符合《劳动合同法实施条例》第 24 条的相关规定。

## (四)劳动合同生效和终止时间

《劳动部关于实行劳动合同制度若干问题的通知》(劳部发〔1996〕354 号)第 5 条规定,劳动合同可以规定合同的生效时间。没有规定劳动合同生效时间的,当事人签字之日即视为该劳动合同生效时间。劳动合同的终止时间,应当以劳动合同期限最后一日的 24 时为准。

解除或终止劳动合同的时间约定特别重要,在日常事务中,这一环节很少有企业做到,甚至大多数人资部门经办人员没有相关概念。

试举例说明:劳动者在劳动合同期满的最后一日办理完离职手续,公司开具离职证明,在下班时间离开公司回家,在途中遭遇车祸受伤,医疗期 3 个月,期满仍不能从事工作,后被认定为工伤八级。公司在该例中将承受劳动者工伤治疗期间的工资福利、生活护理费、一次性伤残就业补助金等一系列损失。

## 四、退休相关政策规定

### (一)劳动者退休的认定

《劳动合同法》第44条第2项规定,劳动者开始依法享受基本养老保险待遇的,劳动合同终止。

《劳动合同法实施条例》第21条规定,劳动者达到法定退休年龄的,劳动合同终止。

劳动者退休只要达到上述规定其中一种,均可终止劳动合同。

### (二)退休年龄和岗位以及社会保险缴费年限的规定

1.《国务院关于颁发〈国务院关于安置老弱病残干部的暂行办法〉和〈国务院关于工人退休、退职的暂行办法〉的通知》(国发〔1978〕104号)中,《国务院关于安置老弱病残干部的暂行办法》第4条规定,党政机关、群众团体、企业、事业单位的干部,男年满60周岁,女年满55周岁,参加革命工作年限满10年的,可以退休。《国务院关于工人退休、退职的暂行办法》第1条规定,全民所有制企业、事业单位和党政机关、群众团体的工人,男年满60周岁,女年满50周岁,连续工龄满10年的,应该退休。

2.《关于制止和纠正违反国家规定办理企业职工提前退休有关问题的通知》(劳社部发〔1999〕8号)规定,国家法定的企业职工退休年龄是:男年满60周岁,女工人年满50周岁,女干部年满55周岁。

3.《关于贯彻执行〈中华人民共和国劳动法〉若干问题的意见》(劳部发〔1995〕309号)第75条规定,用人单位全部职工实行劳动合同制度后,职工在用人单位内有转制前的原工人岗位转为原干部(技术)岗位或由原干部(技术)岗位转为原工人岗位,其退休年龄和条件,按现岗位国家规定执行。非公务员及事业单位人员退休,取消原干部身份认定,一律按现在岗位身份确定退休年龄。但各地区有具体规定的,按当地政策执行。

4.养老缴费足龄年限:《国务院关于建立统一的企业职工基本养老保险制度的决定》(国发〔1997〕26号)第5条规定,本决定实施后参加工作的职工,个人缴费年限累计满15年的,退休后按月发给基本养老金。

到达法定退休年龄未缴足15年的处理:2011年《实施〈中华人民共和国社会保

险法〉若干规定》第 2 条规定，参加职工基本养老保险的个人达到法定退休年龄时，累计缴费不足 15 年的，可以延长缴费至满 15 年。

2018 年《社会保险法》第 16 条规定，参加基本养老保险的个人，达到法定退休年龄时累计缴费不足 15 年的，可以缴费至满 15 年，按月领取基本养老金；也可以转入新型农村社会养老保险或者城镇居民社会养老保险，按照国务院规定享受相应的养老保险待遇。

5. 身份认定错误和日期认定错误的法律后果。

将管理人员误认定为工人，或未到退休年龄日期而提前终止劳动合同的，将承担违法终止劳动合同的赔偿金；将工人误认定为管理人员或到达法定退休年龄而未终止劳动合同的，将造成劳动者的养老待遇损失，也可能面临劳动者的损失索赔。

关于劳动者达到法定退休年龄日期的认定，我们试看下面案例及案例分析：

离退休日期相差 1 天被终止劳动合同，判赔获支持。

(2022)辽 02 民终 7804 号判决书摘要：

上诉人(原审原告)：大连××百货有限公司

被上诉人(原审被告)：赵某俊

上诉人大连××百货有限公司因与被上诉人赵某俊劳动合同纠纷案，不服大连市西岗区人民法院(2022)辽 0203 民初 5797 号民事判决，向本院提起上诉。本院于 2022 年 8 月 22 日立案后，依法组成合议庭公开开庭进行了审理。上诉人大连××百货有限公司的委托诉讼代理人何萍、王松月，被上诉人赵某俊及其委托诉讼代理人于仕军到庭参加诉讼，本案现已审理终结。

大连××百货有限公司上诉请求：(1)撤销一审判决，依法改判上诉人无须向被上诉人支付违法解除劳动合同赔偿金 46,505.76 元；(2)一审、二审诉讼费用由被上诉人承担。事实与理由：一审法院认为，上诉人于 2021 年 10 月 20 日终止了双方的劳动合同，系违法终止，应当支付赔偿金，属认定事实及适用法律错误。第一，上诉人与被上诉人之间劳动合同的终止时间系 2021 年 10 月 21 日。本案中，被上诉人的出生日期为 1971 年 10 月 21 日，其于 2021 年 10 月 20 日 24 时即 10 月 21 日零时起年满 50 周岁。被上诉人的最后工作日为 2021 年 10 月 20 日，上诉人向被上诉人发放工资至 2021 年 10 月 20 日，即双方之间的劳动合同于 2021 年 10 月 20 日仍在履行，并未终止，双方之间的劳动合同系于 2021 年 10 月 21 日终止。关于上诉人在《劳动合同终止通知信》中“双方之间的劳动合同于 2021 年 10 月 20 日终止”的表述，首先，该表述的不严谨并未损害被上诉人依法享有的期限利益；其次，该表述也理应包含"2021年10月20日24时即2021年10月21日零时"的含义在其中。百度汉语对于"周岁"的词条明确注称"每到公历生日的当天便增龄一岁",这种计龄方式是公认的传统,无须法律规定。本案中,关于被上诉人劳动合同的终止时间,一审法院应在查明案件事实的情况下予以正确认定。第二,被上诉人已达到国家法定退休年龄,上诉人终止被上诉人的劳动合同属合法终止,无须支付违法解除劳动合同赔偿金。《劳动合同法实施条例》第21条规定,劳动者达到法定退休年龄的,劳动合同终止。被上诉人于2021年10月21日零时起已年满50周岁,达到国家法定退休年龄,上诉人终止被上诉人的劳动合同属合法终止,无须向被上诉人支付违法解除劳动合同赔偿金。

被上诉人赵某俊辩称,不同意上诉人的上诉请求。第一,上诉人认为被上诉人2021年10月20日24时满50周岁,没有法律规定,被上诉人出生于1971年10月21日19时,与上诉人所说的时间相差19个小时。第二,被上诉人最后的工作日期为2021年10月20日,这是上诉人强加给被上诉人的工作截止时间,剥夺了被上诉人最后的工作权利。被上诉人根据法律规定应该工作至2021年10月21日。第三,上诉人向被上诉人发放工资至2021年10月20日是错误的,因为上诉人在2022年2月23日以前没有出具被上诉人2021年10月份的工资明细,上诉人目前仍无故拖欠被上诉人2021年10月份部分工资518.8元。第四,上诉人邮寄给被上诉人的《劳动合同终止通知信》中显示,你与公司的劳动关系将于2021年10月20日终止,上诉人在上诉状中的陈述与通知信中的日期不一致,说明上诉人自己也认为2021年10月20日终止劳动合同是违法、无效的。上诉人故意拖延履行法律规定的支付义务。上诉人在百度查询的,非法律法规描述的内容没有公信力。

大连××百货有限公司向一审法院起诉请求:判令原告不向被告支付违法解除劳动合同赔偿金46,505.76元。

一审法院认定事实:被告于2013年11月21日到原告处从事保洁工作,双方订立书面劳动合同,期限自2013年11月21日起至2016年11月20日止,合同到期后,双方续签了无固定期限劳动合同。2021年9月14日,原告向被告邮寄《终止劳动合同通知信》,内容为"根据国家相关法律法规规定,您将于2021年10月21日年满50周岁,达到国家法定退休年龄,您与公司的劳动合同关系将于2021年10月20日止。请您于2021年10月20日至人力资源部办理离职交接手续。如您对退休年龄有异议,则需于2021年10月20日前将办理退休手续的相关政府部门书面意见提供给公司,公司将依据相关法律法规规定及政府部门书面意见予以处理",9月15日,被告收到该邮件。2021年9月下旬至10月的排班表中,原告未为被告安排

10月21日之后的工作。2021年10月20日，原告安排被告于13点上班，17点休息至17点45分，21点45分下班；被告于12点54分上班打卡，在工作岗位完成工作，于21点41分打卡下班时，发现已经被原告取消打卡权限，故未能打卡下班。原告为被告发放了截至2021年10月20日下班时的工资，缴纳了2021年10月的社会保险。

2021年10月21日，被告申请仲裁，要求原告支付违法终止劳动合同赔偿金51,248元，大连市劳动人事争议仲裁委员会作出大劳人仲裁字〔2021〕第725号仲裁裁决书，裁决原告支付被告违法解除劳动合同赔偿金46,505.76元。原告不服该裁决，诉至法院。被告未就裁决提起诉讼。

另查，仲裁中，双方对被告解除劳动合同前12个月平均工资2906.61元无异议，诉讼中，被告提出原告扣减其2021年10月工资中的518.8元无正当理由。

一审法院认为，《劳动合同法实施条例》第21条规定："劳动者达到法定退休年龄的，劳动合同终止。"原告认为其与被告终止劳动合同系因为被告已达法定退休年龄，不属于违法解除劳动合同。被告对法定退休年龄提出异议，认为根据相关文件规定，其法定退休年龄已经调整为55周岁。关于我国劳动者的法定退休年龄，1978年6月2日颁发的《国务院关于工人退休、退职的暂行办法》第1条规定，全民所有制企业、事业单位和国家机关、人民团体的工人，男年满60周岁，女年满50周岁，连续工龄满10年的，应该退休。同日颁发的《国务院关于安置老弱病残干部的暂行办法》第4条规定，党政机关、群众团体、企业、事业单位的干部，男年满60周岁，女年满55周岁，参加革命工作年限满10年的，可以退休。因此，我国劳动者的法定退休年龄为：男年满60周岁，女工人年满50周岁，女干部年满55周岁。被告提出根据大连市人力资源和社会保障局于2016年2月5日发布的《转发辽宁省人力资源和社会保障厅关于规范办理企业职工基本养老保险参保人员退休的通知》（大人社发〔2016〕19号）第2条的规定，2005年1月1日以后，首次以企业职工身份参加基本养老保险的女职工，后来以灵活就业人员身份补缴首次参保以前年度基本养老保险费的，退休年龄需按照年满55周岁执行。被告据此认为政策调整已将其法定退休年龄改至55周岁。对此，一审法院认为，上述规范性文件中关于首次以企业职工身份参加基本养老保险，后来以灵活就业人员身份补缴首次参保以前的年度基本养老保险费的女职工退休年龄的规定，实际上是为了落实《辽宁省人力资源和社会保障厅关于规范办理企业职工基本养老保险参保人员退休的通知》中第2条关于严格按照国家规定年龄办理个体工商户和灵活就业人员退休的具体措施。该条文规定："以个体工商户或灵活就业人员身份参加企业职工基本养老保险的人员，退休年龄按照《关于完善城镇职工基本养老保险政策有关问题的通知》（劳社部发〔2001〕20号)第三条及《关于城镇企业职工基本养老保险有关问题的通知》(辽劳社发〔2004〕50号,以下简称辽劳社发〔2004〕50号文件)有关规定执行。各地要对以个体工商户或灵活就业人员身份参保的人员首次参保时间进行清理和核实,对国家和省规定在本地实施后首次以个体工商户或灵活就业人员身份参保的,退休年龄必须按照男年满60周岁、女年满55周岁执行。"劳社部发〔2001〕20号文件第3条规定:"城镇个体工商户等自谋职业者以及采取各种灵活方式就业的人员,在其参加养老保险后,按照省级政府规定的缴费基数和比例,一般应按月缴纳养老保险费,也可按季、半年、年度合并缴纳养老保险费;缴费时间可累计折算。上述人员在男年满60周岁、女年满55周岁时,累计缴费年限满15年的,可按规定领取基本养老金。累计缴费年限不满15年的,其个人账户储存额一次性支付给本人,同时终止养老保险关系,不得以事后追补缴费的方式增加缴费年限。"因此,大人社发〔2016〕19号文件规定中的"退休年龄"是指享受退休待遇的年龄,并非法定退休年龄。被告提出应当按照55周岁认定其法定退休年龄的意见,一审法院不予采纳。被告系1971年10月21日出生,2021年10月21日年满50周岁,达到国家法定退休年龄,但原告于2021年10月20日终止了双方的劳动合同,此时,被告尚未满50周岁,因此,原告依据《劳动合同法实施条例》第21条的规定,终止与被告的劳动合同,违反了《劳动合同法》之规定,系违法终止,应当支付赔偿金。原告主张不向被告支付违法解除劳动合同赔偿金46,505.76元的诉讼请求,一审法院不予支持。关于赔偿金数额,大连市劳动人事争议仲裁委员会作出的大劳人仲裁字〔2021〕第725号仲裁裁决书,裁决原告支付被告违法解除劳动合同赔偿金46,505.76元,被告未就裁决提起诉讼,视为放弃诉讼权利,故被告对赔偿金计算提出的异议,一审法院不予采纳,一审法院对该仲裁裁决确认的赔偿金数额予以确认。综上所述,依照《劳动合同法》第46条、《劳动合同法实施条例》第21条之规定,判决:原告大连××百货有限公司于判决生效之日起10日内支付被告赵某俊违法解除劳动合同赔偿金46,505.76元。如果未按判决指定的期间履行给付金钱义务,应当依照《民事诉讼法》第260条之规定,加倍支付迟延履行期间的债务利息。案件受理费10元(原告已预交),由原告大连××百货有限公司负担。

本院二审期间,双方当事人均未提交新证据。

本院经审理查明的事实与一审判决认定的事实一致。

本院认为,根据双方当事人的诉辩意见,本案二审争议焦点为上诉人是否与被上诉人提前终止了劳动合同,是否属于违法终止。根据《民法典》第1259条的规定,民法所称的"以上""以下""以内""届满",包括本数;所称的"不满""超过""以外”，不包括本数。《劳动合同法实施条例》第21条规定，劳动者达到法定退休年龄的，劳动合同终止。根据以上规定，被上诉人出生于1971年10月21日，应认定被上诉人生日的第二天年满50周岁，达到国家法定退休年龄，即被上诉人在2021年10月21日依法享有劳动和获得劳动报酬的权利。上诉人向被上诉人邮寄的《劳动合同终止通知信》中显示“双方之间的劳动合同于2021年10月20日终止”，上诉人关于职工退休时结束工作的具体时间及退休当月工资如何发放没有相关的制度规定，亦未与被上诉人进行协商和约定，在此情况下，上诉人未为被上诉人安排2021年10月21日的工作，亦未支付该日的工资，于2021年10月20日提前终止双方劳动合同，系违法终止劳动合同，应当支付赔偿金。一审法院判决上诉人支付被上诉人违法解除劳动合同赔偿金46,505.76元正确，本院予以确认。

综上所述，大连××百货有限公司的上诉请求不能成立，应予驳回；一审判决认定事实清楚，适用法律正确，应予维持。依照《民事诉讼法》第177条第1款第1项的规定，判决如下：

驳回上诉，维持原判。

案例分析：劳动者出生于1971年10月21日，其年满50周岁的日期为2021年10月21日，本案用人单位败诉的关键因素是误将达到法定退休年龄的日期确定为2021年10月20日，提前一天终止了与劳动者的劳动关系，属违法终止，应当承担违法终止劳动合同的赔偿责任。

用人单位在处理类似劳动者解除、终止劳动关系时，切勿急躁操作，第一步应当核实解除或终止的确切日期，第二步与劳动者进行沟通，让劳动者确认具体日期，再出具相关解除证明，避免审查不慎造成单位不必要的损失。

### (三)特殊退休规定

1. 劳动者内退、病退、特岗退休相关规定如下：

《国务院关于颁发〈国务院关于安置老弱病残干部的暂行办法〉和〈国务院关于工人退休、退职的暂行办法〉的通知》(国发〔1978〕104号)规定：……从事井下、高空、高温、特别繁重体力劳动或者其他有害身体健康的工作，男年满55周岁、女年满45周岁，连续工龄满10年的。本项规定也适用于工作条件与工人相同的基层干部。(特岗退休)男年满50周岁，女年满45周岁，连续工龄满10年，由医院证明，并经劳动鉴定委员会确认，完全丧失劳动能力的。(患病退休)

2. 个体工商户与自由职业领取退休金条件：男年满60周岁、女年满55周岁。

《关于完善城镇职工基本养老保险政策有关问题的通知》(劳社部发〔2001〕20

号)第3条规定,城镇个体工商户等自谋职业者以及采取各种灵活方式就业的人员,在其参加养老保险后,按照省级政府规定的缴费基数和比例,一般应按月缴纳养老保险费,也可按季、半年、年度合并缴纳养老保险费;缴费时间可累计折算。上述人员在男年满60周岁、女年满55周岁时,累计缴费年限满15年的,可按规定领取基本养老金。累计缴费年限不满15年的,其个人账户储存额一次性支付给本人,同时终止养老保险关系,不得以事后追补缴费的方式增加缴费年限。

3. 农民工与失地农民领取退休金条件:男年满60周岁、女年满55周岁。

《关于完善城镇职工基本养老保险政策有关问题的通知》(劳社部发〔2001〕20号)第4条规定,参加养老保险的农民合同制职工,在与企业终止或解除劳动关系后,由社会保险经办机构保留其养老保险关系,保管其个人账户并计息,凡重新就业的,应接续或转移养老保险关系;也可按照省级政府的规定,根据农民合同制职工本人申请,将其个人账户个人缴费部分一次性支付给本人,同时终止养老保险关系,凡重新就业的,应重新参加养老保险。农民合同制职工在男年满60周岁、女年满55周岁时,累计缴费年限满15年以上的,可按规定领取基本养老金;累计缴费年限不满15年的,其个人账户全部储存额一次性支付给本人。

需要特别说明:个体户、失地农民工等领取退休待遇的年龄为男60周岁、女55周岁,并不意味着与之建立劳动关系的用人单位必须等到女工55周岁才能终止劳动关系。根据相关法律规定,只要该女工达到50周岁,用人单位就可以终止劳动关系。

### (四)出生日期身份证与档案不一致的处理

身份证与档案记载不一致的处理:《关于制止和纠正违反国家规定办理企业职工提前退休有关问题的通知》(劳社部发〔1999〕8号)第2条第2项规定,对职工出生时间的认定,实行居民身份证与职工档案相结合的办法。当本人身份证与档案记载的出生时不一致时,以本人档案最先记载的出生时间为准。要加强对居民身份证和职工档案的管理,严禁随意更改职工出生时间和编造档案。

干部身份专项规定,《关于认真做好干部出生日期管理工作的通知》(组通字〔2006〕41号)规定,对个别干部的出生日期,档案记载与户籍登记不一致的,应当以干部档案和户籍档案中最先记载的出生日期为依据。

### (五)退休社会保险损失赔偿

1. 未缴社会保险损失赔偿条件

《最高人民法院关于审理劳动争议案件适用法律问题的解释(一)》(法释

〔2020〕26号）第1条规定，劳动者与用人单位之间发生的下列纠纷，属于劳动争议，当事人不服劳动争议仲裁机构作出的裁决，依法提起诉讼的，人民法院应予受理：……劳动者以用人单位未为其办理社会保险手续，且社会保险经办机构不能补办导致其无法享受社会保险待遇为由，要求用人单位赔偿损失发生的纠纷；劳动者退休后，与尚未参加社会保险统筹的原用人单位因追索养老金、医疗费、工伤保险待遇和其他社会保险待遇而发生的纠纷。

劳动者索赔社会保险损失，必须满足相应条件，如四川相关具体规定：《四川省高级人民法院、四川省劳动人事争议仲裁委员会关于印发〈关于审理劳动争议案件有关问题的会议纪要〉的通知》（川高法〔2020〕39号）第15条规定，劳动者以用人单位未为其办理基本养老保险手续，且社会保险经办机构不能补办导致其无法享受基本养老保险待遇为由，请求用人单位赔偿损失，同时符合以下条件的，应予受理：（1）用人单位未为劳动者参加基本养老保险；（2）社会保险经办机构明确答复不能补办；（3）劳动者达到法定退休年龄。

2. 未缴社会保险损失赔偿的方式

损失赔偿项目主要包括退休工资、医疗费工伤保险待遇等，单位可能承担至劳动者死亡为止，以及丧葬补助金等。

社会保险损失赔偿方式及标准目前法无定论，各地根据具体情况按不同政策执行，大致有以下几种方式：一是以用人单位应为劳动者个人缴纳的养老保险费计算损失，劳动者自己所应承担的部分不包括在内；二是以当地退休职工养老金的平均水平计算劳动者的损失；三是以当地同时期职工最低生活费或最低工资标准赔偿劳动者损失。而关于计算期限的问题，则一般是依据人均寿命来计算退休后可以享受养老金的年限。

社会保险损失赔偿以劳动者是否在同一单位服务满15年为界线，未满和已满的标准及待遇差异很大。

（1）未缴社会保险损失赔偿规定各地差异较大，详见下述地方性规定

四川省泸州市：2015年《泸州市中级人民法院关于审理劳动争议纠纷案件若干疑难问题解答》对未参与养老保险待遇损失问题的解答为：如果劳动者能够提供具体由社会保险部门具体核算出的养老保险待遇损失的，可以该损失作为判决依据。如果无法核算或不能提供的，则以劳动者在用人单位的工作期间内的月平均工资标准（或解除或终止劳动关系前12个月的月平均工资）为基数，按解除或终止劳动关系时的缴费比例，结合其在本单位工作的月份计算出应缴的社会保险费，该保险费作为劳动者的损失。具体计算公式：养老保险待遇损失＝月平均工资×单位缴

费费率×在该单位的连续工作的年限折算出的月数。

武汉市:2016 年《武汉市人社局关于劳动人事争议案件处理若干问题的意见》第 13 条规定,对用人单位未依法补缴基本养老保险费,且无法补缴,劳动者提出赔偿损失的,视不同情形认定损失数额:①劳动者已在个人窗口缴纳基本养老保险费的,可按其已缴费情况,以劳动者已经缴纳且应由用人单位缴纳的基本养老保险费部分,作为劳动者养老保险损失。②劳动者基本养老保险费已由其他用人单位缴纳且劳动者未承担费用的,对劳动者提出的赔偿请求,仲裁委员会不予支持。若有证据证实劳动者承担了养老保险费,则可以该费用中应由用人单位缴纳的部分作为劳动者养老保险损失。③既无其他用人单位为劳动者缴费,劳动者也未在流动人员专户缴费,但无法补缴的,可以按劳动者在本单位工作年限,工作每满一年,计发 2 个月本人申请仲裁前 12 个月平均工资计算损失。本人申请仲裁前 12 个月平均工资高于当地上年度职工平均工资的,以当地上年度职工平均工资为计发基数。

江苏省:2010 年《江苏省高级人民法院劳动争议案件审理指南》对其他社会保险争议的实务问题处理时规定,劳动者达到或超过法定退休年龄,因用人单位未依法为其办理养老保险手续,且社会保险经办机构不能补办,导致其无法享受养老保险待遇,主张用人单位赔偿损失的,应区分两种情况处理:①劳动者退休时,用人单位能够缴费而未缴费年限达到或超过劳动者按月领取退休金条件的,用人单位应当承担劳动者自退休起至人均预期寿命的养老金,具体数额可以委托养老保险经办机构测算。劳动者要求定期给付的,应当定期给付;劳动者要求一次性给付的,可视具体情况一次性给付或定期给付。②劳动者退休时,用人单位能够缴费而未缴费年限未达到或超过劳动者按月领取退休金条件的,劳动者因用人单位的瑕疵缴费行为所导致的损失为其按照相关规定所能够一次性领取的养老金待遇,具体数额可以委托养老保险经办机构测算。

从以上规定来看,未缴年限不满 15 年的,不满足领取退休待遇条件,一般按离职前本人 12 个月平均工资每满 1 年以 1 个月工资标准一次性支付养老金待遇。如未缴 3 年,付 3 个月工资,未缴 10 年,付 10 个月工资,一般不支持终身退休金请求。如未缴年限达到 15 年的,一般以当地退休职工平均养老金标准(或上年度职工月平均工资标准、本人 12 个月平均工资、最低社会保险缴费基数计算的养老金额等)按月支付劳动者养老金损失。

(2)职工在同一单位工作年限不到 15 年的社会保险损失案例

(2019)苏 01 民终 5330 号判决书摘要:用人单位自用工之日起即与劳动者建立劳动关系。劳动者超过法定退休年龄请求用人单位赔偿养老保险待遇损失,且经社会保险经办机构审核确实不能补缴或者继续缴纳养老保险费的，自该用人单位依法应当为劳动者办理社会保险之日起，如果劳动者在用人单位连续工作未满15年，用人单位应按照每满1年发给相当于1个月当地上一年度职工平均工资标准一次性支付劳动者养老保险待遇赔偿。

(2015)宁民终字第7176号判决书摘要：劳动者虽然向被告出具过不参加社会保险的声明，但并不能因此免除用人单位为劳动者缴纳社会保险费的义务。现劳动者已经超过法定退休年龄，且在退休前并未参加基本养老保险，已无法补缴基本养老保险，故用人单位应当赔偿劳动者不能享受养老保险待遇的损失。自劳动者入职时起，用人单位即应当为其缴纳社会保险，至双方终止劳动关系时止，劳动者的工龄为2年6个月零8天，不满3年，故用人单位应当按照2个月的上一年度职工月平均工资标准支付养老保险待遇损失，经计算，该案劳动者的养老保险待遇损失为10,802元。

上述两案基本类似，未缴年限不满15年的，不满足领取退休待遇条件，仅按每满1年支付1个月上年度职工平均工资作为社会保险待遇损失。

3. 退休损失的诉讼时效

关于退休待遇损失的诉讼时效，一般按解除或终止劳动合同1年计算，但有地方性规定的，执行当地规定，以下为江苏省高级人民法院指南，在本类案件的时效适用中具有较强的指导作用。

2010年《江苏省高级人民法院劳动争议案件审理指南》第4条规定，养老保险争议的仲裁时效问题：一般来说，劳动者诉请用人单位赔偿养老保险待遇引发的纠纷，应适用《劳动争议调解仲裁法》关于仲裁时效的规定，实践中要注意根据案件的不同情形确定“知道或应当知道权利被侵害之日”：

(1)劳动者达到法定退休年龄之前，与用人单位的用工关系已经解除或终止的，因其养老保险损失在劳动者达到法定退休年龄时才产生，故应以劳动者达到法定退休年龄之日作为仲裁时效起算之日。

(2)劳动者达到法定退休年龄后一段时间，与用人单位的用工关系才解除或终止的，应以用工关系解除或终止之日作为仲裁时效起算之日。

(3)劳动者达到法定退休年龄后，发生争议时，用人单位与劳动者之间的用工关系尚未解除或终止的，应以劳动者主张权利之日作为仲裁时效起算之日。

4. 退休工资规定的扩展理解与适用

(1)退休工资的规定与领取

退休工资与劳动者在职时的社会保险缴费基数和缴费年限息息相关，如用人单位未足额缴纳养老保险,则劳动者退休工资将大为减少,影响劳动者退休工资待遇。

《社会保险法》第15条规定,基本养老金由统筹养老金和个人账户养老金组成。基本养老金根据个人累计缴费年限、缴费工资、当地职工平均工资、个人账户金额、城镇人口平均预期寿命等因素确定。

退休工资与退休时当地职工平均工资关系密切,统筹部分以当地平均工资为基数,按缴费指数计算。

退休工资待遇与是否失业过领取过失业保险待遇无直接关联,失业期间足额缴纳基本养老保险,对退休工资待遇无影响。

(2)退休工资的组成

退休工资的基本组成:社会统筹部分+个人账户部分。

《社会保险法》第12条规定,用人单位应当按照国家规定的本单位职工工资总额的比例缴纳基本养老保险费,记入基本养老保险统筹基金。

职工应当按照国家规定的本人工资的比例缴纳基本养老保险费,记入个人账户。

无雇工的个体工商户、未在用人单位参加基本养老保险的非全日制从业人员以及其他灵活就业人员参加基本养老保险的,应当按照国家规定缴纳基本养老保险费,分别记入基本养老保险统筹基金和个人账户。

(3)退休工资的计发

根据最新的退休工资计算办法,职工退休时的退休工资由四部分组成:

退休工资=统筹退休工资+个人账户退休工资+过渡性退休工资+增发退休工资。

统筹退休工资=(全省上年度在岗职工月平均工资+本人指数化月平均缴费工资)÷2×缴费年限×1%=全省上年度在岗职工月平均工资(1+本人平均缴费指数)÷2×缴费年限×1%。

上式中:本人指数化月平均缴费工资=全省上年度在岗职工月平均工资×本人平均缴费指数。

个人账户退休工资=个人账户储存额÷计发月数[计发月数根据退休年龄和当时的人口平均寿命来确定。计发月数略等于(人口平均寿命-退休年龄)×12。目前50岁为195,55岁为170,60岁为139,70岁及以上为56]。

从上述公式中可以看到,在缴费年限相同的情况下,统筹退休工资的高低取决于个人的平均缴费指数,个人的平均缴费指数就是自己实际的缴费基数与社会平均工资之比的历年平均值。低限为0.6，高限为3。因此，在退休工资的计算中，无论何种情况，缴费基数越高，缴费的年限越长，退休工资就会越高。退休工资的领取是无限期规定的，只要领取人生存，就可以享受按月领取退休工资的待遇，即使个人账户退休工资已经用完，仍然会继续按照原标准计发统筹退休工资，况且，个人退休工资还要逐年根据社会在岗职工的月平均工资的增加而增长。因此，活得越久，就可以领取得越多。

例如，根据上述公式，假定男职工在60岁退休时，全省上年度在岗职工月平均工资为4000元。

以累计缴费年限15年为例：

个人平均缴费基数为0.6时，统筹退休工资＝（4000元＋4000元×0.6）÷2×15×1%＝480元；

个人平均缴费基数为1.0时，统筹退休工资＝（4000元＋4000元×1.0）÷2×15×1%＝600元；

个人平均缴费基数为3.0时，统筹退休工资＝（4000元＋4000元×3.0）÷2×15×1%＝1200元。

以累计缴费年限为40年为例：

个人平均缴费基数为0.6时，统筹退休工资＝（4000元＋4000元×0.6）÷2×40×1%＝1280元；

个人平均缴费基数为1.0时，统筹退休工资＝（4000元＋4000元×1.0）÷2×40×1%＝1600元；

个人平均缴费基数为3.0时，统筹退休工资＝（4000元＋4000元×3.0）÷2×40×1%＝3200元；

个人退休工资＝统筹退休工资＋个人账户退休工资＝统筹退休工资＋个人账户储存额÷139。

过渡性退休工资：

劳动者在1996年1月1日前参加工作的，因当时未出台统一的社会保险征缴政策，未建立社会保险统筹账户，该部分劳动者在退休时享受视同缴费年限计算过渡性退休工资，计算方式如下：

过渡性退休工资＝（参保人员退休时上一年全省在岗职工月平均工资＋本人指数化月平均缴费工资）÷2×1995年12月31日以前未建立个人账户的累计缴费年限×1.3%。

1996年1月1日及以后参加工作的劳动者无此项待遇。

增发性退休工资:

对响应国家计生政策或其他作出特殊贡献的劳动者,部分地区还规定了增发性退休工资,如四川省,对高寒地区工作年限、高级职称劳动者进行增发,具体规定如下:

增发性养老金 = 参保人员退休时上一年全省在岗职工月平均工资 × 本人平均缴费工资指数 × 增发比例 × 累计缴费年限(含视同缴费年限)。

增发项目及增发比例:

符合以下规定增发的养老金比例,除国家和省另有规定外,可以累加计算。

①取得《独生子女父母光荣证》(含 2002 年 10 月 1 日前取得《独生子女证》)的 0.10%;

②1995 年 12 月 31 日以前获得国家级劳动模范称号并一直保持荣誉的0.30%;

③1995 年 12 月 31 日以前获得省、部级劳动模范称号(一次)并一直保持荣誉的 0.10%;

④1995 年 12 月 31 日以前获得省、部级劳动模范称号(两次及以上)并一直保持荣誉的 0.20%;

⑤1995 年 12 月 31 日以前获得成都市劳动模范称号并一直保持荣誉的0.08%;

⑥取得部、省级以上评定的高级职称、高级工程师、高级技师,且在退休以前一直被企业聘用并发给聘用证书、聘用通知书的 0.10%;

⑦获得国家级自然科学奖和发明奖(特等奖、一等奖、二等奖)的 0.30%;

⑧获得国家级自然科学奖和发明奖(三等奖、四等奖)0.20%;

⑨获得部级、四川省科技成果奖、科技进步奖(特等奖、一等奖、二等奖)0.20%;

⑩获得部级、四川省科技成果奖、科技进步奖(三等奖、四等奖)0.10%;

⑪在西藏和我省甘孜、阿坝州海拔 3500 米以上工作累计满 15 年 0.20%;

⑫在西藏和我省甘孜、阿坝州海拔 3500 米以上工作累计满 10 年不满 15 年 0.10%;

备注:同一项目多次获奖的,按所获最高项计算增发比例;不同项目获奖的,增发比例可以累加计算,但最高不超过 0.3%。

(4)退休工资领取地的相关规定

《国务院办公厅关于转发人力资源社会保障部、财政部城镇企业职工基本养老保险关系转移接续暂行办法的通知》(国办发〔2009〕66 号)相关规定归纳如下:

①一直在户籍所在地工作并缴纳社会保险,在户籍所在地领取养老金。

举例说明:小明是北京市人,毕业后一直在北京市工作,到退休时一共缴纳了40年社会保险,退休后在北京市领取养老金。

②在多个地方工作并缴纳社会保险,但是都不超过10年,回户籍所在地领取养老金。

举例说明:小明是武汉市人,先在上海市工作8年,再去深圳市工作5年,然后去广州市工作7年,此后在多个城市缴纳社会保险时间均不到10年,退休后在武汉市领取养老金。

③在多个地方工作并缴纳社会保险,有一个地方超过10年,在该地领取养老金。

举例说明:小明是洛阳人,先后在郑州市工作3年、洛阳市工作8年、合肥市工作15年、南京市工作2年,均正常缴纳社会保险,退休后在合肥市领取养老金。

④在多个地方工作并缴纳社会保险,其中有2个以上地方超过10年,在最后一个超过10年的地方领取养老金。

举例说明:小明是苏州人,先后在苏州市工作5年、南京市工作15年、北京市工作10年、上海市工作10年,均正常缴纳社会保险,退休后在上海市领取养老金。

⑤在多个地方工作,但社会保险累计缴纳年限不足15年,退休后没有资格领取养老金,补缴要回原籍。

举例说明:小明是长春市人,先后在北京市、天津市工作,但一直都是打零工,没有缴纳社会保险,后来到石家庄市工作,缴纳社会保险12年,退休后无法领取养老金,如果要补缴只能回原籍长春市,补缴3年养老保险缴纳总年限达到15年后可领取养老金,领取地为长春市。

(5)劳动者退休后被刑事处罚或被刑事处罚期间达到退休条件的待遇政策

①根据《劳动和社会保障部办公厅关于退休人员被判刑后有关养老保险待遇问题的复函》(劳社厅函〔2001〕44号)的规定,退休后被刑事处罚的,按以下方法处理工资待遇:

退休后被刑事处罚的,服刑期间停发待遇,服刑期满后可以按服刑前的标准继续发给基本养老金,并参加以后的基本养老金调整。

退休人员被判处管制、有期徒刑宣告缓刑和监外执行的,可以继续发给基本养老金,但不参与基本养老金调整。

退休人员因涉嫌犯罪被通缉或在押未定罪期间,其基本养老金暂停发放。如果法院判其无罪,被通缉或羁押期间的基本养老金予以补发。

退休人员在服刑期间死亡,养老金个人账户余额可继承,但遗属不享受丧葬补助等其他待遇(该规定已被人社厅函〔2021〕120号取代)。

②服刑死亡或执行死刑遗属待遇新规定

《人力资源社会保障部办公厅关于企业职工基本养老保险参保人员服刑期间死亡等情形其遗属领取遗属待遇问题的复函》(人社厅函〔2021〕120号)规定,企业职工基本养老保险参保人员在服刑期间死亡或因犯罪行为导致死亡以及被判处死刑并执行的,其遗属可以按规定标准享受遗属待遇。该规定从2021年9月1日起执行。

③假释及服刑期间达到退休年龄的处理:

《劳动和社会保障部办公厅关于对劳社厅函〔2001〕44号补充说明的函》(劳社厅函〔2003〕315号):

退休人员被判刑后暂予监外执行、假释期间,可以按被判刑前的标准继续发给基本养老金,但不参与基本养老金调整。

参加企业职工基本养老保险的人员被判处拘役及以上刑罚,服刑期间达到法定退休年龄的,暂缓办理退休手续,待服刑期满后按规定办理退休手续。

④公务员退休后被采取强制措施和受行政、刑事处罚的退休费待遇处理

《关于公务员被采取强制措施和受行政刑事处罚工资待遇有关问题的通知》(人社部发〔2010〕104号)规定:

公务员退休后被取保候审、监视居住、刑事拘留、逮捕期间,停发退休费待遇,按本人原基本退休费的75%计发生活费。

公务员退休后被刑事拘留在逃或批准逮捕在逃的,停发退休费待遇。

公务员退休后被行政拘留期间,停发退休费待遇,按本人原基本退休费的75%计发生活费。期满后,按2%降低基本退休费。今后国家调整退休费时,不受原处罚的影响。

公务员退休后被收容教育、强制隔离戒毒、劳动教养期间,停发退休费待遇,按本人原基本退休费的75%计发生活费。期满后,按12%降低基本退休费,补贴按降低一个职务层次确定。今后国家调整退休费时,按降低后职务层次的标准执行。

公务员退休后被判处管制、拘役或拘役被宣告缓刑、有期徒刑被宣告缓刑期间,停发退休费待遇,按本人原基本退休费的60%计发生活费。刑罚执行完毕或缓刑考验期满不再执行原判刑罚的,按40%降低基本退休费,补贴按办事员确定。今后国家调整退休费时,按办事员的标准执行。

公务员退休后被判处有期徒刑以上刑罚的,从人民法院判决生效之日起,取消原退休费待遇。刑罚执行完毕后的生活待遇,由原发给退休费的单位酌情处理。

公务员退休后受到刑事处罚,经再审宣告无罪或免予刑事处罚,且不追究政纪责任的,从再审宣告无罪或免予刑事处罚的次月起恢复退休费待遇。原判期间和刑罚执行完毕至再审宣告无罪或免予刑事处罚期间,被停发的退休费由单位补发。

公务员退休后受到刑事处罚,经再审宣告无罪或免予刑事处罚,但被追究政纪责任的,根据应给予的处分相应确定退休费待遇,从审查结论作出的次月起执行。原判期间和刑罚执行完毕至作出审查结论期间,被多减发的退休费由单位补发。

## 五、劳动关系解除与终止的内控措施

劳动关系解除和终止环节是最易引发劳动纠纷的环节,在此过程中,应多倾听劳动者的心声,有时就是多了几句怨言,主管人员、人资 HR 言语相劝本来就可以化解,切忌反唇相讥,激化矛盾。离职环节有以下几个内控措施。

### (一)企业单方面解除劳动关系的标准步骤

企业单方面解除劳动合同,无论是过失性解除还是无过失性解除,其标准流程一致:

1. 保留劳动者违反公司制度或构成解除劳动合同的事实证据;
2. 比对法律法规、公司制度等相关规定,制作解除劳动合同通知书;
3. 提前通知劳动者(特殊情形支付 1 个月代通知金);
4. 事先通知工会,工会有异议时将最终处理结果回函告知工会;
5. 送达解除劳动合同通知书;
6. 出具解除劳动合同证明书;
7. 办理社会保险、档案转移手续。

以上步骤不得遗漏,如遗忘其中一项,或者其中一项不符合事实或法律规定,可能构成违法解除,承担支付赔偿金的法律责任。

### (二)解除试用期劳动者劳动合同内控措施

试用期劳动者只有在过错情况下,比如严重违反规章制度、不符合录用条件或者患病非因工负伤不能从事原工作、因工作能力不能胜任工作的情况才可解除劳动合同。而即便在可辞退试用期劳动者的情形下,也须有严格的证据支撑,否则属违法解除。裁员、客观情况发生重大变化、经营困难等均不能解除试用期劳动者劳动合同。

在企业实践中,随意解除试用期劳动者屡见不鲜,似乎解除试用期劳动者不需要什么理由,但随着劳动者法律意识的增强,可以预见在不久的将来,试用期解除劳动合同纠纷将呈逐年上升趋势,应引起用人单位高度重视。

而试用期劳动者的解除,与入职时的录用条件设定等工作环节密切相关,下面试列举试用期入职、解除劳动合同流程的节点控制措施:

1.《HR面谈表》——是否是单位想要的人?

2.《录用条件确认函》——想招什么样的人?

3.《岗位职责确认书》——想让劳动者干什么事?

4.《试用期自评报告》——自我评价能否胜任单位交办的事?

5.《工作业绩考核表》——单位评价能否胜任交办的事?

6.核对《入职登记表》——是否对单位进行了欺诈?

7.制作《转正考核表》——是否通过单位的试用转正?

8.《不予转正通知书》——不符合录用条件予以解除。

9.送达《解除理由告知工会函》——解除程序合规。

10.送达劳动者——保留送达凭证。

11.《解除劳动合同通知书》——离职手续齐备。

### (三)协商解除劳动合同内控措施

劳动者与用人单位劳动关系解除或终止过程中,就工资、加班工资、经济补偿等达成的具有权利处分内容的结算协议,其内容不违反法律、行政法规的强制性规定的,一般都认定有效。但如果有证据证明签订协议时存在欺诈、胁迫、重大误解、显失公平以及乘人之危等违背当事人真实意思表示的,劳动者可以向人民法院起诉请求撤销协议或主张协议无效。但这种无效的举证太难,劳动者反悔得到支持的可能微乎其微。故用人单位能与劳动者协商达成一致意见解除或终止劳动合同是最优选择。

协商解除劳动合同协议书主要内容:

离职理由:双方因何原因,由谁提出解除劳动合同,经双方协商一致,同意订立本协议,双方共同遵守。

交接日:双方约定任何时间。

工资、补偿金支付日:约定离职移交达成条件,在交接完毕时支付(可作为非正常离职支付补偿金抗辩)。

解除日:将未休年假、加班补休等安排冲抵到解除劳动合同日。尽量明确在当日几点,未明确的为当日24点,规避最后一日下班途中交通事故被认定工伤风险,或下班当晚突发疾病的医疗期待遇损失。

补偿金表述：甲方在此同意向乙方支付人民币××元的补偿金作为一次性的补偿款项以及全部和最终的解决方案。

兜底条款：本协议生效后，甲乙双方劳动关系终结，再无其他争议。

### （四）劳动者不办理离职手续的内控措施

劳动者未办理离职手续，径自离开单位不再上班，这种情况在企业用工过程中时有发生，虽然有相关法律规定"长期失联"期间单位与劳动者互不负劳动合同的权利义务，但因劳动者未再露面的原因不详，劳动关系仍然存在，如发生失踪、其他意外事件，用人单位依然有相应责任。此类未决事项对单位来说始终是个事，故对此用人单位应采取必要的内控措施，防范风险。

1. 事前约定

在劳动者手册或相关劳动者入离职流程规定中约定：如劳动者（乙方）离职未依据合同约定和法律规定履行提前通知义务，而擅自离开工作岗位，或履行了通知义务，但未办理交接手续离职的，视为劳动者因个人原因自愿与甲方解除劳动关系。且该行为属于乙方违法解除劳动合同的行为，给甲方造成损失的，乙方应支付甲方损失赔偿金，标准为2个月工资和甲方支付的律师费和新劳动者招聘费。如损失高于2个月工资的，则按实际损失计算。

乙方自愿放弃所有滞留于甲方的剩余报酬、款项、薪资、物资、福利等相关权利，甲方可以自由处置。如乙方因借款等原因对甲方存有债务，以上处置不能抵消乙方之债务，给甲方造成经济损失的，甲方有权要求乙方赔偿。

2. 限期返岗并依据规章制度解除劳动合同

单位应固定自动离职、旷工等证据；向劳动者寄送限期返岗通知书；到期仍未作出回应的，制作解除通知书；通知工会；送达解除通知书。

如劳动合同到期的，送达续签意见，限期回复，规定未回复视为不同意续签，到期终止劳动合同。

送达方式：当面送达；亲属留置送达；电子送达；邮寄送达；公告送达。

3. 如何支付应结工资

应结未结的应付工资，在规章制度中规定最后一个月的离职工资以现金方式发放，不办理手续的不予支付也无法支付。

4. 如何避免送达期间工资社会保险等支出

录用档案表、劳动合同预先约定电子送达条件，单位发送解除通知书的文件可以即刻生效。

5. 改变工资发放时间

单位发生劳动者不辞而别的情形往往发生在发放工资的次日,原因是留存下个月发放的工资很少,比如月初 5 日发放上月工资,劳动者 6 日走人,其未领工资最多 5 天,如遇周末,未领工资仅余 3 天,对劳动者随意离职没有压力。单位可改变工资发放时间,适当增加预留未发工资,让劳动者随意离职有所顾忌,促使劳动者完成交接、办理离职手续。比如考勤日截至月末,工资发放日定在下月 15 日,这样预留未领工资达到半个月,职工不辞而别就可能重新掂量了。

### (五)长期待岗人员内控措施

劳动者长期待岗一般出现在以下三种情况中:经济裁员的劳动者待岗、工作任务不饱和造成的劳动者待岗、劳动者不服从工作安排的待岗。

经济裁员的目的是减轻企业负担,让企业有机会生存,但有的劳动者对补偿抱有特殊期望,不愿被裁,这时单位可安排劳动者待岗一段时间,以缓和矛盾。再有就是企业短时困难,单位对特殊依赖的技术劳动者不愿解除劳动合同,单位也可安排该类劳动者暂时待岗。

劳动者不服从工作安排、违反企业规章制度被处分待岗的,其待岗性质具有一定的惩罚性,单位在处理环节中应慎重,否则劳动者可能以此为由提出用人单位未提供劳动条件,离职请求经济补偿。

在安排劳动者待岗过程中,应签订待岗协议,明确工资标准、复岗时间、非工伤亡事故责任承担等。

用人单位在处理待岗过程中,要特别注意防范以下风险点:

1. 针对特定人员以待岗达到淘汰劳动者目的,易被诉不提供劳动条件。

2. 待岗期间要求每天打卡,待在单位但无事可做,易被认定出勤,支付全额工资待遇。

3. 待岗期间不发生活费,违反劳动者最低保障规定,易被判赔偿。

4. 未约定待岗期限,无限期待岗,易被诉不提供劳动条件。

5. 待岗期间不准从事第二职业,限制劳动者获得报酬权利,易被判限制无效。

6. 短时间进行待岗、复工、待岗频繁操作,易被判过度使用“用工自主权”。

## 第十五章

# 劳动仲裁与诉讼内部控制

## 一、劳动仲裁与诉讼概述

劳动争议仲裁，是劳动争议当事人向人民法院提起诉讼的必经程序，按照《劳动争议调解仲裁法》的规定，提起劳动仲裁的一方应在劳动争议发生之日起 1 年内向劳动争议仲裁委员会提出书面申请，劳动争议仲裁机构根据劳动争议当事人的请求，对劳动争议的事实和责任依法作出判断和裁决，并对当事人具有法律约束力的一种劳动争议处理方式。

劳动争议诉讼，是指当事人不服劳动争议仲裁机构的裁决或不予受理决定而向人民法院起诉，由人民法院依照法定程序进行审理，并作出对当事人具有强制执行力判决的一种劳动争议处理方式。

劳动仲裁是劳动诉讼的前置程序，未经仲裁而直接向人民法院起诉的，人民法院不予受理。

劳动争议仲裁具有行政和司法双重特征，但更注重调解作用。行政特征是指劳动争议仲裁委员会由劳动行政部门代表、同级工会代表和用人单位代表组成，即机构组成具有“群众性”，受劳动行政部门的领导。司法特征是指劳动争议仲裁具有一定的强制力，仲裁机构所作出的裁决书在当事人未在法定期间内起诉的情况下即产生法律强制执行力。

劳动争议纠纷经仲裁裁决后，如果当事人在规定期限内向法院提起诉讼，则仲裁裁决不发生法律效力。劳动争议纠纷进入司法程序后，由法院另行全面独立审理，劳动争议诉讼具有完全的司法性质，具有最终的司法裁判力。

劳动争议仲裁诉讼适用法律：实体法有《劳动法》《劳动合同法》《劳动合同法实施条例》规定具体的权利义务；程序法为《劳动争议调解仲裁法》规定实现权利义务的方法。

劳动争议解决方式：

1. 和解。

《劳动争议调解仲裁法》第 4 条规定，发生劳动争议，劳动者可以与用人单位协商，也可以请工会或者第三方共同与用人单位协商，达成和解协议。

和解协议双方均为当事人，和解协议仅具有合同性质法律效力。

2. 调解。

《劳动争议调解仲裁法》第 5 条规定，发生劳动争议，当事人不愿协商、协商不成或者达成和解协议后不履行的，可以向调解组织申请调解。

调解一般分三个阶段:

(1)社会调解:社会调解是指企业劳动争议调解委员会、乡镇街道等设立的具有劳动争议调解职能的组织作为第三人,参与单位和劳动者之间纠纷进行调解,调解成功的,制作调解协议书,协议书由三方组成:调解组织、单位、劳动者。调解协议书不具有直接申请执行的法律效力。

(2)仲裁调解:当事人未达成和解、调解,或和解、调解后反悔、不履行的,可进入仲裁阶段,在作出仲裁裁决前,可经仲裁庭调解而制作仲裁调解书。生效的仲裁调解书具有法律效力。

(3)法院调解:劳动争议进入诉讼阶段仍可由法院进行调解,调解成功的制作法院调解书,生效的调解书具有强制执行的法律效力。

3. 仲裁。

劳动争议仲裁是劳动争议诉讼必经的前置程序,我国劳动仲裁制度充分发挥了调解和化解劳动纠纷矛盾的功能,解决了大部分劳动争端,分流解压中为节约司法资源起到了拦阻坝作用。

4. 诉讼。

劳动争议当事人在不服劳动仲裁裁决或者劳动仲裁机构不予受理的,可向人民法院提起诉讼。劳动者以用人单位的工资欠条为证据直接向人民法院起诉,诉讼请求不涉及劳动关系其他争议的,视为拖欠劳动报酬争议,按照普通民事纠纷受理。

## 二、劳动仲裁法律规定

### (一)劳动争议仲裁流程

根据《劳动争议调解仲裁法》,劳动争议仲裁流程如下:

1. 申请仲裁时效。《劳动争议调解仲裁法》第 27 条规定,劳动争议申请仲裁的时效期间为 1 年。仲裁时效期间从当事人知道或者应当知道其权利被侵害之日起计算。劳动关系存续期间因拖欠劳动报酬发生争议的,劳动者申请仲裁不受本条第 1 款规定的仲裁时效期间的限制;但是,劳动关系终止的,应当自劳动关系终止之日起 1 年内提出。

2. 受理。《劳动争议调解仲裁法》第 29 条规定,劳动争议仲裁委员会收到仲裁申请之日起 5 日内,认为符合受理条件的,应当受理,并通知申请人;认为不符合受理条件的,应当书面通知申请人不予受理,并说明理由。

3. 送达。《劳动争议调解仲裁法》第 30 条规定,劳动争议仲裁委员会受理仲裁申请后,应当在 5 日内将仲裁申请书副本送达被申请人。被申请人收到仲裁申请书副本后，应当在10日内向劳动争议仲裁委员会提交答辩书。劳动争议仲裁委员会收到答辩书后，应当在5日内将答辩书副本送达申请人。被申请人未提交答辩书的，不影响仲裁程序的进行。

4. 组成仲裁庭。《劳动争议调解仲裁法》第32条规定，劳动争议仲裁委员会应当在受理仲裁申请之日起5日内将仲裁庭的组成情况书面通知当事人。

5. 开庭日期确定。《劳动争议调解仲裁法》第35条规定，仲裁庭应当在开庭5日前，将开庭日期、地点书面通知双方当事人。当事人有正当理由的，可以在开庭3日前请求延期开庭。是否延期，由劳动争议仲裁委员会决定。

6. 开庭质证和辩论。《劳动争议调解仲裁法》第38条规定，当事人在仲裁过程中有权进行质证和辩论。质证和辩论终结前，首席仲裁员或者独任仲裁员应当征询当事人的最后意见。

7. 先行调解。《劳动争议调解仲裁法》第42条规定，仲裁庭在作出裁决前，应当先行调解。调解达成协议的，仲裁庭应当制作调解书。调解不成或者调解书送达前，一方当事人反悔的，仲裁庭应当及时作出裁决。

8. 作出裁决。《劳动争议调解仲裁法》第43条第1款规定，仲裁庭裁决劳动争议案件，应当自劳动争议仲裁委员会受理仲裁申请之日起45日内结束。案情复杂需要延期的，经劳动争议仲裁委员会主任批准，可以延期并书面通知当事人，但是延长期限不得超过15日。逾期未作出仲裁裁决的，当事人可以就该劳动争议事项向人民法院提起诉讼。

### （二）劳动仲裁范围

《劳动争议调解仲裁法》第2条规定，中华人民共和国境内的用人单位与劳动者发生的下列劳动争议，适用本法：（1）因确认劳动关系发生的争议；（2）因订立、履行、变更、解除和终止劳动合同发生的争议；（3）因除名、辞退和辞职、离职发生的争议；（4）因工作时间、休息休假、社会保险、福利、培训以及劳动保护发生的争议；（5）因劳动报酬、工伤医疗费、经济补偿或者赔偿金等发生的争议；（6）法律、法规规定的其他劳动争议。

下列事项不属于劳动争议仲裁范围：

（1）社会保险、住房公积金缴纳不属于劳动争议；

（2）退休劳动者、实习、个人工匠、家庭雇工等争议不属于劳动争议；

（3）单位与劳动者借款纠纷，不属于劳动争议；

（4）应届毕业生与单位签订三方协议，但学生并未按约定到公司办理入职，因招聘过程中的承诺允诺等发生的争议,不属于劳动争议。

## (三)仲裁当事人

1. 被申请人

《最高人民法院关于审理劳动争议案件适用法律问题的解释(一)》(法释〔2020〕26 号)有关仲裁诉讼当事人的规定如下:

单一用工:被申请人为单位或劳动者;

单位合并:合并前发生的争议,被申请人为合并后单位;

单位分立:用人单位分立为若干单位后,具体承受劳动权利义务的单位不明确的,分立后的单位均为当事人;

轮换用工:各用工单位间无关联的,被申请人为实际用工单位,各单位间有关联的,均列为被申请人;

劳务派遣用工:劳动者因履行劳务派遣合同产生劳动争议的,以派遣单位为被申请人;争议内容涉及用工单位的,以派遣单位和用工单位为共同被申请人;

个人承包:根据《劳动人事争议仲裁办案规则》第 7 条规定,被申请人为发包组织和个人承包经营者;

单位承包:被申请人为承包方和发包方;

挂靠用工:被申请人为挂靠单位和被挂靠单位;

招用未解除劳动关系劳动者:被申请人为劳动者,新用人单位为第三人;

原用人单位认为新单位侵权:(被告)为新用人单位,劳动者为第三人;

原用人单位认为新单位和劳动者共同侵权:新用人单位和劳动者为共同被告;

无营业执照或关停注销、届满用工:被申请人为用人单位和出资人;

无营业执照或关停注销、届满借用他人营业执照用工的:被申请人为用人单位和营业执照出借方;

诉讼时法院审查遗漏当事人:追加遗漏的人为当事人。

2. 无营业执照等其他用工形式用工主体的法律责任

《劳动合同法》第 93 条规定,对不具备合法经营资格的用人单位的违法犯罪行为,依法追究法律责任;劳动者已经付出劳动的,该单位或者其出资人应当依照本法有关规定向劳动者支付劳动报酬、经济补偿、赔偿金;给劳动者造成损害的,应当承担赔偿责任。

《劳动人事争议仲裁办案规则》第 6 条规定,发生争议的用人单位未办理营业执照、被吊销营业执照、营业执照到期继续经营、被责令关闭、被撤销以及用人单位解散、歇业，不能承担相关责任的，应当将用人单位和其他出资人、开办单位或者主管部门作为共同当事人。

例如，《四川省高级人民法院民一庭关于审理劳动争议案件若干疑难问题的解答》（川高法民一〔2016〕1 号）第 17 条规定，在仲裁或诉讼期间，用人单位注销、被吊销营业执照、关闭、撤销的，由其出资人承担原用人单位的法律责任。当事人应按前条规定申请变更主体，仲裁委、人民法院也可依职权将已注销的用人单位的出资人列为当事人。

总公司、分公司、分支机构等仲裁诉讼主体：2017 年第 22 次审判委员会《成都市中级人民法院审判工作会会议纪要》第 24 条、第 25 条规定，分公司、分支机构为仲裁诉讼主体的，列总公司、开办分支机构的单位为第三人（实务中把相关联单位一并列入被申请人）。

劳动者对银行等金融机构的分公司提起的仲裁诉讼，只列与劳动者签订劳动合同的分公司为被申请人。

### （四）仲裁时效

仲裁时效是当事人向仲裁机构请求保护民事权利的有效期间，超过期限其权利将不被保护。劳动仲裁时效为 1 年。

1. 仲裁时效的中断

《劳动人事争议仲裁办案规则》第 27 条规定，在申请仲裁的时效期间内，有下列情形之一的，仲裁时效中断，从中断时起，仲裁时效期间重新计算：

（1）一方当事人通过协商、申请调解等方式向对方当事人主张权利的；

（2）一方当事人通过向有关部门投诉，向仲裁委员会申请仲裁，向人民法院起诉或者申请支付令等方式请求权利救济的；

（3）对方当事人同意履行义务的。

2. 仲裁时效的中止

《劳动人事争议仲裁办案规则》第 28 条规定，因不可抗力，或者有无民事行为能力或者限制民事行为能力劳动者的法定代理人未确定等其他正当理由，当事人不能在规定的仲裁时效期间申请仲裁的，仲裁时效中止。从中止时效的原因消除之日起，仲裁时效期间继续计算。

3. 仲裁时效的相关规定

（1）一般仲裁时效

劳动仲裁时效为 1 年，适用中断、中止的规定。

《劳动争议调解仲裁法》第 27 条规定,劳动争议申请仲裁的时效期间为 1 年。仲裁时效期间从当事人知道或者应当知道其权利被侵害之日起计算。

前款规定的仲裁时效,因当事人一方向对方当事人主张权利,或者向有关部门请求权利救济,或者对方当事人同意履行义务而中断。从中断时起,仲裁时效期间重新计算。

因不可抗力或者有其他正当理由,当事人不能在本条第 1 款规定的仲裁时效期间申请仲裁的,仲裁时效中止。从中止时效的原因消除之日起,仲裁时效期间继续计算。

劳动关系存续期间因拖欠劳动报酬发生争议的,劳动者申请仲裁不受本条第 1 款规定的仲裁时效期间的限制;但是,劳动关系终止的,应当自劳动关系终止之日起 1 年内提出。

(2)加班费仲裁时效

各地规定不一,但劳动者请求支付加班费,一般能得到的支持为 2 年内加班费。企业保存考勤资料一般为 2 年,2 年外的出勤举证责任不在企业,劳动者的进一步举证较为困难。

(3)未签书面劳动合同 2 倍工资时效

A. 一年时效说(开始侵害时起算,分按日计算、按月计算两种)。即未签书面劳动合同或未签订无固定期限劳动合同 2 倍工资差额,北上广等大部分地区按劳动者主张 2 倍工资差额之日起算,往前倒推 1 年计算时效,按月分别计算,超过 1 年的无 2 倍工资。

《人力资源社会保障部、最高人民法院关于劳动人事争议仲裁与诉讼衔接有关问题的意见(一)》(人社部发〔2022〕9 号)第 20 条规定,用人单位自用工之日起满 1 年未与劳动者订立书面劳动合同,视为自用工之日起满 1 年的当日已经与劳动者订立无固定期限劳动合同。

存在前款情形,劳动者以用人单位未订立书面劳动合同为由要求用人单位支付自用工之日起满 1 年之后的第 2 倍工资的,劳动人事争议仲裁委员会、人民法院不予支持。

《四川省高级人民法院民一庭关于审理劳动争议案件若干疑难问题的解答》(川高法民一〔2016〕1 号)第 31 条规定,劳动者请求用人单位支付未订立书面劳动合同 2 倍工资差额的,仲裁时效期间应依照《劳动争议调解仲裁法》第 27 条第 1 款、第 2 款、第 3 款的规定确定,从未订立书面劳动合同满 1 月的次日起计算 1 年。上述仲裁时效期间应按月计算,从劳动者主张权利之日起向前倒退 1 年,对超过 1 年的2倍工资差额不予支持。

用人单位未与劳动者订立书面劳动合同的，用人单位实际给付的2倍工资差额不超过11个月。用人单位未与劳动者签订无固定期限劳动合同的，用人单位实际给付劳动者的2倍工资差额不超过12个月。

用人单位与劳动者虽然补签劳动合同，但未补签到实际用工之日的，对于补签固定期限劳动合同的，劳动者主张实际用工之日至补签前1日扣除1个月订立书面劳动合同宽限期的2倍工资差额，应予支持。对于补签无固定期限劳动合同的，劳动者主张自应当签订无固定期限劳动合同之日至补签无固定期限劳动合同的前1日的2倍工资差额，应予支持。

举例说明：用人单位2018年3月1日～2019年2月28日未签书面劳动合同，如劳动者2019年6月1日申请仲裁，2倍工资月份为2018年6月～2019年2月，共9个月工资差额。

B.两年时效说（结束侵害时起算，即沾边说，沾边就全算，不沾边全无）。从补签合同或视为签订无固定期限合同之日起计算时效1年，即入职起最长2年内仲裁均有效（浙江、山东、江苏、辽宁、云南、新疆）等地均持该种观点。

举例说明：用人单位2018年3月1日～2019年2月28日未签书面劳动合同，从2019年3月1日起算时效，至2020年2月28日申请仲裁均有效，11个月2倍工资。典型案例详见（2019）辽01民终10673号。

C.从劳动合同终止起算一年。《吉林省高级人民法院关于审理劳动争议案件法律适用问题的解答（二）》第8条规定，劳动者因用人单位未订立书面劳动合同要求支付2倍工资的，仲裁时效从用工满1年之日的次日开始计算；用工不满1年的，自用工结束之日的次日开始计算。

（4）年休假追诉时效

大部分地区为普通时效1年，年休假报酬属赔偿性质，非劳动报酬。但重庆、云南部分地区认定为劳动报酬，适用劳动报酬特殊追诉时效。

比如，在（2020）渝民申3137号裁定书中，重庆市高级人民法院观点：劳动报酬是指劳动者基于劳动关系，向用人单位提供劳动所获得的收入。从文义解释来看，未休年休假工资理应属于工资也即劳动报酬范畴，可以视为劳动者牺牲法定的年假休息权，基于超时工作而依法获得的“加班工资”。同时，未休年休假工资性质的认定应当符合劳动法的立法意旨，如将其理解为福利待遇并适用1年的仲裁时效，将客观上纵容用人单位不安排劳动者休假的违法行为，有悖于该制度保护劳动者合法权益的基本立场。因此，未休年休假工资属于劳动报酬，适用特殊时效。

重庆市高级人民法院还认为:公司对本案未休年休假工资争议有责任提供证据,公司未能证明其已安排劳动者年休假的事实,应当承担不利后果。因公司未及时足额向劳动者支付未休年休假工资这一劳动报酬,故劳动者有权依照《劳动合同法》第38条的规定解除劳动合同,公司应当依法向劳动者支付因拖欠未休年休假工资而产生的经济补偿。

4. 时效抗辩

2020年《最高人民法院关于审理民事案件适用诉讼时效制度若干问题的规定》第2条规定,当事人未提出诉讼时效抗辩,人民法院不应对诉讼时效问题进行释明。

2017年《劳动人事争议仲裁办案规则》第30条删除原法定时效期间内的受理条件,与2009年旧文件有所不同,说明超过时效仍可申请仲裁。

《第八次全国法院民事商事审判工作会议(民事部分)纪要》第27条第1款规定,当事人在仲裁阶段未提出超过仲裁申请期间的抗辩,劳动人事仲裁机构作出实体裁决后,当事人在诉讼阶段又以超过仲裁时效期间为由进行抗辩的,人民法院不予支持。即当事人在劳动争议仲裁阶段未提出时效抗辩的,视为放弃相应权利。

### (五)劳动仲裁的撤回与视为撤回

1. 劳动争议撤回

《劳动人事争议仲裁办案规则》第35条规定,仲裁处理结果作出前,申请人可以自行撤回仲裁申请。申请人再次申请仲裁的,仲裁委员会应当受理。

《人力资源社会保障部、最高人民法院关于劳动人事争议仲裁与诉讼衔接有关问题的意见(一)》(人社部发〔2022〕9号)第4条第1款规定,申请人撤回仲裁申请后向人民法院起诉的,人民法院应当裁定不予受理;已经受理的,应当裁定驳回起诉。

2. 视为撤回

申请人无正当理由拒不到庭或未经仲裁庭同意中途退庭的,可以按撤回仲裁申请处理,也可缺席裁决。而按撤回申请处理的,申请人再次申请仲裁,仲裁裁决不予受理,对裁决不服起诉的,法院应当受理,但受理后查明情况驳回起诉。

《劳动争议调解仲裁法》第36条规定,申请人收到书面通知,无正当理由拒不到庭或者未经仲裁庭同意中途退庭的,可以视为撤回仲裁申请。

被申请人收到书面通知,无正当理由拒不到庭或者未经仲裁庭同意中途退庭的,可以缺席裁决。

《2015年全国民事审判工作会议纪要》第55条规定,当事人申请仲裁后,无正当理由拒不到庭或者未经仲裁庭同意中途退庭，劳动人事仲裁机构按照自动撤回仲裁处理后，该当事人又提起仲裁申请，劳动人事仲裁机构作出不予受理的决定或通知，当事人不服向人民法院起诉的，人民法院应予受理。人民法院经审查认为确属无正当理由拒不到庭或者未经仲裁庭同意中途退庭的，应当裁定驳回起诉。

根据以上规定，如果当事人申请仲裁后被按自动撤回处理的，意味着丧失救济渠道，申请仲裁不予受理，申请诉讼也不予受理或受理后驳回起诉。

### （六）重复仲裁

为杜绝浪费司法资源，彰显司法的严肃性，就同一事项重复申请劳动仲裁的，仲裁机构裁决不予受理，就该裁决提出诉讼的，法院不予受理，已经受理的裁定驳回起诉。

2016年《第八次全国法院民商事审判工作会议（民事部分）纪要》第26条规定，劳动人事仲裁机构作出仲裁裁决，当事人在法定期限内未提起诉讼但再次申请仲裁，劳动人事仲裁机构作出不予受理裁决、决定或通知，当事人不服提起诉讼，经审查认为前后两次申请仲裁事项属于不同事项的，人民法院予以受理；经审查认为属于同一事项的，人民法院不予受理，已经受理的裁定驳回起诉。

### （七）劳动争议案件的反申请

劳动争议案件的被申请人可对申请人的请求事项提出反申请，但需在答辩期内提出。

《劳动人事争议仲裁办案规则》第36条规定，被申请人可以在答辩期间提出反申请，仲裁委员会应当自收到被申请人反申请之日起5日内决定是否受理并通知被申请人。

决定受理的，仲裁委员会可以将反申请和申请合并处理。

反申请应当另行申请仲裁的，仲裁委员会应当书面告知被申请人另行申请仲裁；反申请不属于本规则规定应当受理的，仲裁委员会应当向被申请人出具不予受理通知书。

被申请人答辩期满后对申请人提出反申请的，应当另行申请仲裁。

### （八）劳动仲裁的管辖

劳动仲裁的管辖系法定，排除约定管辖，用人单位与劳动者不得约定在何地何级仲裁机构进行仲裁。

《劳动争议调解仲裁法》第21条第2款规定,劳动争议由劳动合同履行地或者用人单位所在地的劳动争议仲裁委员会管辖。双方当事人分别向劳动合同履行地或用人单位所在地的劳动争议仲裁委员会申请仲裁的,由劳动合同履行地的劳动争议仲裁委员会管辖。

多个履行地的管辖:《劳动人事争议仲裁办案规则》第8条第2款规定,双方当事人分别向劳动合同履行地或用人单位所在地的仲裁委员会申请仲裁的,由劳动合同履行地的仲裁委员会管辖。有多个劳动合同履行地的,由最先受理的仲裁委员会管辖。

仲裁管辖的层级管辖:各地规定不一,一般按注册资金等因素进行分级,逐级由区、市、省各级仲裁委员会管辖。也可根据仲裁人数确定层级管理,集体案件一般向上一级申请管辖。

仲裁管辖举例:A公司注册于北京市,张某户籍在北京市。张某被A公司聘用,被派驻广州市担任办事处经理。2年后,张某被解聘并与A公司发生劳动争议,张某在北京市提出仲裁,A公司在广州市提出仲裁。广州市劳动人事争议仲裁院具有管辖权。

### (九)仲裁裁决的种类

劳动争议仲裁裁决分两类:终局裁决和非终局裁决。

1.终局裁决

终局裁决即一裁终局,是否终局仅针对用人单位而言,非终局裁决可诉讼,终局裁决不可诉讼;劳动者任何情况均可诉讼。

《关于劳动人事争议仲裁与诉讼衔接有关问题的意见(一)》(人社部发〔2022〕9号)第10条规定,仲裁裁决涉及下列事项,对单项裁决金额不超过当地月最低工资标准12个月金额的,劳动人事争议仲裁委员会应当适用终局裁决:

(1)劳动者在法定标准工作时间内提供正常劳动的工资;

(2)停工留薪期工资或者病假工资;

(3)用人单位未提前通知劳动者解除劳动合同的1个月工资;

(4)工伤医疗费;

(5)竞业限制的经济补偿;

(6)解除或者终止劳动合同的经济补偿;

(7)《劳动合同法》第82条规定的第二倍工资;

(8)违法约定试用期的赔偿金;

(9)违法解除或者终止劳动合同的赔偿金;

(10)其他劳动报酬、经济补偿或者赔偿金。

2. 非终局裁决

《关于劳动人事争议仲裁与诉讼衔接有关问题的意见(一)》(人社部发〔2022〕9号)第11条规定,裁决事项涉及确认劳动关系的,劳动人事争议仲裁委员会就同一案件应当作出非终局裁决(整体非终局)。该条规定应作扩大适用:在确认劳动合同的解除或终止时,应适用该条规定,作出的裁决为非终局裁决。

根据《关于劳动人事争议仲裁与诉讼衔接有关问题的意见(一)》(人社部发〔2022〕9号)第10条规定,单项金额超过当地月最低工资标准12个月金额的为非终局裁决(单项非终局)。

当地最低工资标准按申请日还是裁决日标准?法无明确规定,一般认为按作出仲裁裁决的仲裁委员会所在地裁决当日标准确定。如《重庆市人力资源和社会保障局关于劳动争议终局裁决适用有关事项的通知》(渝人社发〔2016〕201号)规定"最低工资标准的认定以作出仲裁裁决之日仲裁委员会所在地的月最低工资标准为标准"。

### (十)仲裁裁决书的效力

《劳动人事争议仲裁办案规则》第50条第4款规定,仲裁庭裁决案件时,裁决内容同时涉及终局裁决和非终局裁决的,应当分别制作裁决书,并告知当事人相应的救济权利。

《劳动争议调解仲裁法》第47条规定,下列劳动争议,除本法另有规定的外,仲裁裁决为终局裁决,裁决书自作出之日起发生法律效力:(1)追索劳动报酬、工伤医疗费、经济补偿或者赔偿金,不超过当地月最低工资标准12个月金额的争议;(2)因执行国家的劳动标准在工作时间、休息休假、社会保险等方面发生的争议。

《最高人民法院关于审理劳动争议案件适用法律问题的解释(一)》(法释〔2020〕26号)第20条规定,劳动争议仲裁机构作出的同一仲裁裁决同时包含终局裁决事项和非终局裁决事项,当事人不服该仲裁裁决向人民法院提起诉讼的,应当按照非终局裁决处理。

仲裁委未注明是否一裁终局的,法院查明属一裁终局的,不予受理,如受理,按驳回起诉处理。

一裁终局,双方均不服,劳动者起诉,单位申请撤销,应按以下程序处理:对单位申请撤销的,中级人民法院不予受理,已受理,应驳回申请;劳动者被驳回起诉或撤诉后,单位可在收到裁定起30日内向中级人民法院申请撤销。

《最高人民法院关于审理劳动争议案件适用法律问题的解释(一)》(法释〔2020〕26号)第21条规定,劳动者依据《调解仲裁法》第48条的规定向基层人民法院提起诉讼,用人单位依据《调解仲裁法》第49条的规定向劳动争议仲裁机构所在地的中级人民法院申请撤销仲裁裁决的,中级人民法院应当不予受理;已经受理的,应当裁定驳回申请。

被人民法院驳回起诉或者劳动者撤诉的,用人单位可以自收到裁定书之日起30日内,向劳动争议仲裁机构所在地的中级人民法院申请撤销仲裁裁决。

《最高人民法院关于审理劳动争议案件适用法律问题的解释(一)》(法释〔2020〕26号)第17条规定,裁决涉及多个劳动者,对未提起诉讼的部分劳动者,发生法律效力,如其申请执行的,人民法院应当受理。

即一案涉及多个劳动者的,每个劳动者有独立判断力和请求权,不因其他劳动者的起诉或不起诉而改变其自身裁决的效力。

仲裁裁决撤销一般只对程序及法律适用进行审查,事实认定情况一般不作为中级人民法院是否撤销仲裁裁决的理由。

《人力资源社会保障部、最高人民法院关于劳动人事争议仲裁与诉讼衔接有关问题的意见(一)》(人社部发〔2022〕9号)第15条规定,当事人就部分裁决事项向人民法院提起诉讼的,仲裁裁决不发生法律效力(全部不发生效力)。当事人未提起诉讼的裁决事项属于人民法院受理的案件范围的,人民法院应当在判决主文中予以确认(未审部分判决书载明确认)。

当事人不起诉,或当事人未对仲裁某部分进行起诉,另一方当事人起诉后,则即便诉讼中法院发现仲裁裁决不当,对未起诉的裁决,法院仅予以确认而不加以改判。

## 三、劳动争议诉讼法律规定

### (一)劳动争议诉讼时效

《劳动争议调解仲裁法》第5条规定,发生劳动争议,当事人不愿协商、协商不成或者达成和解协议后不履行的,可以向调解组织申请调解;不愿调解、调解不成或者达成调解协议后不履行的,可以向劳动争议仲裁委员会申请仲裁;对仲裁裁决不服的,除本法另有规定的外,可以向人民法院提起诉讼。

第48条规定,劳动者对本法第47条规定的仲裁裁决不服的,可以自收到仲裁裁决书之日起15日内向人民法院提起诉讼。即当事人对劳动争议裁决不服的,仅有 15 天的诉讼准备期，超过 15 天，仲裁裁决生效，诉讼时效已过，不可再提起诉讼。

### （二）劳动争议诉讼管辖

《最高人民法院关于审理劳动争议案件适用法律问题的解释（一）》（法释〔2020〕26 号）第 3 条规定，劳动争议案件由用人单位所在地或者劳动合同履行地的基层人民法院管辖。劳动合同履行地不明确的，由用人单位所在地的基层人民法院管辖。

《2015 年全国民事审判工作会议纪要》第 56 条规定，同一受理立案的，由劳动合同履行地的基层人民法院管辖（同一天在不同地立案的，按合同履行地管辖）。

《民事诉讼法》第 36 条规定，两个以上人民法院都有管辖权的诉讼，原告可以向其中一个人民法院起诉；原告向两个以上有管辖权的人民法院起诉的，由最先立案的人民法院管辖。

《最高人民法院关于审理劳动争议案件适用法律问题的解释（一）》（法释〔2020〕26 号）第 4 条规定，双方当事人就同一仲裁裁决分别向有管辖权的人民法院起诉的，后受理的人民法院应当将案件移送给先受理的人民法院。即用人单位和劳动者分别向用人单位所在地和劳动合同履行地诉讼的，先受理的法院具有管辖权，后受理的向先受理的法院移送。

劳动争议诉讼的管辖并非像劳动争议仲裁一样有明确的法律规定，目前有两种观点，一种认为既然劳动争议仲裁对管辖作了特别规定，劳动争议纠纷具有人身属性，劳动争议诉讼也应以仲裁规定为准，管辖具有法定性，双方在劳动合同或其他协议中约定管辖地是无效的。而另一种认为我国相关法律并未禁止劳动争议约定诉讼管辖地，单位在与劳动者签订劳动合同或签订补充协议时可以约定诉讼管辖地。

在司法实践中，目前很多地区法院对用人单位与劳动者在劳动合同中约定诉讼管辖认定为有效，而有些法院认为不能约定管辖，尺度不一。

例如，（2020）最高法民辖 23 号司法判例所涉及的吴先生与北京海天公司的劳动争议纠纷中关于诉讼管辖就一波三折。该案北京海天公司住所地在北京海淀区，劳动合同履行地在山东泰安。该案履行地基层法院山东省泰安市泰山区人民法院认为，双方签订的《劳动合同》中约定工作地点在泰安，泰山区人民法院对本案具有管辖权。公司不服，提出管辖异议上诉。泰安市中级人民法院认为，双方签订的《劳动合同》中约定了争议管辖法院为北京市海淀区人民法院，该约定应认定为有效，故将本案移送北京市海淀区人民法院处理。

北京市高级人民法院认为，劳动合同具有公法性质和人身附属性，不属于法律规定可以由当事人约定选择管辖法院的案件范畴，《劳动合同》中约定管辖条款无效。本案被告住所地北京市海淀区和劳动合同履行地山东省泰安市泰山区人民法院对本案均具有管辖权。山东省泰安市泰山区人民法院在对本案有管辖权的情况下，将本案移送至北京市海淀区人民法院错误，遂报请最高人民法院指定管辖。

最高人民法院在（2020）最高法民辖 23 号裁定书中指出：协议管辖的适用领域为合同或者其他财产权益纠纷。劳动争议案件涉及的法律关系为用人单位与劳动者之间的劳动关系，具有人身属性，不适用协议管辖的有关规定。故本案中《劳动合同》里所约定的管辖条款无效。两个以上人民法院都有管辖权的诉讼，先立案的人民法院不得将案件移送给另一个有管辖权的人民法院。最高人民法院一锤定音，劳动合同约定管辖无效。

另外，青岛市中级人民法院在（2014）青民辖终字第 18 号、（2015）青民辖终字第 453 号等案件中均明确表明了劳动争议纠纷不能适用《民事诉讼法》关于协议管辖规定的观点，单位与劳动者约定管辖的，该约定无效。

### （三）劳动争议诉讼流程

1. 调解自愿，仲裁前置。

《劳动争议调解仲裁法》第 5 条规定，发生劳动争议，当事人不愿协商、协商不成或者达成和解协议后不履行的，可以向调解组织申请调解；不愿调解、调解不成或者达成调解协议后不履行的，可以向劳动争议仲裁委员会申请仲裁；对仲裁裁决不服的，除本法另有规定的外，可以向人民法院提起诉讼。

2. 仲裁不予受理或仲裁委逾期未作出仲裁决定的可诉讼。

《劳动争议调解仲裁法》第 29 条规定，劳动争议仲裁委员会收到仲裁申请之日起 5 日内，认为符合受理条件的，应当受理，并通知申请人；认为不符合受理条件的，应当书面通知申请人不予受理，并说明理由。对劳动争议仲裁委员会不予受理或者逾期未作出决定的，申请人可以就该劳动争议事项向人民法院提起诉讼。

3. 劳动争议诉讼受理、送达、举证与仲裁类似，可经一审、二审，甚至再审程序。

### （四）劳动争议诉讼审理范围

1. 劳动争议诉讼受理范围

《最高人民法院关于审理劳动争议案件适用法律问题的解释（一）》（法释〔2020〕26 号）第 1 条规定，劳动者与用人单位之间发生的下列纠纷，属于劳动争议，

当事人不服劳动争议仲裁机构作出的裁决,依法提起诉讼的,人民法院应予受理:

(1)劳动者与用人单位在履行劳动合同过程中发生的纠纷;

(2)劳动者与用人单位之间没有订立书面劳动合同,但已形成劳动关系后发生的纠纷;

(3)劳动者与用人单位因劳动关系是否已经解除或者终止,以及应否支付解除或者终止劳动关系经济补偿发生的纠纷;

(4)劳动者与用人单位解除或者终止劳动关系后,请求用人单位返还其收取的劳动合同定金、保证金、抵押金、抵押物发生的纠纷,或者办理劳动者的人事档案、社会保险关系等移转手续发生的纠纷;

(5)劳动者以用人单位未为其办理社会保险手续,且社会保险经办机构不能补办导致其无法享受社会保险待遇为由,要求用人单位赔偿损失发生的纠纷;

(6)劳动者退休后,与尚未参加社会保险统筹的原用人单位因追索养老金、医疗费、工伤保险待遇和其他社会保险待遇而发生的纠纷;

(7)劳动者因为工伤、职业病,请求用人单位依法给予工伤保险待遇发生的纠纷;

(8)劳动者依据《劳动合同法》第85条规定,要求用人单位支付加付赔偿金发生的纠纷;

(9)因企业自主进行改制发生的纠纷。

2. 不属于劳动争议诉讼的范围

《最高人民法院关于审理劳动争议案件适用法律问题的解释(一)》(法释〔2020〕26号)第2条规定,下列纠纷不属于劳动争议:

(1)劳动者请求社会保险经办机构发放社会保险金的纠纷;

(2)劳动者与用人单位因住房制度改革产生的公有住房转让纠纷;

(3)劳动者对劳动能力鉴定委员会的伤残等级鉴定结论或者对职业病诊断鉴定委员会的职业病诊断鉴定结论的异议纠纷;

(4)家庭或者个人与家政服务人员之间的纠纷;

(5)个体工匠与帮工、学徒之间的纠纷;

(6)农村承包经营户与受雇人之间的纠纷。

### (五)重复诉讼

《最高人民法院关于适用〈中华人民共和国民事诉讼法〉的解释》(法释〔2022〕11号)第247条规定,当事人就已经提起诉讼的事项在诉讼过程中或者裁判生效后

再次起诉,同时符合下列条件的,构成重复起诉:

1. 后诉与前诉的当事人相同;

2. 后诉与前诉的诉讼标的相同;

3. 后诉与前诉的诉讼请求相同,或者后诉的诉讼请求实质上否定前诉裁判结果。

当事人重复起诉的,裁定不予受理;已经受理的,裁定驳回起诉,但法律、司法解释另有规定的除外。

### (六)第二审人民法院对劳动争议上诉案件的处理规定

《民事诉讼法》第177条规定,第二审人民法院对上诉案件,经过审理,按照下列情形,分别处理:

1. 原判决、裁定认定事实清楚,适用法律正确的,以判决、裁定方式驳回上诉,维持原判决、裁定;

2. 原判决、裁定认定事实错误或者适用法律错误的,以判决、裁定方式依法改判、撤销或者变更;

3. 原判决认定基本事实不清的,裁定撤销原判决,发回原审人民法院重审,或者查清事实后改判;

4. 原判决遗漏当事人或者违法缺席判决等严重违反法定程序的,裁定撤销原判决,发回原审人民法院重审。

原审人民法院对发回重审的案件作出判决后,当事人提起上诉的,第二审人民法院不得再次发回重审。

### (七)再审相关规定

劳动相关专项法规中没有关于再审的明确规定,参照《民事诉讼法》中再审的规定执行。

1. 再审提出期限

《民事诉讼法》第212条规定,当事人申请再审,应当在判决、裁定发生法律效力后6个月内提出;有本法第207条第1项、第3项、第12项、第13项规定情形的,自知道或者应当知道之日起6个月内提出。

2. 对一审、二审的生效判决的再审

《民事诉讼法》第206条规定,当事人对已经发生法律效力的判决、裁定,认为有错误的,可以向上一级人民法院申请再审;当事人一方人数众多或者当事人双方为公民的案件,也可以向原审人民法院申请再审。当事人申请再审的,不停止判决、裁定的执行。

《民事诉讼法》第 207 条规定,当事人的申请符合下列情形之一的,人民法院应当再审:

(1)有新的证据,足以推翻原判决、裁定的;

(2)原判决、裁定认定的基本事实缺乏证据证明的;

(3)原判决、裁定认定事实的主要证据是伪造的;

(4)原判决、裁定认定事实的主要证据未经质证的;

(5)对审理案件需要的主要证据,当事人因客观原因不能自行收集,书面申请人民法院调查收集,人民法院未调查收集的;

(6)原判决、裁定适用法律确有错误的;

(7)审判组织的组成不合法或者依法应当回避的审判人员没有回避的;

(8)无诉讼行为能力人未经法定代理人代为诉讼或者应当参加诉讼的当事人,因不能归责于本人或者其诉讼代理人的事由,未参加诉讼的;

(9)违反法律规定,剥夺当事人辩论权利的;

(10)未经传票传唤,缺席判决的;

(11)原判决、裁定遗漏或者超出诉讼请求的;

(12)据以作出原判决、裁定的法律文书被撤销或者变更的;

(13)审判人员审理该案件时有贪污受贿,徇私舞弊,枉法裁判行为的。

3. 对生效调解的再审

《民事诉讼法》第 208 条规定,当事人对已经发生法律效力的调解书,提出证据证明调解违反自愿原则或者调解协议的内容违反法律的,可以申请再审。经人民法院审查属实的,应当再审。

### (八)仲裁或诉讼请求的变更

申请人申请仲裁或提起诉讼后,在规定时限内可以变更相关申请。

《劳动人事争议仲裁办案规则》第 44 条规定,申请人在举证期限届满前可以提出增加或者变更仲裁请求;仲裁庭对申请人增加或者变更的仲裁请求审查后认为应当受理的,应当通知被申请人并给予答辩期,被申请人明确表示放弃答辩期的除外。

申请人在举证期限届满后提出增加或者变更仲裁请求的,应当另行申请仲裁。

《最高人民法院关于审理劳动争议案件适用法律问题的解释(一)》(法释

〔2020〕26号)第14条规定,人民法院受理劳动争议案件后,当事人增加诉讼请求的,如该诉讼请求与讼争的劳动争议具有不可分性,应当合并审理;如属独立的劳动争议,应当告知当事人向劳动争议仲裁机构申请仲裁。

## 四、劳动争议纠纷仲裁、诉讼的证据与举证

### (一)证据种类与效力

1. 证据种类

《关于民事诉讼证据的若干规定》(法释〔2019〕19号)第11条规定,当事人向人民法院提供证据,应当提供原件或者原物。如需自己保存证据原件、原物或者提供原件、原物确有困难的,可以提供经人民法院核对无异的复制件或者复制品。

(1)物证:劳动纠纷中可以证明劳动关系的出入证、工作证、聘用证书等均应提供实物原件,但物证没有单独证明力,需与其他证据形成证据链。

人民法院收集的物证可以是复制件的情形:《关于民事诉讼证据的若干规定》(法释〔2019〕19号)第22条规定,人民法院调查收集的物证应当是原物。被调查人提供原物确有困难的,可以提供复制品或者影像资料。提供复制品或者影像资料的,应当在调查笔录中说明取证情况。

(2)书证:入职审批表、晋升通知、考勤表、请假条、工资计算单、工资发放单等均属于劳动纠纷中的书证。单位在处理劳动者离职资料的过程中,要避免劳动者离职即删除其考勤记录、请假单等,否则在劳动者离职后提起仲裁时,单位将承担举证不能的法律后果。

人民法院收集的书证可以是复印件的情形:《关于民事诉讼证据的若干规定》(法释〔2019〕19号)第21条规定,人民法院调查收集的书证,可以是原件,也可以是经核对无误的副本或者复制件。是副本或者复制件的,应当在调查笔录中说明来源和取证情况。

(3)证人证言:证人最好为2名以上前同事。

(4)当事人陈述:当事人庭审陈述、自认等均可作为证据。

(5)鉴定意见:对笔迹、印章真伪可做鉴定。

(6)勘验调查笔录:主要是仲裁、法庭自行勘验或委托专业机构勘验。

(7)录音、录像:录音录像作为证据需来源合法,不得侵犯他人隐私权;偷听偷录,可以作为证据,但证明力弱,需形成证据链。

(8)电子数据:新媒体证据,微信、微博、邮件等。

电子数据证据的种类及要求:《关于民事诉讼证据的若干规定》(法释〔2019〕19

号)第14条规定,电子数据包括下列信息、电子文件:

①网页、博客、微博客等网络平台发布的信息;

②手机短信、电子邮件、即时通信、通信群组等网络应用服务的通信信息;

③用户注册信息、身份认证信息、电子交易记录、通信记录、登录日志等信息;

④文档、图片、音频、视频、数字证书、计算机程序等电子文件;

⑤其他以数字化形式存储、处理、传输的能够证明案件事实的信息。

第15条规定,当事人以视听资料作为证据的,应当提供存储该视听资料的原始载体。当事人以电子数据作为证据的,应当提供原件。电子数据的制作者制作的与原件一致的副本,或者直接源于电子数据的打印件或其他可以显示、识别的输出介质,视为电子数据的原件。

2. 证据效力

当事人在仲裁程序中认可的证据,经审判人员在庭审中说明后,视为经过质证的证据。当事人在仲裁阶段未提交而在诉讼阶段提交的证据,应当说明理由。除对方当事人同意的或是在受胁迫或者重大误解情况下作出的外,当事人否认其在仲裁阶段自认事实的,人民法院不予支持。

### (二)举证责任分配

劳动争议纠纷的举证责任,劳动者对基本事实进行举证即可,主要举证责任由单位负担,责任倒置,但用工资料超过2年时限的,由劳动者负责举证。

《劳动争议调解仲裁法》第6条规定,发生劳动争议,当事人对自己提出的主张,有责任提供证据。与争议事项有关的证据属于用人单位掌握管理的,用人单位应当提供;用人单位不提供的,应当承担不利后果。

《最高人民法院关于审理劳动争议案件适用法律问题的解释(一)》(法释〔2020〕26号)第44条规定,因用人单位作出的开除、除名、辞退、解除劳动合同、减少劳动报酬、计算劳动者工作年限等决定而发生的劳动争议,用人单位负举证责任。

《工伤保险条例》第19条第2款规定,用人单位与劳动者或劳动者近亲属对于是否构成工伤发生争议的,由用人单位承担举证责任。

未签劳动合同2倍工资举证:由单位提交已签书面合同证据,不能提交的,承担不利后果。

加班费举证:用工资料2年保存期限内由用人单位负责举证,2年外的由劳动者负责举证。

年休假的举证:用人单位对劳动者已休、已安排而劳动者不休、劳动者书面确定放弃年休等证据进行举证,否则承担不利后果。

## 五、仲裁诉讼内控措施

### (一)劳动争议和解、调解内控措施

用人单位和劳动者可自行协商进行和解或由第三方参与调解解决争议。和解是双方当事人的自愿行为,而调解是在第三方调解组织或仲裁庭、法庭的主持下进行。

用人单位发生劳动争议后,很多人资部门 HR 害怕给企业带来诉累和负面影响,急于跟劳动者达成和解,但鉴于劳动者劳动法专业知识的匮乏,很容易受家人、同事影响左右,在单位给足了补偿甚至高于补偿金双方达成和解后,劳动者又去仲裁的情况比比皆是。所以对不同性格的劳动者,应分别对待,是和解了事还是调解结案,应有针对性进行。

调解又分为两个阶段:第一阶段是由企业劳动争议调解委员会、依法设立的基层人民调解组织、在乡镇、街道设立的具有劳动争议调解职能的组织进行的调解,当事人达成一致意见的,此时用人单位拿到的是《调解协议书》。调解协议书虽有调解员签字及调解组织的印章,但本质上是在双方自愿的基础上达成的合同,仅具备合同效力。《劳动争议调解仲裁法》第 15 条规定"达成调解协议后,一方当事人在协议约定期限内不履行调解协议的,另一方当事人可以依法申请仲裁",可见《调解协议书》不具备强制执行的法律效力,仅具备合同性质的效力,但最终的权利实现,仍需经仲裁诉讼程序。

第二阶段是仲裁调解,劳动争议仲裁庭在作出裁决前,应当先行调解。调解达成协议的,仲裁庭应当制作调解书。调解书由仲裁员签名,加盖劳动争议仲裁委员会印章,送达双方当事人。调解书经双方当事人签收后,发生法律效力。一方当事人逾期不履行的,另一方当事人可以依照《民事诉讼法》的有关规定向人民法院申请执行。

所以通常情况下,单位可与劳动者和解结案。但对于漫天要价、性格优柔寡断、反复无常的劳动者,解决纠纷的最佳途径还是通过仲裁调解或仲裁裁决,省时省力省心。

### (二)劳动争议管辖地的权衡

劳动争议仲裁管辖不能事先约定,发生劳动争议后,双方当事人分别向劳动合

同履行地和用人单位所在地仲裁委员会申请仲裁的，由劳动合同履行地的仲裁委员会管辖。

而一旦进入诉讼阶段，用人单位争分夺秒抢占诉讼管辖权，因为传统观念中诉讼还是要讲究“主客场”的；另外，在本地诉讼会节省经办人员或律师差旅费，节省成本。而司法实践中一些地方法院确实认可劳动争议案件的约定管辖，也按照“谁先立案，谁受理”的原则进行案件审理。

但目前大部分地区法院对约定管辖不予认可，对不在本地仲裁的劳动争议案件立案比较谨慎。因为根据《民事诉讼法》第 35 条的规定，协议管辖的适用领域为合同或者其他财产权益纠纷。而劳动争议纠纷具有经济和人身双重属性，因身份关系产生的民事纠纷一般不能协议约定选择管辖法院。如果在劳动合同履行地仲裁，再到用人单位所在地诉讼，会额外增加劳动者的经济负担，不符合劳动法律保护劳动者的立法本意。

劳动争议案件中用人单位与劳动者抢管辖的另一个重要原因，是将己方的利益最大化，或将己方的损失最小化，以图在适用工资标准、赔偿标准等方面对自己最为有利。但适用相关标准是法定的，也就是说，用人单位抢了管辖也是徒劳的。《劳动合同法实施条例》第 14 条规定，履行地与用人单位所在地最低工资标准、年度平均工资等不一致的，按履行地执行，用人单位所在地高于履行地，单位与劳动者约定按单位所在地执行的，按约定。

即用人单位所在地工资标准低的，单位即便抢到诉讼管辖在其所在地进行诉讼，其最低工资标准等仍按履行地的高标准执行。故用人单位应首先研究当地判例和有关规定，多方论证，权衡评估是否争夺诉讼管辖权，否则抢到手的只能是烫手山芋。

### （三）劳动争议各阶段证据提交内控措施

《劳动人事争议仲裁办案规则》第 15 条规定，承担举证责任的当事人应当在仲裁委员会指定的期限内提供有关证据。当事人逾期提供证据的，仲裁委员会应当责令其说明理由，是否采纳，由仲裁委确定。

而仲裁实践中，对证据提交相对宽松，当庭提交一般都被允许。

曾经一段时间，用人单位在劳动争议案件中的仲裁阶段不提交证据或应付式提交证据，在诉讼时搞突然袭击，再全面提交证据，“证据隐藏”策略形成一股风气。此类证据提交方式有很大的隐患，用人单位应特别注意风险内控。

1. 仲裁阶段未提交证据的,仲裁委员会直接裁决视为放弃权利。

对仲裁阶段当事人提交证据的规定,各地要求不一,2013 年《海南省劳动人事争议仲裁证据规则》第 20 条规定,当事人应当在举证期限内向仲裁委员会提交证据材料,当事人在举证期限内不提交的,视为放弃举证权利。

2. 诉讼阶段对证据不予认定的风险。

劳动争议仲裁是劳动争议诉讼的前置程序,如证据未经仲裁阶段质证,很可能在诉讼一审阶段法院不予认可。如《广东省中山市中级人民法院关于审理劳动争议案件若干问题的参考意见》中认为,依法负有举证责任的用人单位在仲裁过程中无正当理由未提交或拒不提交证据,该用人单位在法院诉讼阶段首次提交且不能说明正当理由的,法院可不予认定。

3. 仲裁裁决属终局裁决的,单位没有机会在诉讼阶段出示证据。

如果仲裁裁决是终局裁决,用人单位无法起诉,没有再行举证的机会,即便有再多的有力证据也是枉然,只能申请中级人民法院撤销仲裁裁决。但中级人民法院一般不予撤销,如《广州市劳动人事争议仲裁委员会、广州市中级人民法院民事审判庭关于劳动争议案件座谈会的意见综述》中规定,用人单位仲裁时不提交证据的行为不符合《劳动争议调解仲裁法》规定可以撤销终局裁决的情形,对其撤销终局裁决的申请原则上不予支持。

所以,劳动争议纠纷的证据提交应按仲裁委员会及法院要求及时全面提交。

# 第十六章

# 经济补偿与赔偿金内部控制

## 一、经济补偿与赔偿金概述

劳动者进入用人单位工作,与用人单位确立劳动关系提供劳动,受用人单位的管理和规章制度等方面的约束,在本单位工作期间获得约定数额的工资及福利待遇。如果在劳动合同期满前,被用人单位提前解除劳动合同,或期满时被终止劳动关系,会使劳动者失去工作和基于此产生的预期利益,对于并无主观过错的劳动者来说,是利益的受损。而经济补偿的给付可减少劳动者的损失,使劳动者在失去原有工作后到找到新工作之间有一个良好的过渡。

经济补偿的产生条件:一是在单位存在过错,劳动者提出解除劳动合同;二是劳动者无过错,单位提出解除或终止劳动合同;三是双方无过错,但由单位提出与劳动者协商一致解除劳动合同。

单位存在违法解除或终止劳动合同时向劳动者支付赔偿金。赔偿金以经济补偿标准的2倍计算,体现了对用人单位违法解除劳动合同行为的惩罚性。单位违法解除包括解除理由违法和解除程序违法两种情形。单位有合法解除理由但解除程序不当,也需要支付赔偿金。

## 二、经济补偿法律规定

### (一)经济补偿的基本规定

《劳动合同法》第47条规定,经济补偿按劳动者在本单位工作的年限,每满1年支付1个月工资的标准向劳动者支付。6个月以上不满1年的,按1年计算;不满6个月的,向劳动者支付半个月工资的经济补偿。劳动者月工资高于用人单位所在直辖市、设区的市级人民政府公布的本地区上年度职工月平均工资3倍的,向其支付经济补偿的标准按职工月平均工资3倍的数额支付,向其支付经济补偿的年限最高不超过12年。本条所称月工资是指劳动者在劳动合同解除或者终止前12个月的平均工资。2008年前后经济补偿计算的比较见表16-1。

**表16-1　经济补偿计算2008年前后比较**

| 工作年限 | 2008年前 | 2008年后 |
|---|---|---|
| 工作不满6个月 | 1个月工资 | 0.5个月工资 |
| 工作满6个月不满1年 | 1个月工资 | 1个月工资 |

关于劳动者工作年限的计算中，非本人原因从原单位被安排到新单位年限的计算比较特殊，相关法律规定如下：

《最高人民法院关于审理劳动争议案件适用法律问题的解释（一）》（法释〔2020〕26号）第46条规定，劳动者非因本人原因从原用人单位被安排到新用人单位工作，原用人单位未支付经济补偿，劳动者依据《劳动合同法》第38条规定与新用人单位解除劳动合同，或者新用人单位向劳动者提出解除、终止劳动合同，在计算支付经济补偿或赔偿金的工作年限时，劳动者请求把在原用人单位的工作年限合并计算为新用人单位工作年限的，人民法院应予支持。

用人单位符合下列情形之一的，应当认定属于"劳动者非因本人原因从原用人单位被安排到新用人单位工作"：（1）劳动者仍在原工作场所、工作岗位工作，劳动合同主体由原用人单位变更为新用人单位；（2）用人单位以组织委派或任命形式对劳动者进行工作调动；（3）因用人单位合并、分立等原因导致劳动者工作调动；（4）用人单位及其关联企业与劳动者轮流订立劳动合同；（5）其他合理情形。

需特别注意的是，该条规定仅明确非本人原因被安排到新单位工作的年限计算方法和原单位经济补偿是否一并支付问题，其他相关权益如加班费、社会保险缴纳、未休年休假等按相应仲裁时效，劳动者应向原单位请求，与新单位无关。

### （二）用人单位解除或终止劳动合同需支付经济补偿的情形

1. 用人单位提出，与劳动者协商一致解除劳动合同

《劳动合同法》第46条规定，有下列情形之一的，用人单位应当向劳动者支付经济补偿：……用人单位依照本法第36条规定向劳动者提出解除劳动合同并与劳动者协商一致解除劳动合同的。

原《违反和解除劳动合同的经济补偿办法》第5条规定，协商一致解除劳动合同的，工作时间不满1年的按1年的标准发给经济补偿，最多不超过12个月。即协商一致解除劳动合同的经济补偿应分段计算，2008年前经济补偿最长为12个月。

2. 用人单位无过错解除劳动合同

《劳动合同法》第46条规定，有下列情形之一的，用人单位应当向劳动者支付经济补偿：……用人单位依照本法第40条规定解除劳动合同的。

（1）劳动者患病或者非因工负伤，医疗期满后不能从事原工作，也不能从事另行安排的工作的。

（2）劳动者不能胜任工作，经过培训或者调整工作岗位，仍不能胜任工作的。

根据原《违反和解除劳动合同的经济补偿办法》第7条的相关规定，用人单位

应按其在本单位工作的年限,工作时间每满 1 年,发给相当于 1 个月工资的经济补偿,最多不超过 12 个月。即因劳动者不胜任工作解除劳动合同的经济补偿应分段计算,2008 年前经济补偿最长为 12 个月。

(3)劳动合同订立时所依据的客观情况发生重大变化,致使劳动合同无法履行,经用人单位与劳动者协商,未能就变更劳动合同内容达成协议的。

3. 经济性裁员

《劳动合同法》第 46 条规定,有下列情形之一的,用人单位应当向劳动者支付经济补偿:……用人单位依照本法第 41 条第 1 款规定解除劳动合同的。

(1)依照企业破产法规定进行重整的。

(2)生产经营发生严重困难的。

(3)企业转产、重大技术革新或者经营方式调整,经变更劳动合同后,仍需裁减人员的。

(4)其他因劳动合同订立时所依据的客观经济情况发生重大变化,致使劳动合同无法履行的。

4. 劳动合同期满,用人单位终止劳动合同的

《劳动合同法》第 46 条规定,有下列情形之一的,用人单位应当向劳动者支付经济补偿:……除用人单位维持或者提高劳动合同约定条件续订劳动合同,劳动者不同意续订的情形外,依照本法第 44 条第 1 项规定终止固定期限劳动合同的。

此条款为《劳动合同法》实施开始新增,合同到期终止的,2008 年前的工作年限不支持经济补偿。

5. 用人单位主体资格原因终止劳动合同

因用人单位主体资格原因,用人单位终止劳动合同,需支付劳动者经济补偿,该类为《劳动合同法》新增内容,2008 年前的工作年限不计入经济补偿计算范围。

《劳动合同法》第 46 条规定,有下列情形之一的,用人单位应当向劳动者支付经济补偿:……依照本法第 44 条第 4 项、第 5 项规定终止劳动合同的:

(1)用人单位被依法宣告破产的;

(2)用人单位被吊销营业执照;

(3)用人单位被责令关闭;

(4)用人单位被撤销;

(5)用人单位决定提前解散的。

6. 用人单位经营期限届满不能继续履行劳动合同的

《最高人民法院关于审理劳动争议案件适用法律问题的解释(一)》(法释

〔2020〕26 号)第 48 条规定,《劳动合同法》施行后,因用人单位经营期限届满不再继续经营导致劳动合同不能继续履行,劳动者请求用人单位支付经济补偿的,人民法院应予支持。

此条款为法释〔2020〕26 号实施开始新增,其支付经济补偿的限定条件为“劳动合同法施行后”,故经营期限届满支付经济补偿的开始时间为 2008 年 1 月 1 日,2008 年前的工作年限不计入经济补偿计算范围。

7. 劳动者被迫解除劳动合同的

劳动者被迫解除劳动合同,主要依据《劳动合同法》第 38 条和《最高人民法院关于审理劳动争议案件适用法律问题的解释(一)》第 45 条的规定。

《劳动合同法》第 46 条规定,有下列情形之一的,用人单位应当向劳动者支付经济补偿:劳动者依照本法第 38 条的规定解除劳动合同的。

《最高人民法院关于审理劳动争议案件适用法律问题的解释(一)》(法释〔2020〕26 号)第 45 条规定,用人单位有下列情形之一,迫使劳动者提出解除劳动合同的,用人单位应当支付劳动者的劳动报酬和经济补偿,并可支付赔偿金。

劳动者因用人单位违法而被迫解除劳动合同的相关条款汇总如下:

(1)未按照劳动合同约定提供劳动保护或者劳动条件的。

(2)未及时足额支付劳动报酬的(克扣或者无故拖欠劳动者工资的)。

(3)未依法为劳动者缴纳社会保险费的。此条款为《劳动合同法》实施开始新增,2008 年前工作年限不计入经济补偿计算范围。

(4)用人单位的规章制度违反法律、法规的规定,损害劳动者权益的。例如,单位制度中按老规定产假 90 天,劳动者期满未上班按事假处理;加班费按最低工资标准或所有劳动者固定加班标准额等。此条款为《劳动合同法》实施开始新增,2008 年前工作年限不计入经济补偿计算范围。

(5)以欺诈、胁迫的手段或者乘人之危使对方在违背真实意思的情况下订立或者变更劳动合同的。此条款为《劳动合同法》实施开始新增,2008 年前工作年限不计入经济补偿计算范围。

(6)用人单位以暴力、威胁或者非法限制人身自由的手段强迫劳动,劳动者解除劳动合同的。此种情形劳动者无须事先通知用人单位,可立即解除劳动合同。

(7)用人单位违章指挥、强令冒险作业危及劳动者人身安全,劳动者解除劳动合同的。此种情形劳动者无须事先通知用人单位,可立即解除劳动合同。

(8)低于当地最低工资标准支付劳动者工资的。

(9)拒不支付劳动者延长工作时间工资报酬的。

劳动者依据《劳动合同法》和《最高人民法院关于审理劳动争议案件适用法律问题的解释(一)》被迫解除劳动合同的,除经济补偿外,如约定了服务期,则免除其服务期限的违约金。

《劳动合同法实施条例》第26条第1款规定,用人单位与劳动者约定了服务期,劳动者依照《劳动合同法》第38条的规定解除劳动合同的,不属于违反服务期的约定,用人单位不得要求劳动者支付违约金。

### (三)经济补偿的分段计算及封顶

随着《劳动合同法》的施行,有关经济补偿的条款较《劳动法》有较多增加,根据法不溯及既往原则,在《劳动合同法》实施之后新增规定的,2008年前的服务年限,不计入经济补偿的计算范围。

1.经济补偿的分段规定

《劳动合同法》第97条第3款规定,本法施行之日存续的劳动合同在本法施行后解除或者终止,依照本法第46条的规定应当支付经济补偿的,经济补偿年限自本法施行之日起计算;本法施行前按照当时有关规定,用人单位应当向劳动者支付经济补偿的,按照当时有关规定执行。

前述劳动合同期满用人单位终止劳动合同、用人单位主体资格原因终止劳动合同等都属《劳动合同法》新增支付经济补偿条款,2008年前工作年限不计算经济补偿。

2.经济补偿的封顶

(1)金额封顶

《劳动合同法》第47条第2款规定,劳动者月工资高于用人单位所在直辖市、设区的市级人民政府公布的本地区上年度职工月平均工资三倍的,向其支付经济补偿的标准按职工月平均工资三倍的数额支付。

这是对经济补偿的三倍工资限额条款,在《劳动合同法》实施之后才有的新规定,2008年前无三倍封顶限制。

(2)年限封顶

2008年前,用人单位提出协商一致解除、不能胜任工作解除,经济补偿年限封顶为12个月。

2008年后,只有劳动者月工资高于用人单位所在直辖市、设区的市级人民政府公布的本地区上年度职工月平均工资3倍的,才适用经济补偿年限封顶12个月,其他情形在年限上均不封顶。

**例题1:**王某1993年入职,岗位会计,公司一直未签劳动合同,未买社会保险,

2021年因不胜任工作被用人单位辞退,未给经济补偿。问王某仲裁时可提起哪些项目请求?各项目可支持年限?

王某可提起下列请求,并粗略计算经济补偿:

A:未签劳动合同2倍工资,因时效原因不可能得到支持;

B:未缴纳社会保险的经济补偿,从2008年起算,可获共14个月工资标准经济补偿;

C:因不胜任工作解除劳动合同的经济补偿共26个月工资标准经济补偿。

分段计算:2008年前,工作年限15年,可获最长12个月工资标准经济补偿;2008年后,所有年限均可获得经济补偿,共14个月。

即王某最终获得26个月工资标准经济补偿。

**例题2**:某高管2005年12月1日入职,工作至2020年5月,因公司拖欠工资被迫离职提出仲裁申请,月工资30,000元,问如何计算补偿金?(当地上年度职工月平均工资4000元)

拖欠工资属支付经济补偿情形,因该高管月工资30,000元,高于当地上年度职工月平均工资12,000元,故其经济补偿应分段计算:

工作年限:2008年前,2年1个月;2008年后,12年5个月。

补偿金月数:2008年前为3个月,2008年后为封顶12个月。

补偿金:2008年前金额不封顶(3×30,000),2008年后年限及金额均封顶(4000×3×12),共计234,000元。

### (四)补偿金计算基数

关于经济补偿计算基数,《劳动合同法》第47条第1款仅规定每满1年支付1个月工资的标准向劳动者支付,不满6个月的,向劳动者支付半个月工资的经济补偿。月工资的标准具体为何并未有详细规定。

直到《劳动合同法实施条例》实施,月工资标准才有相关具体说明,即该条例第27条规定,《劳动合同法》第47条规定的经济补偿的月工资按照劳动者应得工资计算,包括计时工资或者计件工资以及奖金、津贴和补贴等货币性收入。劳动者在劳动合同解除或者终止前12个月的平均工资低于当地最低工资标准的,按照当地最低工资标准计算。

司法实践中,关于各类季度奖、年终奖、十三薪等常规性奖金,全国均达成共识分摊入各月纳入补偿金计算基数,且对经济补偿标准进行约定的,不予支持。但在各地对经济补偿计算基数项目仍然规定不一,如长期病假、待岗、停工留薪期等解除劳动合同经济补偿计算基数，按离职前12个月平均工资还是剔除病假、待岗期间工资计算等问题。经统计，经济补偿基数计算方法有以下几种类型。

1.全额应发工资计算

采用此种方法的，按离职前12个月应发工资全额计算的月均工资作为经济补偿计算基数，不作扣除。包括重庆、北京等地。

例如，2017年《北京市高级人民法院、北京市劳动人事争议仲裁委员会关于审理劳动争议案件法律适用问题的解答》第21条规定，用人单位给付劳动者的工资标准计算基数按哪些原则确定？……在计算劳动者解除劳动合同前12个月平均工资时，应当包括计时工资或者计件工资以及奖金、津贴和补贴等货币性收入。其中包括正常工作时间的工资，还包括劳动者延长工作时间的加班费。

2.扣除加班工资等正常工作状态下应得工资计算

采用扣除加班工资等正常工作状态下应得工资此种计算方法的，按离职前12个月应发工资全额扣除加班费等的平均月工资作为经济补偿计算基数。包括四川、云南、上海等地。

如《四川省高级人民法院民一庭关于审理劳动争议案件若干疑难问题的解答》（川高法民一〔2016〕1号）第29条规定，《劳动合同法》中规定的经济补偿及2倍工资计算基数按照劳动者正常工作状态下12个月的应得工资计算，即未扣除社会保险费、税费等之前的当月工资总额，但不应包括：（1）加班工资；（2）非常规性奖金、津补贴、福利。

《成都中院2017年第22次审判委员会会议纪要》第23条规定，劳动者与用人单位于劳动合同中约定的如经济补偿及加班工资按当地最低工资标准计算的，约定无效。

3.长期病假、生活费等时间段纳入离职前12个月平均工资计算

长期病假、生活费等时间段纳入离职前12个月平均工资计算此种方式不区分离职前是否休长假等非常规状态，以离职日期为节点，向前统计12个月平均工资为计算基数。

**案例：江苏省苏州市中级人民法院（2017）苏05民终3707、3709号民事判决书**

**要旨：**

用以计算经济补偿或经济赔偿金的月工资是指劳动者在劳动合同解除或者终止前十二个月的平均工资，故对劳动者要求按照其病假前十二个月平均工资作为计算基数的主张，一审法院不予支持……一审判决认定事实清楚，适用法律正确，所作判决并无不当。依照《民事诉讼法》第一百七十条第一款第（一）项之规定，判

决如下:驳回上诉,维持原判。

2017年《重庆市高级人民法院关于劳动争议案件法律适用问题专题座谈会纪要(三)》(重庆市高级人民法院民一庭、重庆市劳动人事仲裁院牵头召开第三次劳动争议联席会议)第5条规定,根据《劳动合同法》第47条之规定,经济补偿金的计算标准为劳动者在劳动合同解除或者终止前12个月的平均工资。根据法律、行政法规规定,劳动者因患病、工伤、产假、婚丧假、事假、探亲假等原因,用人单位按一定比例或者标准支付的工资,属于特殊情况下支付的工资,因此,用人单位按月向工伤职工支付的停工留薪期工资、鉴定期间生活津贴等属于特殊情况下支付的工资,应当作为平均工资的计算基数。

**案例:**《重庆市第五中院2019~2021年度劳动争议典型案例》案例四——(2021)渝05民终3993号,该案裁判要旨:因用人单位原因导致停工,停工期间用人单位发放的待岗生活费系保障劳动者最低生活的费用,并非劳动者正常工作时应当享有的正常工资收入,应当以解除劳动合同前12个月中正常生产情况下劳动者的平均工资作为计算经济补偿的工资标准。

即重庆市大框架采用离职前12个月平均工资作为经济补偿基数,但将非劳动者原因的停工停产情形剔除在外。

4. 扣除长期病假、生活费等时间段作为离职前12个月平均工资计算

扣除长期病假、生活费等时间段作为离职前12个月平均工资计算此种方式将离职前休长期病假、长期待岗等非常规时间段扣除,以正常工作状态下的12个月平均工资为计算基数。如浙江、江苏、广东、云南等地采用此办法。

2015年《云南省高级人民法院、云南省人力资源和社会保障厅关于审理劳动人事争议案件若干问题的座谈会纪要》第4条第9项规定,《劳动合同法》第47条第3款规定的"本条所称月工资是指劳动者在劳动合同解除或者终止前十二个月的平均工资",应理解为劳动合同解除或者终止前劳动者正常工作状态下12个月的平均工资,不包括医疗期等非正常工作期间。

2014年《浙江省高级人民法院民事审判第一庭、浙江省劳动人事争议仲裁院关于审理劳动争议案件若干问题的解答(二)》第11规定,《劳动合同法》第47条第3款规定的"本条所称月工资是指劳动者在劳动合同解除或者终止前十二个月的平均工资",应理解为劳动合同解除或者终止前劳动者正常工作状态下12个月的平均工资,不包括医疗期等非正常工作期间。

**案例1:广东省高级人民法院(2017)粤民申9663号民事裁定书:**

再审申请人深圳东精诚巧汽车配件有限公司(以下简称东精诚巧公司)因与被

申请人顾某华劳动合同纠纷一案，不服广东省深圳市中级人民法院(2017)粤03民终10861号民事判决(以下简称二审判决)，向本院申请再审。

本院经审查认为，本案为劳动合同纠纷。顾某华与东精诚巧公司之间曾经存在劳动关系，双方当事人的劳动权利义务依法应受劳动法律法规的调整。综合再审理由，本案的争议焦点为，东精诚巧公司应否支付顾某华违法解除劳动关系赔偿金及其具体数额的问题。

东精诚巧公司于2016年6月16日以顾某华2016年4月13日至4月18日连续旷工6天为由将其辞退，但该期间顾某华正处于应享受产假期间，东精诚巧公司对于顾某华生产的事实也是明知的，即使顾某华未能提交证据证明其有履行请假手续，但顾某华在该期间未能到岗亦不属于无故旷工，东精诚巧公司以此为由在顾某华产假期间将其辞退属于违法解除合同，依法应向顾某华支付违法解除劳动合同赔偿金。因顾某华离职前几个月因病假未能正常出勤，二审判决以顾某华休病假前12个月(2014年10月至2015年9月)平均工资6389.5元为基数计算顾某华应得赔偿金公平合理，本院予以确认。经核算，东精诚巧公司应向顾某华支付违法解除劳动合同赔偿金108,621.5元，因顾某华仅请求84,897.66元，其差额部分视为顾某华放弃主张权利，本院予以确认。东精诚巧公司申请再审称应以顾某华解除劳动关系之前的12个月工资为标准计算赔偿金，与本案事实不符，二审判决不予支持正确。综上，东精诚巧公司申请再审缺乏事实和法律依据，本院予以驳回。

**案例2:江苏省高级人民法院(2018)苏民申4481号民事裁定书摘要:**

再审申请人无锡市宇新机械有限公司(以下简称宇新公司)因与被申请人徐某经济补偿纠纷一案，不服江苏省无锡市中级人民法院(2017)苏02民终5407号民事判决，向本院申请再审。

本院经审查认为，宇新公司的再审申请不能成立。理由:

第一，本案双方一致确认徐某自2013年10月21日起因患病休假，直至2017年3月1日返岗工作，在此期间宇新公司亦每月支付徐某相应的工资，现宇新公司主张徐某超出最长医疗期限应当认定为旷工，碍难支持。

……

第三，关于经济补偿的标准，原审判决以徐某正常工作状态下的工资计算月平均工资公平合理，并无不当。宇新公司主张应以徐某医疗期的工资确定月平均工资有违公平原则，本院不予支持。

**案例3:深圳市中级人民法院(2017)粤03民终9520号民事判决书摘要:**

本院认为，本案二审的争议焦点为解除劳动合同经济补偿及代通知金的计算基数问题。

对于该争议焦点,本院具体分析认定如下:

在计算经济补偿或赔偿金时,劳动者解除劳动合同前12个月平均工资,除包括正常工作时间的工资外,还包括劳动者的加班工资。

因被上诉人从2015年4月27日起开始休病假,离职前12个月的平均工资不能如实反映其正常工作时间的工资,一审法院从保护劳动者权益的原则出发认定以被上诉人休病假前的平均工资作为解除劳动合同经济补偿及代通知金的计算基数并无不当。

**案例4:江苏省镇江市中级人民法院(2019)苏11民终199号民事判决书摘要:**

本院认为……关于经济补偿的月工资标准,法律规定为劳动合同解除或者终止前12个月的平均工资,一审判决结合本案劳动者工作年限、患病治疗等事实,将该规定理解为劳动者正常工作状态下12个月的平均应发工资,符合公平原则,并无不当。

### (五)补偿金的支付时间

《劳动合同法》第50条规定,用人单位应当在解除或者终止劳动合同时出具解除或者终止劳动合同的证明,并在15日内为劳动者办理档案和社会保险关系转移手续。劳动者应当按照双方约定,办理工作交接。用人单位依照本法有关规定应当向劳动者支付经济补偿的,在办结工作交接时支付。

劳动关系解除或终止时,用人单位与劳动者可以约定办理交接手续,以约束劳动者非正常离职给用人单位造成的负面影响。以办理交接手续为支付经济补偿的条件,劳动者未交接的,用人单位可拒绝支付经济补偿。

### (六)补偿金的个税

根据《财政部、国家税务总局关于个人所得税法修改后有关优惠政策衔接问题的通知》(财税〔2018〕164号)、《财政部、国家税务总局关于个人与用人单位解除劳动关系取得的一次性补偿收入征免个人所得税问题的通知》(财税〔2001〕157号)、《国家税务总局关于个人因解除劳动合同取得经济补偿征收个人所得税问题的通知》(国税发〔1999〕178号)的规定,个人与用人单位解除劳动关系取得一次性补偿收入(包括用人单位发放的经济补偿、生活补助费和其他补助费),在当地上年度职工平均工资三倍数额以内的部分,免征个人所得税;超过三倍数额的部分,不并入当年综合所得,单独适用综合所得税率表,计算纳税。

具体方法：以超过三倍数额部分的一次性补偿收入，除以个人在本企业的工作年限（超过 12 年的按 12 计算），以其商数作为个人的月工资、薪金收入，按照税法规定计算缴纳个人所得税。个人领取一次性补偿收入时按照国家和地方政府规定的比例实际缴纳的住房公积金、医疗费、基本养老保险费、失业保险费，可以在计征其一次性补偿收入的个人所得税时予以扣除。企业依照国家有关法律规定宣告破产，企业职工从该破产企业取得的一次性安置费收入，免征个人所得税。个人在解除劳动合同后又再任职、受雇的，已纳税的一次性补偿收入不再与再次任职、受雇的工资薪金所得合并计算补缴个人所得税。

## （七）经济补偿情形汇总

**表 16－2　职工离职的不同形式与经济补偿计算对照表**

| 离职形式 | 项目 | 具体情况 | 经济补偿 | 计算规则 | 计算方式 |
|---|---|---|---|---|---|
| 协商一致 | 劳动者提出 | — | 无或从约定 | 从约定 | 参照：月工资×工龄 |
| | ＊企业提出 | — | 有 | 从约定或分段年限 12 月 | |
| 企业单方解除劳动合同 | 过失性解除 | 试用期不符合录用条件 | 无 | — | — |
| | | 严重违反规章制度 | | | |
| | | 失职等造成重大损害 | | | |
| | | 双重劳动关系 | | | |
| | | 合同无效 | | | |
| | | 被依法追究刑事责任 | | | |
| | 无过失性解除 | 医疗期满不能恢复工作 | 有/代通金/提前 30 天通知 | ＊分段 12 月 | 月平均工资×司龄＋上月工资 |
| | | ＊不胜任工作 | | | |
| | | 客观情况重大变化 | | | |
| | 经济性裁员 | 依破产法重整 | 有 | — | 月平均工资×司龄 |
| | | 经营严重困难 | | | |
| | | 技术革新转产等 | | | |
| | | 客观经济情况发生重大变化 | | | |
| | 违法解除 | 企业违法解除劳动合同 | 双倍 | 用工开始，3 倍限额 | 月平均工资×司龄×2 倍 |

续表

| 离职形式 | 项目 | 具体情况 | 经济补偿 | 计算规则 | 计算方式 |
|---|---|---|---|---|---|
| 劳动者单方解除劳动合同 | 劳动者辞职 | 试用期辞职 | 无 | — | — |
| | | 提前 30 天辞职 | | | |
| | 劳动者被迫辞职 | 未提供劳动保护或劳动条件 | 有 | ＊分段 | 月平均工资×司龄 |
| | | 未足额及时支付报酬 | | | |
| | | ＊未依法缴纳社会保险 | | | |
| | | ＊规章违法损害权益 | | | |
| | | ＊合同无效 | | | |
| | | 强迫劳动 | | | |
| | | ＊单位违反强制性规定 | | | |
| 劳动合同终止 | 劳动者原因 | 享受养老保险 | 无 | — | — |
| | | 死亡失踪 | | | |
| | 非劳动者原因 | ＊合同期满 | 有/（合同期满劳动者不续签，无） | ＊分段，违法终止不分段 | 月平均工资×司龄 |
| | | ＊破产 | | | |
| | | ＊关闭、撤销、吊销、解散、经营期限届满 | | | |
| | | 企业单方违法终止 | 有 | | 法定顺延、两次合同不续签等 |
| 事实劳动关系终止 | 企业单方终止 | 1 个月内劳动者拒签 | 无 | — | — |
| | | 1 个月后劳动者拒签 | 有 | | 月平均工资×司龄 |
| | | 无理由终止 | | 不分段 | |
| | 劳动者单方终止 | 劳动者单方终止 | 无 | — | — |
| 备注 | 1. 以上所列分段计算规则仅适用于补偿基数无封顶，补偿年限无封顶的情形 | | | | |
| | 2. 补偿基数封顶的，分段计算 | | | | |
| | 3. 2008 年以前符合 12 个月的年限封顶的，分段计算 | | | | |
| | 4. 2008 年以前无经济补偿，2008 年以后有补偿的，分段计算 | | | | |
| | 5. 违法解除的，补偿年限不封顶，补偿基数封顶的，2008 年前适用基数封顶 | | | | |

## 三、赔偿金法律规定

《劳动合同法》第 87 条规定，用人单位违反本法规定解除或者终止劳动合同的，应当依照本法第 47 条规定的经济补偿标准的 2 倍向劳动者支付赔偿金。

### （一）赔偿金支付情形

1. 试用期违法解除

《劳动合同法》第 21 条规定，在试用期中，除劳动者有本法第 39 条和第 40 条第 1 项、第 2 项规定的情形外，用人单位不得解除劳动合同。用人单位在试用期解除劳动合同的，应当向劳动者说明理由。

即在试用期的劳动者，用人单位按以下情形解除劳动合同的，为违法解除：无录用条件解除、客观情况发生重大变化解除、经济性裁员解除。

2. 特殊劳动者的非过错性、裁员解除为违法解除

《劳动合同法》第 42 条规定，劳动者有下列情形之一的，用人单位不得依照本法第 40 条、第 41 条的规定解除劳动合同（非过错性：患病或非因工负伤、不胜任工作解除、客观情况发生重大变化，裁员解除）：

（1）从事接触职业病危害作业的劳动者未进行离岗前职业健康检查，或者疑似职业病病人在诊断或者医学观察期间的；

（2）在本单位患职业病或者因工负伤并被确认丧失或者部分丧失劳动能力的（工伤评残五级至十级）；

（3）患病或者非因工负伤，在规定的医疗期内的；

（4）女职工在孕期、产期、哺乳期的；

（5）在本单位连续工作满 15 年，且距法定退休年龄不足 5 年的。

3. 用人单位单方解除劳动合同未通知工会属违法解除

根据《劳动合同法》第 43 条的规定，用人单位单方解除劳动合同（依《劳动合同法》第 39 条、第 40 条），应当事先将理由通知工会。未通知工会的，属程序违法，支付赔偿金。

**四川地区解除劳动合同未通知工会的案例：**

（2020）川 06 民终 1171 号判决书摘要：本案中，德阳 × × 公司于 2008 年之前成立有工会组织，虽其在 2008 年后未进行工会委员的换届选举，但该工会组织亦未注销，故工会组织仍然存在，德阳 × × 公司解除与王某辉的劳动关系前未通知工会，未征求工会意见，德阳 × × 公司系违法解除与王某辉的劳动关系。王某辉请求支

付违法解除劳动关系的赔偿金 227,042.66 元,本院予以支持。

(2020)川 01 民终 9906 号判决书摘要:野马公司建立有工会组织,野马公司单方解除与周某松的劳动合同没有依法事先通知工会,程序违法。野马公司应向周某松支付违法解除劳动关系赔偿金额为 86,524.2 元(4326.21 元/月 ×10 个月 ×2)。

4. 用人单位应签无固定期限劳动合同而终止的属违法终止劳动合同

根据《劳动合同法》第 14 条的相关规定,劳动者在该用人单位连续工作满 10 年,或者连续订立二次固定期限劳动合同后,单位应与之签订无固定期限劳动合同,单位在劳动合同期满终止的,属违法终止。

5. 单位单方解除劳动合同,但程序不合法、证据不合法的,构成违法解除

用人单位在单方解除劳动者劳动合同时,如证据合法但程序不合法的,属违法解除,如程序合法但证据不合法的,也属违法解除。

解除程序违法与程序瑕疵的区别:单位单方解除劳动者劳动合同,但未提前 30 日通知或未支付 1 个月代通知金,属程序瑕疵,要求赔偿金不予支持,但单位应补付 1 个月代通知金。用人单位单方解除劳动合同未通知工会的,在诉讼前仍未补正的,属程序违法,剥夺了劳动者工会救济的权利,应支付赔偿金。

### (二)赔偿金的起算时间

赔偿金计算的起始日,《劳动合同法实施条例》第 25 条规定,用人单位违反《劳动合同法》的规定解除或者终止劳动合同,依照《劳动合同法》第 87 条的规定支付了赔偿金的,不再支付经济补偿。赔偿金的计算年限自用工之日起计算。

即用人单位违法解除或终止劳动合同的,不分 2008 年前和 2008 年后,统一按劳动者入职时间起算,工资超当地上年度平均工资三倍限额的,仅赔偿金计算基数三倍限额封顶,而劳动者赔偿金计算工作年限不受 12 个月限制。

### (三)用人单位与劳动者的其他赔偿责任

1. 单位对劳动者前单位连带赔偿责任

《违反〈劳动法〉有关劳动合同规定的赔偿办法》(劳部发〔1995〕223 号)第 6 条第 1 款规定,用人单位招用尚未解除劳动合同的劳动者,对原用人单位造成经济损失的,除该劳动者承担直接赔偿责任外,该用人单位应当承担连带赔偿责任。其连带赔偿的份额应不低于对原用人单位造成经济损失总额的 70%。向原用人单位赔偿下列损失:(1)对生产、经营和工作造成的直接经济损失;(2)因获取商业秘密给用人单位造成的经济损失。

2. 劳动者对单位的赔偿责任

《劳动合同法》第90条规定，劳动者违反本法规定解除劳动合同，或者违反劳动合同中约定的保密义务或者竞业限制，给用人单位造成损失的，应当承担赔偿责任。

劳动者赔偿单位损失的法定情形仅限于：

（1）未按规定解除劳动合同，如擅自离职，未办完交接手续离职。

《违反〈劳动法〉有关劳动合同规定的赔偿办法》（劳部发〔1995〕223号）第4条规定，劳动者违反规定或劳动合同的约定解除劳动合同，对用人单位造成损失的，劳动者应赔偿用人单位下列损失：①用人单位招收录用其所支付的费用；②用人单位为其支付的培训费用，双方另有约定的按约定办理；③对生产、经营和工作造成的直接经济损失；④劳动合同约定的其他赔偿费用。

（2）违反保密义务，如保密期离职，泄露商业秘密、经营秘密等。

《违反〈劳动法〉有关劳动合同规定的赔偿办法》（劳部发〔1995〕223号）第5条规定，劳动者违反劳动合同中约定保密事项，对用人单位造成经济损失的，按《反不正当竞争法》第20条的规定支付用人单位赔偿费用。

2019年修订施行的《反不正当竞争法》第17条第2款规定，经营者的合法权益受到不正当竞争行为损害的，可以向人民法院提起诉讼。

因不正当竞争行为受到损害的经营者的赔偿数额，按照其因被侵权所受到的实际损失确定；实际损失难以计算的，按照侵权人因侵权所获得的利益确定。经营者恶意实施侵犯商业秘密行为，情节严重的，可以在按照上述方法确定数额的一倍以上五倍以下确定赔偿数额。赔偿数额还应当包括经营者为制止侵权行为所支付的合理开支。

（3）违反竞业限制，私自开办同业企业，竞业期到竞争单位上班，私自帮助竞争对手谋取不正当利益等。

（4）劳动者执行职务致人损害，《民法典》第1191条规定，用人单位的工作人员因执行工作任务造成他人损害的，由用人单位承担侵权责任。用人单位承担侵权责任后，可以向有故意或者重大过失的工作人员追偿。

劳务派遣期间，被派遣的工作人员因执行工作任务造成他人损害的，由接受劳务派遣的用工单位承担侵权责任；劳务派遣单位有过错的，承担相应的责任。

以上劳动者赔偿单位损失的，单位须举证证明造成了实际损失。

### (四)赔偿金竞合问题

1.单位违法解除劳动合同时劳动者的单项选择问题

当用人单位违法解除劳动合同时,劳动者面临两种途径维护自身权益:一是要求单位支付赔偿金,二是要求继续履行劳动合同,只能二选一,不能既选择赔偿金又选择继续履行劳动合同。

《劳动合同法》第48条规定,用人单位违反本法规定解除或者终止劳动合同,劳动者要求继续履行劳动合同的,用人单位应当继续履行;劳动者不要求继续履行劳动合同或者劳动合同已经不能继续履行的,用人单位应当依照本法第87条规定支付赔偿金。

当然,用人单位违法解除劳动合同,被仲裁裁决或判决继续履行劳动合同的,劳动者在仲裁或诉讼期间的工资,用人单位应予以补发。

2.加付赔偿金

(1)加付赔偿金的支付条件

《劳动合同法》第85条规定,用人单位有下列情形之一的,由劳动行政部门责令限期支付劳动报酬、加班费或者经济补偿;劳动报酬低于当地最低工资标准的,应当支付其差额部分;逾期不支付的,责令用人单位按应付金额50%以上100%以下的标准向劳动者加付赔偿金:

①未按照劳动合同的约定或者国家规定及时足额支付劳动者劳动报酬的;

②低于当地最低工资标准支付劳动者工资的;

③安排加班不支付加班费的;

④解除或者终止劳动合同,未依照本法规定向劳动者支付经济补偿的。

《劳动合同法》第85条关键词:“由劳动行政部门责令限期支付”“逾期不支付的”“加付赔偿的限额为50% -100%”。

目前两种观点:第一种认为加付赔偿的前提是劳动行政部门责令限期支付,逾期不支付,才适用加付赔偿。第二种认为可直接仲裁,仲裁就是行使权利的直接表现。

《四川省高级人民法院民一庭关于审理劳动争议案件若干疑难问题的解答》(川高法民一〔2016〕1号)第32条规定,劳动者依据《劳动合同法》第85条的规定请求用人单位支付赔偿金的,应提供劳动行政部门责令用人单位限期支付劳动报酬、加班费、经济补偿或低于最低工资标准的差额部分的限期整改指令书和用人单位逾期未履行该指令书的证据。劳动者直接主张加付赔偿金的,人民法院不予支持。

笔者倾向第一种观点。很多地区对劳动行政部门责令用人单位加付赔偿金的行为，认定属于行政监察行为，应由劳动行政部门处理完结，仲裁委、法院不再重复处理或受理。只有劳动者出示限期整改指令书和用人单位逾期未履行该指令书的证据才予受理。

(2)年休假加付赔偿

实践中，劳动者要求支付年休假加付赔偿金的较为少见，但仍是用人单位不可忽视的风险点。

《职工带薪年休假条例》第7条规定，单位不安排职工休年休假又不依照本条例规定给予年休假工资报酬的，由县级以上地方人民政府人事部门或者劳动保障部门依据职权责令限期改正；对逾期不改正的，除责令该单位支付年休假工资报酬外，单位还应当按照年休假工资报酬的数额向职工加付赔偿金；对拒不支付年休假工资报酬、赔偿金的，属于公务员和参照《公务员法》管理的人员所在单位的，对直接负责的主管人员以及其他直接责任人员依法给予处分；属于其他单位的，由劳动保障部门、人事部门或者职工申请人民法院强制执行。

按照此规定，未休年假的加付赔偿为年休假工资报酬的数额，即日工资的200%。四川地区按川劳社办〔2009〕35号规定，用人单位应当按照日工资300%的标准加付赔偿金，加上应支付的年休假工资报酬(日工资200%)，总计为日工资标准的500%，其后果是很严重的。

3. 劳动者主张经济补偿和赔偿金的变更

在之前的劳动争议纠纷中，如劳动者本应主张赔偿金，但申请书的请求为经济补偿，很多仲裁委员会只裁定给付补偿金而非赔偿金。如果劳动者本应主张经济补偿，申请书的请求为赔偿金，甚至有的仲裁委员会直接驳回劳动者请求。

此种情况在《人力资源和社会保障部最高人民法院关于劳动人事争议仲裁与诉讼衔接有关问题的意见(一)》(人社部发〔2022〕9号)施行后得到彻底改变，该意见第5条规定，劳动者申请赔偿金，但仲裁庭、法院经审查应为补偿金的，可以依法裁决或者判决用人单位支付经济补偿。

劳动者基于同一事实，在仲裁辩论终结前或者人民法院一审辩论终结前，将仲裁请求或诉讼请求由要求用人单位支付经济补偿变更为支付赔偿金的，劳动人事争议仲裁委员会、人民法院应予准许。

这里需要注意的是，在劳动者提出变更后，仲裁庭、法院的作为是“可以”和“应予准许”，从法条字面的表述来看，仲裁庭、法院并不具有主动释明权，故是否变更，应看劳动者是否提出申请,未提出申请的,仲裁庭、法院在裁决、判决时可能不会主动进行变更。

## 四、经济补偿与赔偿金的内控措施

### (一)合规合法用工是规避经济补偿和赔偿金的根本方法

我们经常见到网络报道某"良心外企"经济性裁员或规模性解除劳动者劳动合同时,给付劳动者都是N加多少的补偿金,或者直接2N"伤感"解除老员工。其中不乏作秀成分,但不得不说,外资企业文化中合规合法用工做得相对好很多。

中国企业普遍观念有待更新:劳动者在我这里拿了这么多年工资,凭什么劳动者自己跟不上企业发展而走人时还要领走一大笔补偿金?这时就要换个角度想,没有这些劳动者的贡献或辛勤努力工作,企业会不会有今天的发展?况且经济补偿是法律规定对劳动者失去工作岗位时维持生存的最低层保障,如果对法律都没有敬畏,我们对企业主还能指望什么呢?

所以,用人单位无论是招聘过程还是用工过程,都必须依法行使职权;无论是过错解除还是无过错解除劳动者劳动合同都必须依法进行。企业要发展,要提升劳动力质量,劳动者进进出出很正常,经济补偿是企业必须支付的一部分用工成本,但企业应在日常工作中做好证据收集和风险防范工作,尽量降低不必要的开支。

### (二)在用工形式选择上规避经济补偿支出

在众多的劳动用工形式中,非全日制不需支出经济补偿,解除劳动合同简便易行,也是现今很多年轻人比较喜欢的一种用工形式,没有固定在一个企业三点一线的羁绊,变换职业也快捷。但非全日制用工的限制条件是平均每周工作时间不得超过24小时,工资支付周期不得超过15日。如果是集团性企业或关联企业,对一个劳动者或一批劳动者或多批劳动者进行轮流使用,在某一企业集中使用3天4天后再轮换到另一企业使用,基本能达到时限要求,至于工资支付,每月支付2次工资完全不是问题。当然,采用此方法时操作不当可能有被认定为全日制用工的法律风险。

### (三)利用以完成一定任务为期限的劳动合同规避经济补偿

如果用人单位的行业特性或工作内容能分割为独立的工作任务,单位可采用以完成一定任务为期限的劳动合同方式用工。当然,该任务完成,按法律规定用人单位在终止劳动合同时应支付劳动者经济补偿。

《劳动合同法实施条例》第 22 条规定,以完成一定工作任务为期限的劳动合同因任务完成而终止的,用人单位应当依照《劳动合同法》第 47 条的规定向劳动者支付经济补偿。

解决问题的关键就在于该经济补偿的支付时间。以完成一定工作任务为期限的劳动合同在终止时即应支付经济补偿,该经济补偿的时效为终止后的 1 年。

这也是劳动者签订以完成一定任务为期限劳动合同时应特别警惕的地方。如果用人单位连续与同一劳动者签订以完成一定工作任务为期限的劳动合同,假定每次任务大概 1 年时间完成,当签订 N 次合同后,其经济补偿时效仅剩最后第 N 次劳动合同的,之前的每次合同补偿金均已过时效。

我们在实务中就遇到过这种情况,企业每次签订完成一定任务的劳动合同,工作内容都一样,只将劳动合同起止日期改一下,到期终止,立马再签。后劳动者一方以单位故意签订以完成一定任务为期限的劳动合同逃避社会保险等社会责任作为抗辩,因为劳动者工作是连续状态,中间不曾有过一天的间隔,且工作内容几份合同一模一样,不符合以完成一定任务为期限劳动合同的特征,后经仲裁调解结案,多少为劳动者争得一些权益。如果企业将其业务分割成若干板块,劳动者每次签订合同时工作任务均不同,对于劳动者来说,可能就真的维权无方了。

# 第十七章

# 社会保险、住房公积金内部控制

## 一、社会保险、住房公积金概述

社会保险包括基本养老保险、基本医疗保险、工伤保险、失业保险、生育保险等项目，其是一种社会基本保障制度，也是社会资源的再分配制度，用以保障公民在年老、疾病、工伤、失业、生育等情况下依法从国家和社会获得物质帮助的权利。目的是使公民共享发展成果，促进社会和谐稳定。社会保险缴纳具有法定性，单位和职工个人不得进行基数约定或约定不予缴纳。

住房公积金是用人单位和劳动者共同缴纳，是住房分配货币化的一种形式，用以促进城镇住房建设，提高城镇居民的居住水平。住房公积金的管理机构为住房公积金管理委员会，《住房公积金管理条例》由国务院制定颁发，具有强制性。

## 二、社会保险法律规定

### （一）社会保险缴纳时间

社会保险缴纳时间与劳动关系对应，职工入职即应办理社会保险缴纳手续。

《社会保险法》第 58 条第 1 款规定，用人单位应当自用工之日起 30 日内为其职工向社会保险经办机构申请办理社会保险登记。未办理社会保险登记的，由社会保险经办机构核定其应当缴纳的社会保险费。

职工入职时，通常是在该日历月份的社会保险封账日前（各地具体时间不同，一般在每月 25～31 号中的一天），用人单位应办理劳动合同签订备案，然后进行社会保险登记，以便生成社会保险缴费数据，在次月的 15 日前（遇法定节假日顺延）缴费入库。职工离职，则应在当月社会保险封账日前办理解除劳动关系及社会保险减员，同时由转入单位（自由职业者由本人）办理社会保险登记，这样下个月便会生成新的缴费信息，实现社会保险关系接续，否则将导致社会保险断缴的后果。在劳动合同期内，用人单位应当为职工按在职月份缴费，而与是否满勤无关。劳动者离职当月用人单位亦应为其缴纳社会保险费。如劳动者在社会保险封账日后入职，错过缴纳当月社会保险的时机，用人单位应在下月为其补缴社会保险。

### （二）社会保险缴费基数

凡是列入工资总额的，均应纳入缴费基数计算缴纳社会保险。

《关于规范社会保险缴费基数有关问题的通知》（劳社险中心函〔2006〕60 号）第 2 条规定，关于工资总额的计算口径，依据国家统计局有关文件规定，工资总额是指各单位在一定时期内直接支付给本单位全部职工的劳动报酬总额，由计时工资、计件工资、奖金、加班加点工资、特殊情况下支付的工资、津贴和补贴等组成。劳动报酬总额包括：在岗职工工资总额；不在岗职工生活费；聘用、留用的离退休人员的劳动报酬；外籍及港澳台籍人员劳动报酬以及聘用其他从业人员的劳动报酬。

《国家统计局关于认真贯彻执行〈关于工资总额组成的规定〉的通知》（统制字〔1990〕1号）文件中对工资总额的计算做了明确解释：各单位支付给职工的劳动报酬以及其他根据有关规定支付的工资，无论是计入成本的还是不计入成本的，无论是按国家规定列入计征奖金税项目的还是未列入计征奖金税项目的，均应列入工资总额的计算范围。

缴费基数问题在一个单位内部，有两个标准，即参保单位缴纳社会保险的基数可以是单位职工工资总额，也可以是本单位职工个人缴费工资基数之和，这两个数额理论上应该是一致的，但如果单位劳动者有较多的个人工资超过当地社会平均工资3倍，而社会保险缴费时存在3倍限额，或者单位有的人员个人工资达不到当地上年度职工月平均工资的60%，而社会保险缴费最低限额为60%，所以两个数额往往不一致。一般在全省区市范围内应统一为一种核定办法。或者按单位职工工资总额，或者按单位职工个人缴费工资基数之和，目前一般均按职工个人缴费工资基数之和。

单位职工本人缴纳基本养老保险费的基数原则上以上一年度本人月平均工资为基础，在当地职工平均工资的60%～300%的范围内进行核定。

当年60%缴纳社会保险大行其道，该60%的本意是职工工资低于当地上一年度平均工资60%的，按该60%为缴费最低线，而不是单位所有劳动者均可按该最低限缴纳社会保险。但有些用人单位故意曲解为所有劳动者均可按当地60%最低线缴纳，而有些单位的HR至今仍然正解为所有劳动者均可按该60%最低线缴纳。

### （三）重复缴纳社会保险的处理

社会保险重复缴纳无效，社会保险作为社会基础保障制度之一，不能允许双缴享受双份社会保险待遇。

对于确因职工休长假、内退、异地工作等原因形成双重养老保险缴纳，可按以下方法进行清理：

《关于印发城镇企业职工基本养老保险关系转移接续若干具体问题意见的通知》（人社部发〔2010〕70号）第10条规定，关于多重养老保险关系，参保人员在两地以上同时存续基本养老保险关系或重复缴纳基本养老保险费的，应按照“先转后清”的原则，由转入地社会保险经办机构负责按规定清理。

有些劳动者户口在农村，之前是可以购买新农合医保的，后并入城乡居民基本保险，这部分劳动者可能进入城镇企业并缴纳城镇职工基本保险，同理，这部分劳动者也不能在退休后同时享受城镇基本养老保险和城乡基本养老保险，对城镇职工养老保险与城乡居民养老保险重复的处理：

《人力资源和社会保障部、财政部关于印发〈城乡养老保险制度衔接暂行办法〉的通知》(人社部发〔2014〕17 号)第 7 条规定，参保人员若在同一年度内同时参加城镇职工养老保险和城乡居民养老保险的，其重复缴费时段(按月计算，下同)只计算城镇职工养老保险缴费年限，并将城乡居民养老保险重复缴费时段相应个人缴费和集体补助退还本人。

### (四)未缴社会保险或者未足额缴纳社会保险的法律后果

1. 用人单位未缴纳社会保险的法律后果

劳动者有权向社会保险监察部门举报追缴，单位需额外承担补缴社会保险的滞纳金，劳动者以此为由被迫离职可要求支付经济补偿。如劳动者在职时发生工伤事故，由单位承担医疗费、停工留薪期待遇，如因工致残的，由用人单位承担一次性伤残补助金、一次性工伤医疗补助金和一次性伤残就业补助金等支付责任。

2. 单位未足额缴纳的法律后果

用人单位未足额缴纳社会保险的，劳动者在职时可投诉提出补缴要求，企业须补缴社会保险差额，并承担滞纳金。因社会保险追缴在我国普遍没有时效限制，劳动者离职后也可投诉要求补缴。但劳动者退休后无法通过投诉或诉讼要求单位承担未足额缴纳社会保险的损失。

用人单位未以劳动者的实际工资额为基数缴费的，一旦发生工伤，劳动者享受的工伤保险待遇将大为减少，劳动者有权要求单位补足工伤待遇差额。

3. 相关法律依据

(1)《劳动保障监察条例》第 20 条规定，违反劳动保障法律、法规或者规章的行为在 2 年内未被劳动保障行政部门发现，也未被举报、投诉的，劳动保障行政部门不再查处。前款规定的期限，自违反劳动保障法律、法规或者规章的行为发生之日起计算；违反劳动保障法律、法规或者规章的行为有连续或者继续状态的，自行为终了之日起计算。

这一条规定经常被用人单位作为推脱社会保险缴纳的理由，认为只要未缴社会保险或未足额缴纳社会保险时间超过 2 年，就不会再被追究，但事实是社会保险追缴无时效限制,详见后述。该条仅规定单位被社会保险监察机构进行行政处罚的时效限制,而不是对劳动者社会保险申请追缴的时效限制。

(2)《社会保险法》第4条第2款规定,个人依法享受社会保险待遇,有权监督本单位为其缴费情况。第63条第1款规定,用人单位未按时足额缴纳社会保险费的,由社会保险费征收机构责令其限期缴纳或者补足。

(3)《社会保险稽核办法》第3条第1款规定,县级以上社会保险经办机构负责社会保险稽核工作;第8条第4款规定,对于不按规定缴纳社会保险费的行为,任何单位和个人有权举报,社会保险经办机构应当及时受理举报并进行稽核;第11条规定,被稽核对象少报、瞒报缴费基数和缴费人数,社会保险经办机构应当责令其改正;拒不改正的,社会保险经办机构应当报请劳动保障行政部门依法处罚。

(4)国务院《社会保险费征缴暂行条例》第23条规定,缴费单位未按照规定办理社会保险登记、变更登记或者注销登记,或者未按照规定申报应缴纳的社会保险费数额的,由劳动保障行政部门责令限期改正。

(5)《社会保险法》第84条规定,用人单位不办理社会保险登记的,由社会保险行政部门责令限期改正;逾期不改正的,对用人单位处应缴社会保险费数额一倍以上三倍以下的罚款,对其直接负责的主管人员和其他直接责任人员处500元以上3000元以下的罚款。第86条规定,用人单位未按时足额缴纳社会保险费的,由社会保险费征收机构责令限期缴纳或者补足,并自欠缴之日起,按日加收万分之五的滞纳金;逾期仍不缴纳的,由有关行政部门处欠缴数额一倍以上三倍以下的罚款。

(6)《劳动合同法》第38条第1款第3项规定,未依法为劳动者缴纳社会保险费的,劳动者可以解除劳动合同;第46条第1项规定,劳动者依照本法第38条的规定解除劳动合同的,用人单位应当向劳动者支付经济补偿。

### (五)约定不缴社会保险的效力

用人单位与劳动者约定将应向社会保险基金缴纳的社会保险费用直接以现金方式给付劳动者的,或者约定不缴纳社会保险,以及劳动者写承诺书承诺不缴社会保险的,均为违反国家法律强制性规定行为,目前我国大部分地区均认定为无效。

认定约定无效的地区规定:

2015年《安徽省高级人民法院关于审理劳动争议案件若干问题的指导意见》第26条规定,用人单位与劳动者约定无须办理社会保险手续或将社会保险费以补贴形式直接支付给劳动者,劳动者事后反悔并主张用人单位为其补办社会保险手续或缴纳社会保险费,如用人单位未在社保机构指定期限内办理,劳动者以此为由解除劳动合同并请求用人单位支付经济补偿金的，人民法院应予支持。

《四川省高级人民法院、四川省劳动人事争议仲裁委员会关于印发〈关于审理劳动争议案件有关问题的会议纪要〉的通知》（川高法〔2020〕39 号）第 16 条规定，用人单位以劳动者承诺放弃社会保险或者双方约定不缴纳社会保险为由，主张在解除或终止劳动合同时不支付经济补偿的，不予支持。但因劳动者在其他单位名下缴纳社会保险导致用人单位无法缴纳社会保险的除外。

约定无效但对经济补偿要求不予支持的地区规定：

《江苏省高级人民法院、江苏省劳动争议仲裁委员会关于审理劳动争议案件的指导意见》（苏高法审委〔2009〕47 号）第 16 条规定，因劳动者自身不愿缴纳等不可归责于用人单位的原因，导致用人单位未为其缴纳或未足额缴纳社会保险费，或者未参加某项社会保险险种，劳动者请求解除劳动合同并主张用人单位支付经济补偿的，不予支持。

2012 年《浙江省高级人民法院民一庭关于审理劳动争议纠纷案件若干疑难问题的解答》第 11 条规定，劳动者不愿意缴纳社会保险费，并书面承诺放弃参加社会保险的，该书面承诺无效。劳动者可以此为由解除劳动合同，但要求用人单位支付经济补偿的，不予支持。

用人单位未缴纳社会保险还有一种情况，假定单位未缴社会保险或劳动者要求单位缴纳社会保险但单位未缴，劳动者自行缴纳或挂靠其他单位缴纳，劳动者是否可要求用人单位承担社会保险费用？

目前有两种观点，一种不予支持，另一种认为可予支持。

不予支持的有：

2019 年《吉林省高级人民法院关于审理劳动争议案件法律适用问题的解答（二）》规定，在其他用人单位缴纳或按个人账户自行缴纳社会保险费后要求用人单位给付的，因社会保险费缴纳与实际劳动关系不符，二者费率等方面均存在差异，不予支持。

《四川省高级人民法院民一庭关于审理劳动争议案件若干疑难问题的解答》（川高法民一〔2016〕1 号）第 8 条规定，用人单位与劳动者约定，工资中包括应由用人单位负担的养老、医疗、失业等社会保险金或者劳动者单方承诺自愿放弃社会保险的，应认定此类约定或承诺无效。用人单位未给劳动者缴纳社会保险，劳动者自行缴纳或通过其他用人单位缴纳后，请求用人单位支付相关费用的争议，人民法院不作为劳动争议受理。

予以支持的有：

2015年《云南省高级人民法院、云南省人力资源和社会保障厅关于审理劳动人事争议案件若干问题的座谈会纪要》第12条第1款规定,用人单位与劳动者约定工资中包括社会保险费,而不向社会保险经办机构缴纳社会保险费,或者约定无须办理社会保险手续的,该约定无效。

用人单位未依法为劳动者缴纳社会保险费,劳动者通过其他渠道自行缴纳社会保险费后,以用人单位未承担法定缴纳社会保险费义务导致自己损失为由,要求用人单位按照法定缴费标准向自己支付费用的,应予支持。

2017年《广东省高级人民法院关于审理劳动争议案件疑难问题的解答》第16条规定,劳动争议案件中涉及补缴社会保险费的该如何处理?劳动者请求用人单位补缴其在职期间社会保险费的,不属劳动争议处理范围,不予处理。劳动者自行向社会保险部门补缴社会保险费后,要求用人单位赔偿其自行补缴部分的,予以支持,但支持的范围仅限于用人单位应缴纳部分。

另外,武汉、江苏等地也予以支持由用人单位承担劳动者已缴的社会保险费用。

### (六)社会保险追缴

#### 1.社会保险追缴时效

《人力资源社会保障部对十二届全国人大五次会议第5063号建议的答复》(人社建字〔2017〕105号)第1条规定,关于追缴时限问题。《劳动保障监察条例》第20条规定为劳动保障行政执法时效规定,系依据《行政处罚法》第29条的规定制定。同时,该条按照《行政处罚法》第29条的规定分为两款,在执法实践中不能仅依照第1款的2年时效规定,还需综合第2款规定,即“前款规定的期限,自违反劳动保障法律、法规或者规章的行为发生之日起计算;违反劳动保障法律、法规或者规章的行为有连续或者继续状态的,自行为终了之日起计算”。判断违法行为是否存在连续或者继续状态以确定劳动保障监察执法时效。但《社会保险费征缴暂行条例》和《社会保险稽核办法》(劳动保障部令第16号)均未对清缴企业欠费问题设置追诉期。因此,在地方劳动保障监察执法实践中,对用人单位未及时、足额为劳动者办理社会保险,缴纳社会保险费的违法行为,一般按照《劳动保障监察条例》第20条的规定进行追缴和处罚,而地方经办机构追缴历史欠费并未限定追诉期。笔者认为,企业欠缴社会保险费侵害参保人员权益,直接削弱基金支撑能力,加重了中央和地方财政负担,影响社会稳定。为此,我们高度重视欠缴清理工作,采取多种措施指导地方做好相关工作,促进基金应收尽收。为维护参保人员社会保险权益,强化征缴清欠工作,经办机构接到超过《劳动保障监察条例》第20条第1款2年的追诉期投诉后,一般也按程序进行受理。对能够提供佐证材料的,尽量满足参保者诉求,予以解决,以减少企业职工临近退休时要求企业足额补缴欠费的问题发生。

根据该规定,我们可以厘清两个问题:一是社会保险监察机构的执法时效,二是社会保险经办机构的追缴社会保险时效。其中执法时效为违法行为发生起计算2年,如果行为有连续或者继续状态的,自行为终了之日起计算2年。所以如果单位的违法行为一直持续,其被处罚的时效为长期。

社会保险经办机构的追缴社会保险时效,目前没有其他法律、行政规章或司法解释对此进行过详细规定,人社建字〔2017〕105号首次明确社会保险追诉无时效限制。

即社会保险最早可追诉至我国开始实行社会保险条例的起始日期。因我国各地实施社会保险规定的时间不一,且同一地区各险种的实施时间也不一样,按当地具体实施日期确定最早追缴期限。

就四川省而论,社会保险各项目可补缴的最早时间:养老保险为1996年1月,医疗保险为2001年1月,失业保险为1999年1月,生育保险为1997年7月,工伤保险为2004年1月。

当然,关于社会保险追缴时效有地方性规定的,按地方性规定执行。如安徽省追缴社会保险,必须提供行政处罚决定书或劳动仲裁等法律文书;深圳市社会保险的追缴时效为2年。

2. 追缴社会保险历年基数的确定

追缴社会保险的基数不同于经济补偿或赔偿金基数,补偿金按离职前12个月平均工资计算,就算劳动者在职时间10年、20年甚至更久,以前年度的补偿金均按一个标准执行。社会保险具有基本生活保障性质,故社会保险补缴基数按劳动者每年的实际工资计算,用人单位和劳动者不能提供以前年度工资标准的,按以前年度的当地职工平均工资额作为补缴社会保险基数。一般情况下,因为未缴或未足额缴纳社会保险,用人单位不太可能如实提供劳动者每年度工资收入,但劳动者能提供每年度银行工资收入流水、年度个税缴纳情况的,可按劳动者提交数据作为补缴社会保险基数。

3. 追缴社会保险的救济方式

用人单位未缴社会保险或未足额缴纳社会保险,劳动者看似渠道很多,但劳动者也有时间成本,找准投诉部门很关键。以下就可能的维权渠道逐一分析。

(1)仲裁、诉讼方式追缴社会保险

就单纯追缴社会保险而言,补缴社会保险不属劳动仲裁和法院诉讼受理范围,劳动者诉请中包含社会保险因素的，仲裁一般会有两种结果：①裁决补缴（仅从时间要求，数额以社会保险部门核定为准）；②裁决不予处理，由申请人向相关社会保险部门投诉解决。

单纯的追缴社会保险诉请法院不予受理，有仲裁裁决的，仅在判决中直接阐明不属法院审理范围，向相关征缴部门投诉解决。

（2）劳动监察投诉

在普遍认知中，用人单位与劳动者发生劳动纠纷，劳动者理所当然可以选择到人社部门的劳动监察大队进行投诉，认为劳动监察大队的职责就是接收各种投诉的，其实不然。以山东地区为例，通过（2019）鲁行终161号、（2020）鲁15行初67号判决书可以看出，山东省高级人民法院认为社会保险中心才是社会保险征收机构，具有法定职能，可以接受社会保险投诉。故到劳动监察大队投诉社会保险有可能仍要转到社会保险中心才能解决问题。

（3）社会保险中心投诉

根据《社会保险法》的相关规定，国务院社会保险行政部门负责全国的社会保险管理工作，县级以上地方人民政府社会保险行政部门负责本行政区域的社会保险管理工作，社会保险经办机构提供社会保险服务，负责社会保险登记、个人权益记录、社会保险待遇支付等工作。

各地社会保险事业管理中心稽核科受理各项社会保险投诉，劳动者追缴社会保险的，可直接到当地社会保险中心稽核科进行投诉。

4.社会保险缴费年限不足的处理方式

用人单位未缴纳社会保险或未足额缴纳社会保险，劳动者可通过投诉的方式补缴社会保险。补缴社会保险不属劳动争议仲裁和劳动争议诉讼受理范围，前述章节也厘清了社会保险追诉无时效限制。社会保险追诉还有一种情形，即劳动者进入用人单位工作，前期未缴纳社会保险，后期迫于职工要求或社会保险稽核压力，从某一时间开始缴纳社会保险，形成很长一段时间的社会保险空白期，这种情形在老员工身上集中体现，如劳动者从20世纪八九十年代入职，当时的社会保险缴纳普遍不完备，很多企业从《劳动合同法》实施后才开始为职工缴纳社会保险，此类劳动者可追缴社会保险是肯定的，但能否按照《劳动合同法》第38条的规定以用人单位未依法缴纳社会保险被迫离职要求经济补偿，这是企业应该考虑的一个问题，也是企业必须面对的严峻问题。

我们先看案例：

（2020）鲁09民终4189号判决书摘要：……陈某洲于2003年12月5日入职大

昇公司，大昇公司自2007年12月起为陈某洲建立了社会保险账户并开始缴纳社会保险费至陈某洲离职……本案中，陈某洲自2003年12月到大昇公司工作，大昇公司虽然在双方建立劳动关系后为陈某洲建立了社会保险账户，并为其缴纳社会保险费，但大昇公司为陈某洲缴纳的社会保险费缴费年限不足，属于上述法律规定的未依法为劳动者缴纳社会保险费的情形，因此，陈某洲要求大昇公司向其支付解除劳动合同经济补偿具有事实和法律依据。在《劳动合同法》施行前，劳动者以用人单位未依法为其缴纳社会保险为由解除劳动合同并主张经济补偿的，并无法律依据，本院认定自《劳动合同法》施行之日即2008年1月1日起计算经济补偿至2020年4月共计12年4个月，大昇公司应支付陈某洲12.5个月工资的经济补偿。

从该判例可看出，法院对未参保形成的空白期，认定为"未依法为劳动者缴纳社会保险费"，劳动者可由此提出解除劳动合同并要求用人单位支付经济补偿。但支持时间段从2008年《劳动合同法》以后开始计算。这里要注意的是，即便未缴纳社会保险的行为发生在2008年前，只要某时间段用人单位完全未为劳动者缴纳社会保险，也属于《劳动合同法》第38条第1款第3项"未依法为劳动者缴纳社会保险费"行为，只是计算补偿金时从2008年1月1日开始。

需要注意的是，北京地区司法实践中对某一时间段未缴纳社会保险形成的社会保险空白期不认定为《劳动合同法》第38条规定的"未依法为劳动者缴纳社会保险费"，劳动者不能以此为由解除劳动合同并要求经济补偿。如(2018)京民申1252号、(2019)京民申77号裁定书均未支持劳动者诉请。

故社会保险缴费年限不足的情形，劳动者能否提出解除劳动合同并获得经济补偿，应看当地相关规定及具体案例判决情况。

### （七）缴纳社会保险的待遇

#### 1. 职工病亡或非因工死亡待遇

《社会保险法》第17条规定，参加基本养老保险的个人，因病或者非因工死亡的，其遗属可以领取丧葬补助金和抚恤金；在未达到法定退休年龄时因病或者非因工致残完全丧失劳动能力的，可以领取病残津贴。所需资金从基本养老保险基金中支付。

《企业职工基本养老保险遗属待遇暂行办法》（人社部发〔2021〕18号）第2条规定，参加企业职工基本养老保险的人员（包括在职人员和退休人员，以下简称参保人员）因病或非因工死亡的，其遗属可以领取丧葬补助金和抚恤金（合称遗属待遇）。

《企业职工基本养老保险遗属待遇暂行办法》(人社部发〔2021〕18号)文件相关遗属待遇规定如下:

(1)丧葬补助金:丧葬补助金的标准,按照参保人员死亡时本省(自治区、直辖市,以下简称本省)上一年度城镇居民月人均可支配收入的2倍计算(退休人员相同)。

(2)在职人员遗属抚恤金:在职人员(含灵活就业等以个人身份参保人员),以死亡时本省上一年度城镇居民月人均可支配收入为基数,根据本人的缴费年限(包括实际缴费年限和视同缴费年限,下同)确定发放月数:

缴费年限不满5年的,发放月数为3个月;

缴费年限满5年不满10年的,发放月数为6个月;

缴费年限满10年不超过15年(含15年)的,发放月数为9个月;

缴费年限15年以上的,每多缴费1年,发放月数增加1个月。缴费年限30年以上的,按照30年计算,发放月数最高为24个月。

(3)退休人员遗属抚恤金:退休人员(含退职人员),以死亡时本省上一年度城镇居民月人均可支配收入为基数,根据本人在职时的缴费年限确定最高发放月数(计算方法与在职人员相同),每领取1年基本养老金减少1个月,发放月数最低为9个月。

(4)职工基本养老保险丧葬补助金、抚恤金待遇条件与遗属待遇的选择权。

参保人员因病或非因工死亡,同时符合企业职工基本养老保险、城乡居民基本养老保险遗属待遇条件的,由其遗属选择其中一种领取。已办理企业职工基本养老保险和城乡居民基本养老保险制度衔接手续并领取城乡居民基本养老保险待遇后死亡的,其遗属不再享受企业职工基本养老保险遗属待遇。

(5)缴费不足5年的待遇,待遇总额不得超过个人账户余额。

参保人员因病或非因工死亡,累计缴费年限不足5年的,其遗属待遇标准不得超过其个人缴费之和(灵活就业等以个人身份参保人员以记入个人账户部分计算)。

(6)遗属待遇领取地

在职参保人员死亡的遗属待遇领取地为其最后养老保险关系所在地(含临时基本养老保险缴费账户所在地),由最后养老保险关系所在地社会保险经办机构负责核定参保人员缴费年限等相关信息,并支付遗属待遇。退休人员死亡的遗属待遇领取地为其企业职工基本养老保险待遇领取地。